 가치관으로 교회와 성도를 건강하게 세우는 바른 책을 만들어 갑니다.

위한 설교 시리즈 09

에서 보낸 기쁨의 편지
에 합당한 삶, 빌립보서 강해

1쇄 인쇄 2023년 10월 25일
1쇄 발행 2023년 10월 30일

** 은이** | 고한율
** 낸이** | 강인구

** 낸곳** | 세움북스
** 록** | 제2014-000144호
** 소** | 서울시 종로구 대학로 19 한국기독교회관 1010호
전   화 | 02-3144-3500
이메일 | cdgn@daum.net

교   정 | 김민철
디자인 | 참디자인

ISBN 979-11-91715-93-4 (03230)

KB188879

세움북스는 기독...

모두를 위한
설교 시리즈
9

복음에 합당한 삶, 빌립보서 ...

감옥에서 보낸 기쁨의 편...

모두를

감옥

복음

초판
초판

지음
펴...

파...
만...

모두를 위한
설교 시리즈
9

The BOOK of

of

감옥에서 보낸 기쁨의 편지

＊

복음에 합당한 삶, 빌립보서 강해

고한율 지음

PHILIP-

PIANS

세움북스

추천사

설교를 활자로 접하게 되면 보통 현장감이 떨어집니다. 그런데 고한율 목사님의 빌립보서 강해는 신기하게도 현장에서 듣는 설교처럼 느껴집니다. 마치 귀로 듣는 것처럼 잘 다듬어진 한 문장 한 문장이 저의 마음을 두드렸습니다. 이 말은 또한 가독성이 뛰어나다는 뜻이기도 합니다. 강단에서 선포된 '듣는 설교'가 이제 독자들의 손에서 '읽는 설교'로 거듭난 것 같습니다. 소위 '기쁨의 편지'로 알려진 바울의 빌립보서가 고 목사님의 맛깔스러운 설교를 통해 한국 교회에 또 다른 기쁨의 서신으로 태어난 듯합니다.

그리고 빌립보서의 모든 구절들을 곱씹으며 성도들에게 들려주는 목사님의 세밀함은 원고에서 제 눈을 떼지 못하게 만들었습니다. 성경을 읽을 때 단어 하나라도 쉽게 지나치지 말아야 한다는 설교자의 고백이 이 책 자체에 고스란히 녹아 있습니다. 어떻게 하면 하나님의 말씀 전부를 최대한 잘 요리해서 청중의 심령에 심어 줄 수 있을지 깊이 고민한 듯합니다.

설교자에게 가장 중요한 것은 본문의 의미와 분위기를 원래의 상황에 가장 가깝게 전달하려는 태도입니다. 저는 이 책을 통해 저자의 그런 모습을 발견할 수 있었습니다. 빌립보서에 나타난 복음 안에서의 정제된 기쁨을 저자의 설교를 통해 흠뻑 경험하게 되었습니다. 원고를 읽는 동안에 잔잔하면서도 큰 기쁨을 느끼며, 온유하면서도 단호하게 진리를 변호하려는 저자의 열정을 많이 배웠습니다. 빌립보서의 풍성함을 알고 싶은 모든 분들에게 고 목사님의 빌립보서 강해, 『감옥에서 보낸 기쁨의 편지』를 기쁜 마음으로 추천합니다.

‖ 권율 (부산 세계로병원 원목, 『올인원 십계명』 저자)

사람은 자신이 만나는 사람을 닮아 갑니다. 스승을 닮고 부모를 닮고 친구를 닮고 배우자를 닮아 갑니다. 교회와 목사도 그럴까요? 고한율 목사님이 은곡교회에 부임한 후 교회가 많이 달라졌습니다. 시간이 갈수록 더 밝아지고 행복한 얼굴이 되어 갑니다. 무엇보다 말씀의 부흥이 일어났습니다. 목사님은 성경을 한 권 한 권 강해함으로써 하나님의 전체 뜻을 전하는 데 힘을 쏟고 계십니다. 그중에 하나가 바로 빌립보서 강해입니다.

독자들은 쉬운 표현 속에 녹아 있는 땀과 고민, 노력과 기도를 어렵지 않게 느끼게 될 것입니다. 이 28편 설교의 혜택을 받은 첫 번째 대상은 물론 은곡교회였습니다. 그러나 이제 한 책으로 묶여 세상에 나와 더 많은 교회, 더 많은 그리스도인, 더 많은 성경 독자들에게 유익을 주게 된 것을 진심으로 기쁘게 생각합니다.

‖ 김영호 (합동신학대학원대학교 신약신학 교수, 함께하는교회 협동목사)

저 개인적으로 가장 기다리던 설교집을 보게 되어 너무나 감사합니다. 고한율 목사님은 저에게는 개인적으로 가장 친한 형님이자, 존경하는 목회자이며, 오랫동안 저의 신학적, 목회적 질문에 답을 주었던 선생님이기도 합니다. 제가 지금까지 만나고 경험한 저자의 실력과 성품이 이 설교에 그대로 드러나는 것 같아 흥분된 마음으로 이 책을 읽었습니다. 그러나 흥분은 곧 감사와 감격, 은혜의 눈물로 바뀌었습니다.

고한율 목사의 설교에는 정교한 신학자의 연구가 담겨 있습니다. 그는 성실한 신학자입니다. 원문의 의미를 밝히고, 본문의 전체 구조를 잘 분석하여 성경 본문 자체가 주는 메시지를 알려 줍니다. 자칫 피상적으로 이해하고, 습관적으로 말하던 본문의 정확한 의미를 짚어 주어, 지금까지 가지고 있던 오해를 교정해 줍니다. 정확한 본문의 의미가 드러나는 설교는 화려한 미사여구로 포장된 어떤 설교보다 강력합니다. 바로 그 말씀의 힘이 이 설교에는 담겨 있습니다.

그의 설교에는 따뜻한 목회자의 마음이 그대로 담겨 있습니다. 그의 설교는 언제나 교회와 성도를 향합니다. 어떤 설교도 교회를 떠나지 않고, 성도들의 현실을 외면하지 않습니다. 빌립보교회가 처한 현실을 여러 번 상기시키는 중에 오늘날 교회와 성도들의 현실이 그대로 투영됩니다. 고통스러운 현실 속에서 문제가 많은 교회를 복음으로 섬기는 목회자와 성도들의 눈물겨운 신앙의 여정과 그러한 성도들을 위로하시는 주님의 은혜, 그리고 그 은혜로 말미암아 성도들이 누리는 기쁨이 너무나도 선명하게 드러납니다. 제 자신이 이 설교들을 읽으며, 하나님께서 한 명의 신실한 목회자를 통하여 전하시는 하나님의 은혜와 사랑, 위로와 소망을 한 명의 신자로서 깊이 경험할 수 있었습니다.

그는 또한 열정적인 복음 전도자로서 복음을 선포하는 설교자입니다. 제가 아는 그는 늘 온유하고 겸손합니다. 부드러운 인상과 말투로 사람들을 편안하게 해 줍니다. 그런데 그의 설교에는 영혼을 떨게 하는 힘이 있습니다. 성령께서 그의 말과 글을 사용하여 복음을 전하게 하실 때 일어나는 성령의 역사이며, 말씀의 은혜라고 저는 믿습니다. 기쁨과 위로의 말씀을 전하는 중에도 회개의 촉구와 거룩한 삶을 향한 권면을 놓치지 않습니다. 그저 듣기 좋은 말들로 가짜 위로를 전하는 것이 아니라, 죄인이 회개하고 주께로 돌아와 죄 사함과 구원의 은혜를 누리도록 복음의 진리를 선포합니다. 성령의 은혜로 성화의 삶을 살아가는 성도의 참된 기쁨을 알려 줍니다. 그의 설교에는 변화를 일으키는 성령의 힘이 있습니다.

'감사는 상황에 대한 반응이 아니라 하나님을 향한 신앙 고백'이라는 한 구절이 깊이 기억에 남습니다. 책의 첫 부분에 기록된 말씀이지만, 책 전체를 관통하여 남는 구절이기도 합니다. 이러한 감사의 본질을 통하여 참된 기쁨으로 우리를 초대하시는 주님의 부르심을 들을 수 있습니다. 그때 우리의 '믿음의 기쁨'은 허무한 이상주의가 아니라, 복음 안에서 실재하는 하나님의 능력으로 우리에게 주어질 것입니다. 설교를 준비하고 목회로 부름받은 목회자, 성경을 연구하는 신학생뿐만 아니라, 슬픔과 낙심, 염려와 불안 가운데 참된 기쁨을 잃어버린 모든 성도들에게 이 책을 강력히 추천합니다. 이 책을 통하여 '말씀의 위로와 기쁨'을 충만히 누리실 것입니다.

‖ 이수환 (강변교회 담임목사, 『그의 나라, 그의 왕, 그의 백성』 저자)

한번 손에 잡으면 내려놓을 수 없는 책입니다. 듣는 설교는 쉽고 읽는 설교는 어려운 법인데, 페이지를 넘기고 넘겨도 전혀 거부감 없이 다시 페이지를 넘기게 됩니다. 이 책은 고한율 목사님이 담임목사로 섬기고 있는 은곡교회에서 빌립보서를 단락마다 적당한 분량으로 나누어 연속하여 강해한 설교집입니다. 저는 이전에도 목사님의 설교를 읽어 보았는데, 내용이 너무 훌륭해서 빨리 출판을 하면 좋겠다고 권유한 적이 있습니다. 이제 이 빌립보서 강해가 세상에 빛을 보게 된 것은 참으로 기쁘고 반가운 일입니다. 앞으로 목사님의 설교와 강해가 계속 활자화되기를 바라는 마음이 간절합니다.

본서는 여러 면에서 독자의 마음을 사로잡습니다. 저자의 설교는 성경 본문에서 벗어나지 않을뿐더러 충실한 본문 해석에 바탕을 두고 있습니다. 그래서 강해를 읽어 내려가다 보면 자연스레 성경 본문이 무엇을 말하려고 하는지 충분히 알게 됩니다. 더욱 훌륭한 것은 본문 주해가 과도하거나 난삽하지 않고 매우 쉽고 명료하여 평소 성경을 꾸준히 읽는 독자라면 누구든지 부담 없이 잘 따라갈 수 있다는 점입니다.

나아가서 저자의 강해에는 언제나 독자들이 귀담아들어야 할 적용이 들어 있습니다. 메마른 해석을 전달하는 것으로 그치지 않고 오늘날 우리가 교회와 사회에서 실천해야 할 내용을 제시합니다. 본문을 삶에 적용한다지만 현실성이 없어서 허공에 뜬 것 같은 외침으로 끝나 버리는 설교가 적지 않습니다. 그러나 저자의 강해는 신자들이 일상적으로 마주하는 실제적인 문제를 다루면서 어떻게 믿음 생활을 하는 것이 옳은지 바른길로 이끌어 줍니다.

이와 더불어 저자의 강해는 필요한 곳에 매번 아주 적절한 예화를 제공하여 눈을 번쩍 뜨게 하는 매력을 발산합니다. 때때로 교회와 세상을 향해 송곳으로 찌르듯 예리하게 비판을 가하는 모습은 설교자의 위엄을 한층 돋보이게 만듭니다. 하지만 이런 시도는 현학적인 비판 능력을 과시하는 것이 아니라 오직 교회와 신자를 하나님의 말씀 앞에 바로 세우는 것을 목적 삼는다는 사실에 이 책의 진정한 가치가 있습니다. 따라서 이 책의 일독을 권합니다.

‖ 조병수 (합동신학대학원대학교 전임총장/명예교수. 프랑스 위그노 연구소 대표)

2022년 8월 우리 교회 설립 55주년 기념으로 발간한 느헤미야–학개 강해 설교집에 이어서 금년에 다시 빌립보서 강해 설교집을 낸 담임 목사님께 축하와 감사의 인사를 먼저 드립니다. 주일마다 감동이 되는 시간을 경험했는데, 책으로도 그 설교들을 모두 읽을 수 있는 귀중한 기회를 주셔서 우리 성도들은 행복한 마음을 금할 수 없습니다. 저는 평소 빌립보서야말로 바울의 위대한 사도성뿐 아니라 인간미가 듬뿍 풍겨 나오는 서신이라고 생각하고 있습니다.

빌립보서는 교회를 향한 바울의 사랑과 초대 교회 당시 편지를 읽는 사람이 느꼈을 그 감격을 지금 이 시대까지 이천 년이 지나도록 변함없이 전달하는 감동이 있는 서신이라고 생각합니다. 개인적으로 빌립보서를 묵상할 때 들었던 생각들이 목사님의 강해를 통해 더욱 풍성해졌습니다. 모두 4장밖에 안 되는 비교적 짧은 서신이지만 '끝으로'라는 단어를 개역개정 성경에서 두 번 발견합니다. 그 첫 번 '끝으로'를 편지의 중간인 3장 1절에 썼음에도 결론을 맺지 못하더니, 결국은 참지 못하고 4장에서 두 여인의 이름을 쓰고야 맙니다.

저는 이 부분에서 바울의 마음을 발견하고 이 부분이 바울이 편지를 쓸 때 사랑하는 교회에 권하고 싶었던 핵심 내용이라고 스스로 결론을 내린 적이 있었습니다. 하지만 담임목사님의 강해를 들으면서 제 생각이 얼마나 보잘것없었는지 알게 되었습니다.

당회에서 목사님의 강해 설교를 가능한 모두 책으로 발간하시도록 건의한 적이 있습니다. 은곡교회 담임목사님의 성경 강해는 너무 소중합니다. 모두 발간해서 우리와 후손들이 성경을 잘 배우는 밑거름이 되기를 희망합니다. 빌립보서를 잘 이해하도록 강해한 설교를 책으로 제작하여 성도들에게 선물한 목사님께 교회 성도님들을 대표하여 다시 한번 감사를 드립니다.

‖ 최윤화 (은곡교회 시무장로)

Introduction

서문

목사에게 설교는 영광입니다. 사람이 어떻게 하나님 말씀을 전한단 말입니까? 목사는 강단에 서면 마치 하나님의 대리자가 된 것처럼 "이것이 하나님의 뜻입니다!"라고 외칩니다. 사람이 무엇이길래 이렇게 무모하게(?) 외칠 수 있다는 말입니까? 설교는 분명 사람이 감당할 수 없는 영광(무게)입니다. 그런데 그 영광이 목사에게 주어졌습니다. 참으로 황송한 일입니다.

반면에 설교는 영원히 풀리지 않는 숙제와 같습니다. 교육전도사 때부터 설교를 시작하여 매주 설교하는 일을 20년 넘게 하고 있습니다. 무슨 일이든 10년을 하면 전문가가 된다고 하지 않습니까? 적어도 저에게 설교는 전혀 그렇지 못합니다. 10년 아니, 20년이 지난 지금도 설교를 작성하는 제 책상은 고요한 호수가 아닌 성난 갈릴리 호수와 같습니다. 갈 길을 찾지 못하고 언제 배가 뒤집힐지 모른다는 불안이 엄습합니다. 오직 바다를 잠잠하게 하시는 예수님만이 저의 모든 불안과 염려를 잠재우십니다.

이런 점에서 설교집을 낸다는 것은 제게 영광이지만 영원히 풀리지 않는 숙제를 세상에 내놓는 무모한 일입니다. 다만 하나님께서 불쌍히 여겨 주셔서 이 설교집을 통해 영광을 받으시고, 몇몇이라도 하나님 말씀이 비추는 생명의 빛을 발견하기를 소망할 뿐입니다.

많이 알려진 것처럼 빌립보서는 '기쁨의 편지'라는 별명이 붙어 있는 바울 서신입니다. 하지만 별명이 무색하게, 편지를 쓴 바울도, 편지를 받은 빌립보교회도 여러 어려움 가운데 놓여 있었습니다. 바울은 복음 때문에 감옥에 갇혀 있었고, 빌립보교회는 이단 문제와 지도자 간의 불화로 어려움을 겪고 있었습니다. 역설적으로 이런 어려운 상황이 기쁨의 편지로서의 빌립보서를 빛나게 합니다. 성도의 참기쁨은 환경과 상황에 좌우되는 것이 아니라, 우리에게 능력을 주시는 하나님 안에 있기 때문입니다. 우리가 하나님 안에 있을 때 우리의 기쁨을 빼앗을 수 있는 것은 이 세상에 없습니다. 부디 하나님께서 은혜를 주셔서 설교집을 읽는 모든 분들이 이 놀라운 기쁨을 발견하고 누릴 수 있기를 바랍니다.

이 설교집은 여느 책과 마찬가지로 수많은 분의 도움으로 세상에 나왔습니다. 설교집의 특성상 도움을 받은 수많은 주석과 연구서를 일일이 언급할 수 없지만, 그 도움이 없었다면 이 설교집은 완성될 수 없었습니다. 출판사가 큰 부담을 가질 수밖에 없는데도 무명의 한국인 저자를 발굴하여 책을 내는 세움북스 대표 강인구 장로님에게 존경을 표합니다. 또한 졸고를 인내하며 끝까지 읽고 교정해 준 김민철 목사님에게 깊은 감사를 드립니다. 영원히 풀리지 않는 숙제 때문에 끙끙대는 목사를 지금까지 오래 참고 격려해 준 은곡교회 당회원들과 성도들에게 갚을 수 없는 사랑의 빚을 졌습니다. 마지막으로 평생 제 곁에서 끊임없는 사랑과 용기를 북돋아 준 아내 한지윤과 딸 예림에게 사랑과 감사의 마음을 전합니다. 무엇보다 하나님께서 모든 영광을 받으소서!

2023년 10월 은곡교회 목회실에서
고한율 목사

Contents

목차

01 그리스도 예수의 종과 성도

빌 1:1-2

빌립보서는 사도 바울이 빌립보교회에 보낸 편지입니다. 빌립보 교회는 바울이 제2차 선교 여행 때 개척한 교회였습니다(행 16장). 원래 바울은 소아시아 지역, 즉 지금의 튀르키예 지역에서 계속 복음을 전하려고 했습니다. 하지만 성령께서 막으셨습니다.

어느 날 밤, 바울은 환상을 보게 되는데, 마게도냐 사람 하나가 서서 간청합니다. "마게도냐로 건너와서 우리를 도우라"(행 16:9). 바울은 이 환상을 하나님의 인도하심으로 인정하고 마게도냐로 건너갑니다. 이 일로 본격적인 유럽 선교가 시작되었기 때문에 매우 역사적인 사건이라 할 수 있습니다. 이때 유럽으로 넘어간 바울이 처음 들어간 도시가 바로 빌립보였습니다.

바울이 새로운 도시를 갈 때마다 제일 먼저 찾는 곳은 유대인의 회당이었습니다. 당시 회당은 마치 오늘날 외국에 있는 한인 교회와 비슷한 역할을 했습니다. 일반적으로 우리나라 사람이 여행 목적이 아니라 장기간 살기 위해 외국에 나가면 제일 먼저 찾아가는 곳이 교회입니다. 교회에 가면 무엇보다 한국 사람들을 만날 수 있고, 그들로부터 여러 가지 필요한 정보를 얻을 수 있습니다. 직장, 학교, 병원 등을 소개받을 수 있고, 어려울 때 도움을 받을 수도 있습니다. 그래서 교회 다니지 않던 사람도 외국에 나가면 꼭 교회를 찾습니다. 바울 당시 회당이 그랬습니다. 회당은 단지 예배만 드리는 장소가 아니라 그곳에서 살기 위해 필요한 모든 것을 얻을 수 있는 곳이었습니다. 바울은 이러한 회당에 가서 유대인들을 만나 복음을 전했습니다.

바울에게는 선교 원칙이 있었는데, 언제나 먼저 유대인에게 복음을 전하는 것입니다. 그다음에 이방인에게 복음을 전했습니다. 회당은 이 원칙을 지키기가 아주 좋은 곳이었습니다. 회당에는 유대인들이 있었고, 또한 이방인들도 있었습니다. 회당에 있던 이방인들은 유대교가 좋아서 따르는 사람들이었는데, 복음을 받아들이기에 잘 준비된 사람들이었습니다. 또한 회당은 직장도 소개해 주고, 잠잘 곳도 제공해 주었습니다. 바울은 스스로 돈을 벌며 복음을 전했기 때문에 회당을 통해 직장도 얻고, 숙소도 마련할 수 있었습니다. 이처럼 회당은 바울에게 매우 유용한 곳이었습니다.

하지만 빌립보에는 유대인 회당이 없었습니다. 유대인 회당은 유대인 남자 10명만 있으면 세울 수 있었습니다. 빌립보에 회당이 없었다는 것은 그곳에 그만큼 유대인이 많지 않았다는 뜻입니다.바울은 회당을 찾지 못하고 기도할 장소를 찾다가 강가에 모여 있는 여인들을 만났습니다. 그리고 거기서 자주색 옷감으로 장사하는 루디아를 만나게 됩니다. 자주색 옷감은 당시 굉장한 사치품으로, 쉽게 말해서 루디아는 명품을 파는 잘 나가는 여성 사업가였습니다.

바울이 여인들에게 말을 할 때 하나님께서 루디아의 마음을 열어 주셨습니다. 루디아는 복음을 믿게 되었고 그와 온 가족이 세례를 받습니다. 루디아는 바울을 위해 자기 집을 제공했습니다. 이렇게 빌립보에 최초의 교회가 세워졌습니다. 하지만 바울은 로마 사람이 받지 못할 풍속을 전한다는 죄명으로 고발되어 감옥에 갇히게 되고, 곧 빌립보를 떠나게 됩니다. 하지만 감옥에 갇혀 있을 때 간수에게 복음을 전했고, 그와 그의 가족은 세례를 받게 됩니다. 비록 바울이 빌립보에 머문 기간은 오래지 않았지만, 복음을 받은 루디아와 간수를 통해 빌립보교회가 든든히 세워져 가게 됩니다. 이것이 빌립보교회의 개척 이야기입니다.

그러면 바울은 빌립보에 왜 편지를 썼을까요? 바울이 빌립보에 편지를 쓸 때, 그는 로마 감옥에 있었습니다. 바울이 감옥에서 쓴 편지를 옥중서신이라고 하는데, 에베소서, 빌립보서, 골로새서, 빌레몬서가 있습니다. 바울이 빌립보에 편지를 쓴 이유는 4가지 정도 됩니다.

첫째, 바울이 감옥에 갇힌 것에 대해 빌립보교회 성도들이 크게 걱정하고 있었는데, 바울은 오히려 이 일이 복음 전파에 유익하다는 것을 알려 주고 싶었습니다.

> 형제들아 내가 당한 일이 도리어 복음 전파에 진전이 된 줄을 너희
> 가 알기를 원하노라 _빌 1:12

둘째, 빌립보교회 성도들이 감옥에 있는 바울에게 선물을 보
내 주었는데, 바울은 그것에 대해 감사를 전하고 싶었습니다.

> 그러나 너희가 내 괴로움에 함께 참여하였으니 잘하였도다 _빌
> 4:14

바울을 향한 빌립보교회 성도들의 애정이 각별했음을 알 수
있습니다.

셋째, 빌립보교회 안에 있는 분쟁을 해결하기 위해서였습니
다. 빌립보교회 안에 분쟁이 있었는데, 특히 두 명의 여자 지도
자들, 지금으로 치자면 두 분의 권사님이 크게 다투어서 교회가
어려움을 겪고 있었습니다. 바울은 다음과 같이 권면합니다.

> 내가 유오디아를 권하고 순두게를 권하노니 주 안에서 같은 마음
> 을 품으라 _빌 4:2

우리가 빌립보서 전체를 살펴보면 특별히 겸손과 한마음을 강조하는 것을 알 수 있습니다.

넷째, 복음을 훼손하는 사람들의 잘못된 주장으로부터 교회를 보호하기 위해서입니다. 우리는 빌립보서를 차근차근 살펴보는 가운데 이러한 내용을 보게 될 것입니다.

빌립보서는 별명이 있는데, 바로 '기쁨의 편지'입니다. 빌립보서는 4장밖에 안 되는 짧은 내용이지만, 그 속에 '기쁨', '기뻐하다'라는 단어가 무려 16번이나 나옵니다. 비율로 보자면 한 장에 기쁨과 관련한 내용이 4번씩은 꼭 등장합니다. 그만큼 기쁨이 강조되기 때문에 '기쁨의 편지'라는 별명이 붙었습니다.

'기쁨' 다음으로 많이 나오는 단어는 바로 '그리스도'입니다. 그래서 빌립보서의 핵심 단어가 있다면 바로 '기쁨'과 '그리스도'입니다. 다음 구절이 이것을 잘 보여 줍니다.

주 안에서 항상 기뻐하라 내가 다시 말하노니 기뻐하라 _빌 4:4

그런데 역설적이게도 빌립보서를 쓰고 있는 바울도, 빌립보서를 받는 빌립보교회 성도들도 도저히 기뻐할 수 없는 상황 가운데 있었습니다. 앞에서 언급한 대로 바울은 당시 로마 감옥에 갇혀 있었습니다. 더 심각한 것은 곧 재판 결과가 나오는데, 둘 중 하나였습니다. 무죄 석방 아니면 사형이었습니다. 바울은 자신이 곧 사형될 수도 있다고 생각했습니다. 그런 상황에서 빌립보서를 쓰고 있는 것입니다. 죽음을 눈앞에 두고 어떻게 기뻐하라는 말을 할 수 있을까요? 사람의 생각으로는 불가능합니다.

그런데 빌립보교회 성도들도 바울처럼 어려운 형편에 있었습니다. 내부적으로는 교회의 분열 때문에 고통을 받았고, 밖으로는 유대인과 로마 사람들의 핍박과 경제적 어려움 때문에 힘들었습니다. 빌립보교회 성도들도 도저히 기뻐할 수 없는 그런 상황에 있었습니다. 하지만 바울은 우리가 그리스도 안에 있기 때문에 기뻐할 수 있다고 말합니다. 바울이 빌립보서를 통해 가르치는 기쁨은 모든 환경과 상황을 초월하는, 주님 안에서 누리는 기쁨입니다.

우리는 언제 기뻐합니까? 우리가 바라는 일이 이뤄졌을 때, 우리가 하고 싶은 일을 할 때 기뻐합니다. 하지만 바라는 일이 어그러졌을 때, 계획했던 일이 실패했을 때, 사랑하는 사람을 잃었을 때, 우리는 기뻐할 수 있다고 생각조차 하지 않습니다. 어떻게 이런 일에 기뻐할 수 있다는 말입니까?

하지만 주 안에 있는 우리들은 어떤 형편 속에서도 기뻐할 수 있다고 바울은 말합니다. 왜냐하면 하나님께서 우리를 모든 어려움에서 지켜 주시고, 우리에게 그것을 이길 능력을 주시기 때문입니다. 이것은 예수님을 모르는 세상 사람들이 절대 알 수 없는 것입니다. 오직 주 안에 있는 우리에게만 허락된 기쁨입니다.

본격적으로 빌립보서 본문을 차례로 살펴봅니다. 먼저 바울은 인사말로 편지를 시작합니다.

그리스도 예수의 종 바울과 디모데는 그리스도 예수 안에서 빌립보에 사는 모든 성도와 또한 감독들과 집사들에게 편지하노니 하나님 우리 아버지와 주 예수 그리스도로부터 은혜와 평강이 너희에게 있을지어다 _빌 1:1-2

편지의 인사말에는 편지를 보내는 사람과 편지를 받는 사람, 그리고 문안 인사가 나옵니다. 먼저 편지를 보낸 사람이 나옵니다. 편지를 보내는 사람은 그리스도 예수의 종 바울과 디모데입니다. 디모데는 우리가 잘 알 듯이 바울과 함께 선교를 하는 동역자이고, 또한 바울의 영적인 아들입니다. 비록 바울 혼자 빌립보서를 전부 쓴 것이 분명하지만, 당시 디모데와 같이 일하고 있었기 때문에 그의 이름도 함께 적은 것입니다. 바울은 누구와도 비교할 수 없는 탁월한 사역자였지만, 모든 일을 혼자하려고 하는 독불장군은 아니었습니다. 오히려 그는 항상 동역자들과 함께 사역을 했습니다.

하나님 나라와 교회에는 독불장군이 있을 수 없습니다. 교회의 주인은 오직 예수님이시고, 우리 모두는 서로 협력하여 예수님의 몸 된 교회를 세워 가야 하는 동역자들입니다. 물론 우리 중에 특별히 뛰어난 사람이 있을 수 있습니다. 하지만 그렇다고 해서 혼자 일을 해서는 안 됩니다. 하나님께서 우리를 불러 교회를 세우실 때 각자의 역할을 주셨습니다. 그래서 모두가 함께 협력해야 교회가 건강하게 세워져 갈 수 있습니다. 몇몇 대단한 사람들만 일하는 교회는 결코 건강할 수 없습니다. 하나님께서 주신 각자의 은사를 가지고 겸손히 서로 협력할 때 교회는 든든히 서 가게 됩니다. 바울은 이 사실을 분명히 알았습니다. 그래서 그는 자신이 가장 뛰어난 사역자임에도 항상 옆에 있는 동역자들과 같이 일했습니다.

하나님께서 교회를 세우기 위한 동역자로 우리 모두를 불러주셨다는 사실을 꼭 기억하십시오. 그저 주일 예배에 오는 것만으로 성도의 도리를 다했다고 생각하지 마십시오. 작게 보이는 일이라도 하나님께서 주신 은사를 가지고 봉사하고 섬기십시오. 교회는 몇몇의 스타가 아닌 모든 성도들의 협력으로만 건강하게 세워집니다.

한편 바울은 자신을 그리스도 예수의 종으로 소개합니다. 오늘날에도 교회 안에서 목사를 주의 종이라고 부르곤 합니다. 하지만 그 의미가 많이 달라진 것 같습니다. 어떤 분은 목사를 부를 때 '주의 종님'이라고 부릅니다. 종이라고는 불러야겠는데, 너무 낮추는 것 같아서 '님' 자를 붙이는 것입니다. 하지만 '종'이 '종님'이 되면 '종'의 성경적 의미를 잃어버리게 됩니다.

바울은 그야말로 자신을 낮추어 종이라고 불렀습니다. 그런데 사람의 종이 아닙니다. 그리스도 예수의 종입니다. 그리스도 예수께 속하게 된 사람, 그리스도의 소유, 예수님께서 하라고 하시면 무엇이든 하는 사람이라는 말입니다.

사실 바울에게는 아주 멋진 직분이 있었습니다. '사도'라는 직분입니다. 이 '사도'는 초대 교회에서 얼마나 영광스러운 직분인지 모릅니다. 비록 '사도'라는 말이 보내심을 받은 사람이라는 뜻으로, 선교사에게 붙여 주는 일반적인 칭호이기도 했지만, 사실 엄밀하게 말하면 사도는 오직 예수님의 직계 제자에게만 붙일 수 있는 것이었습니다. 하지만 바울은 예수님의 직계 제자가 아니지 않습니까? 물론 바울이 예수님의 12제자에 속한 것은 아니었습니다. 하지만 부활하신 예수님께서 다메섹으로 가던 바울에게 직접 나타나셔서 그에게 복음을 전하는 사도의 직분을 주셨습니다. 그래서 바울은 자신이 맨 나중에 사도가 된 사람으로 사도 중 가장 작은 자라고 말하였습니다.

사도는 예수님께서 교회를 세우기 위해 기초로 사용하셨던 사람들입니다. 그래서 사도는 계속해서 존재하지 않고 이제는 없습니다. 물론 어떤 사람들은 오늘날에도 사도가 계속 존재한다고 주장하기는 합니다. 하지만 그것은 사도라는 직분의 특수성을 알지 못하는 잘못된 주장입니다. 이런 점에서 사도는 너무나 특별하고 영광스러운 직분입니다. 그런데 본문을 보면 바울은 자신을 소개할 때 그리스도의 종이라고만 할 뿐 사도라고 말하지 않습니다. 왜 그럴까요? 그리스도의 종으로도 충분히 자신을 소개할 수 있기 때문입니다.

"나는 예수님의 종이다. 예수님이 소유한 사람이다. 예수님이 하라고 하는 일을 하고, 하라고 하는 말을 하는 사람이다. 나는 그런 사람이다." 바울은 자신을 소개할 때 이 정도면 충분하다고 생각했습니다.

오늘날 한국 교회를 망치는 여러 문제들 중에 직분 문제가 있습니다. 한국 교회 성도들은 유독 직분에 관심이 많습니다. 증경총회장, 증경노회장이라는 말을 들어보셨습니까? 많이 생소하지 않습니까? 증경총회장, 증경노회장은 은퇴한 총회장, 은퇴한 노회장을 부를 때 사용합니다. 은퇴했으면 그만인데, '증경'이라는 말을 붙여서 계속 총회장, 노회장 호칭을 듣는 것입니다. 많은 목사들이 노회장, 총회장이 되고 싶어 합니다. 감리교단에서는 감독회장, 감독이 되고 싶어 합니다. 감독회장 또는 감독이 되면 은퇴 후에도 평생 감독회장, 감독으로 불립니다. 교회마다 장로, 안수집사, 권사 선거를 하면 홍역을 앓습니다. 누구는 되어야 하는데 떨어지고, 누구는 안 되어야 하는데 되었다며 뒤에서 수군거리고, 심하면 편을 나눠 다투기도 합니다.

이처럼 한국 교회 성도들이 직분에 관심이 많은 것은 직분에 대한 오해 때문입니다. 어떤 분들은 직분이 그 사람의 신앙 수준이라고 생각합니다. 그래서 신앙생활을 오래했는데도 직분을 받지 못하면 신앙생활을 잘못했다고 생각하며 부끄러워합니다. 또 어떤 분들은 직분을 하나의 계급으로 생각합니다. 마치 회사에서 사장, 부장, 과장이 있는 것처럼 교회도 마찬가지라고 생각하는 것입니다. 하지만 이것은 직분에 대한 철저한 오해입니다.

직분은 신앙 수준을 보여 주지 않습니다. 직분은 교회를 운영하기 위해 필요할 뿐입니다. 물론 신앙생활을 잘하는 분이 직분을 맡아야 합니다. 성경도 초신자에게 직분을 맡겨서는 안 된다고 말합니다. 하지만 그렇다고 해서 직분이 그 사람의 신앙 수준을 보여 주는 것은 아닙니다. 예를 들어보겠습니다. 일반적으로 신앙 수준이 가장 높은 사람이 목사를 할 수 있다고 생각합니다. 하지만 꼭 그렇지 않습니다. 아무리 신앙생활을 잘해도 사람들 앞에서 말을 제대로 못하면 그 사람은 목사를 하면 안 됩니다. 목사는 사람들 앞에서 말로 말씀을 가르치는 일을 해야 하는데, 사람들 앞에서 말을 못한다면 해서는 안 됩니다.

이렇게 보면 직분을 받기 위해 믿음도 중요하지만, 은사가 더 중요합니다. 직분에 맞는 은사를 가진 사람이 직분을 맡아야 합니다. 그러니까 직분을 받지 못했다고 해서 자신의 신앙이 형편없다고 생각하면 안 됩니다. 믿음이 안 좋은 것이 아니라 은사가 다른 것입니다. 또 직분이 없다고 해서 봉사할 필요가 없다고 생각하면 안 됩니다. 성경에 나와 있는 수많은 은사를 생각해 보십시오. 직분은 그 은사 중 아주 작은 부분에 불과합니다. 직분을 받지 않아도 얼마든지 섬길 수 있습니다.

그런데 직분을 계급으로 생각하는 것은 더 큰 문제입니다. 우리나라는 유교 문화와 군사 독재 시절의 영향으로 사람 간의 계급을 자연스럽게 생각합니다. 그러다 보니 교회의 직분도 계급으로 이해하는 경향이 있습니다. 서리집사 위에 안수집사와 권사가 있고, 그 위에 장로가 있고, 그 위에 목사가 있다는 식입니다. 전혀 성경적이지 않습니다. 모든 성도는 하나님 앞에서 평등합니다. 누가 누구 위에 있는 것이 결코 아닙니다. 모두가 예수님을 힘입어 하나님 앞으로 나옵니다. 목사를 힘입거나 장로를 힘입어 하나님 앞에 나오는 것이 아닙니다.

물론 하나님은 질서의 하나님이시기 때문에 직분이 교회 질서를 유지하는 기능을 하는 것은 사실입니다. 특히 목사는 하나님의 말씀을 전하는 일로써, 장로는 성도들이 그 말씀에 순종할 수 있는 일을 도움으로써 교회의 질서를 유지합니다. 그렇기에 모든 성도는 목사와 장로가 하나님의 말씀을 가르치고 지도할 때 거기에 순종해야 합니다. 하지만 이처럼 순종할 때도, 정확히 말하면 목사와 장로의 직분을 가진 사람에게 순종하는 것이 아니라, 그들이 전하는 말씀에 순종하는 것입니다.

우리는 교회의 직분을 오해해서는 안 됩니다. 직분은 하나님이 교회를 세우기 위해 주신 선물이지, 우리의 신앙 수준을 나타내거나 우리 안의 계급으로 주신 것이 결코 아닙니다. 바울은 자신이 사도임에도 불구하고 자신을 그저 그리스도의 종이라고 소개할 뿐입니다. 사도라는 직분이 무가치해서 그런 것이 아닙니다. 그리스도의 종이라고 소개해도 충분하기 때문입니다.

우리 모두가 성경적으로 직분을 잘 이해해야 합니다. 그래서 직분을 받은 성도는 그 직분으로 더욱 힘써서 주님을 섬기고, 직분이 없는 성도는 자신에게 다양한 은사를 주셨다는 사실을 알고, 그것으로 주님을 섬길 수 있어야 합니다.

한편 바울은 이 편지를 받은 사람들을 이렇게 말합니다. "빌립보에 사는 모든 성도와 또한 감독들과 집사들에게 편지하노니." 빌립보서를 받은 사람들은 모든 성도입니다. 그리고 감독들과 집사들입니다. 여기서도 우리는 직분이 우리가 생각하는 것과는 차이가 있음을 알 수 있습니다. 우리 같으면 어떻게 썼을까요? '빌립보의 감독들과 집사들, 그리고 모든 성도들에게 편지하노니'라고 썼을 것입니다. 분명 감독들과 집사들은 그 교회의 지도자들이니까 그들이 중요하다고 생각하여 제일 먼저 그들을 쓸 것입니다.

하지만 바울은 그렇게 하지 않았습니다. 그는 '모든 성도들에게 그리고 감독들과 집사들에게'라고 썼습니다. 당신은 성도라는 이 호칭이 얼마나 영광스러운지 아십니까? 우리가 흔히 말하는 '성도'라는 이 말은 '세상 사람들로부터 하나님의 소유로 구별되어 하나님의 사랑과 은혜를 받는 그의 백성'이라는 뜻입니다. 성도라는 말보다 더 복된 호칭은 없습니다. 하지만 유독 한국 교회에서는 성도라는 말이 인기가 없습니다. 집사도 못 된 사람을 부르는 호칭으로 생각합니다.

하지만 우리가 누군지를 나타내는 가장 알맞은 호칭이 바로 '성도'입니다. '나는 하나님의 소유로 구별된 사람이다. 하나님의 사랑과 은혜를 받는 사람이다. 나는 하나님의 백성이다.' 이것이 성도의 의미입니다. 그래서 바울은 빌립보교회의 지도자들인 감독들과 집사들보다도 먼저 모든 성도들을 부릅니다.

우리는 사람들에게 어떻게 불리기를 원합니까? 높여 주면 좋아할 것입니다. 사람들이 높여 부르는 만큼 나 자신이 높다고 생각하기 때문입니다. 세상 사람들은 그럴지 몰라도 하나님의 백성인 우리들은 그렇게 생각하면 안 됩니다. 우리는 그리스도 예수의 종, 성도만으로 충분하다는 것을 알아야 합니다. 우리가 그리스도 예수만을 섬기는 종이고, 하나님의 소유로서 구별된 백성인 성도라는 것이 얼마나 복됩니까? 세상 사람들처럼 이런 저런 호칭으로 자신을 포장할 필요가 없습니다.

신문을 보니까 어느 목사님이 외국에 가서 박사 학위를 하고 왔습니다. 그런데 그 다음부터 강단에 설 때마다 박사 모자와 박사 가운을 입었다고 합니다. 그리스도의 종과 성도로 부족해서, 목사로도 부족해서, 박사로 불리고 싶어서 그런 것입니다. 그리스도 예수의 종과 성도라는 호칭이 얼마나 귀하고 복되며 위대한 것인지 몰라서 그런 것입니다. 이 세상 그 어떤 호칭을 다 합해도 우리 믿는 사람들에게 그리스도 예수의 종과 성도보다 더 좋은 호칭은 없습니다. 빌립보서는 그리스도 예수의 종인 바울이 빌립보에 있는 모든 성도에게 쓴 편지입니다. 빌립보서는 예수님이 우리의 전부이시고, 하나님 안에서 산다는 것이 가장 복된 삶임을 아는 사람들이 주고받은 기쁨의 편지입니다.

우리 모두가 그리스도 예수의 종과 성도라는 복된 이름을 가지고 주님과 교회, 이웃을 더욱 사랑하고 잘 섬겨야 합니다. 이어지는 빌립보서를 통해 환경과 상황을 초월하는, 주 안에 있는 기쁨을 온전히 누리십시오.

02 우리의 확신

빌 1:3-6

세계 2차 대전 당시 영국은 독일군의 대규모 공격으로 공포와 혼란에 빠졌습니다. 이때 영국의 구원자로 등장한 사람이 그 유명한 윈스턴 처칠(Winston Churchill)입니다. 그는 영국이 큰 위기에 빠졌을 때 나라를 이끌어 가는 수상이 되었습니다. 그는 독일군의 대대적인 공격으로 극도의 공포에 빠진 영국 국민의 마음을 하나로 만들고, 극복할 수 있다는 용기를 불어넣었습니다.

우리가 승리의 상징으로 손가락을 가지고 V자를 그리지 않습니까? 이것이 바로 처칠로부터 시작되었다고 합니다. 그는 독일군의 폭격기가 런던에 수많은 폭탄을 떨어뜨려 모두를 공포에 떨게 할 때도, 폭격이 끝나면 거리로 나와 손가락으로 V를 그리며 국민들에게 이길 수 있다는 확신을 주었다고 합니다. 그는 마지막 한 사람이 남을 때까지 독일에 항복하지 않고 싸우겠다고 연설하여 국민들에게 나라에 대한 자긍심과 용기를 심어 주었고 결국 전쟁을 승리로 이끌었습니다.

이러한 처칠이 남긴 유명한 연설들이 많이 있습니다. 그중에 가장 잘 알려진 연설은 1941년 전쟁이 한창일 때 한 학교에 가서 학생들에게 한 것입니다. 원래 30분의 연설을 하기로 예정되어 있었는데, 고작 6분만 했습니다. 처칠은 그렇게 6분의 아주 짧은 연설을 했는데, 그 내용 또한 매우 간단했습니다.

> 절대로 포기하지 말라(Never give in). 절대로, 절대로, 절대로, 절대로. 그 것이 대단한 일이든 작은 일이든, 큰일이든 사소한 일이든, 고상한 확신과 선한 판단을 제외하고 절대로 굴복하지 말라. 절대로 무력에 굴복하지 말 고, 절대로 적의 엄청난 힘에 굴복하지 말라.

원래는 '절대 포기하지 말라'를 세 번 외치고 연설을 마친 것으로 많은 사람이 알고 있지만, 나중에 과장이 된 것이고, 실제로는 이렇게 연설을 하였다고 합니다. 처칠의 이 연설은 독일군의 폭격으로 공포에 떨던 영국 국민에게 큰 힘을 주었습니다. 뿐만 아니라 고난과 실패 속에 두려워하는 오늘 우리에게도 큰 힘을 줍니다.

> 절대로 포기하지 말라. 절대로, 절대로, 절대로, 절대로.

이번 본문 또한 처칠이 말한 '절대로 포기하지 말라'는 메시지를 담고 있습니다. 다만 처칠과 다른 점이 있다면, 바울은 우리가 절대로 포기하지 말아야 하는 이유를 하나님께 두고 있다는 사실입니다. 앞으로 보게 될 내용을 통해 우리가 어떤 상황에서도 절대로 포기해서는 안 되는 이유를 깨닫고, 하나님께서 주시는 용기와 확신을 가지고 모든 어려움을 극복해 나갈 수 있기를 바랍니다.

이번 본문은 바울이 빌립보교회 성도들에게 편지를 쓰면서 그들에 대해 하나님께 감사를 드리는 내용입니다. 이전 본문에서 본 것처럼 바울은 편지를 쓰는 사람과 편지를 받는 사람을 소개하고 문안인사를 했습니다. 그리고 하나님께 감사합니다.

내가 너희를 생각할 때마다 나의 하나님께 감사하며 _3절

바울이 편지를 시작하면서 무엇보다 먼저 "너희를 생각할 때마다 하나님께 감사"한다고 쓰는 이유는 실제로 하나님께 감사했기 때문이지만, 편지를 받는 성도들의 마음을 열기 위한 목적도 있었습니다.

우리가 나중에 살펴보게 되겠지만, 사실 빌립보교회 안에는 바울의 마음을 괴롭게 하는 성도들이 있었습니다. 특히 빌립보서 4장 2절에 따르면, 유오디아와 순두게라는 두 여자 지도자 이름이 나오는데, 바울은 이 두 사람에게 주 안에서 같은 마음을 품으라고 말합니다. 왜 이렇게 말했을까요? 두 사람이 싸웠기

때문입니다. 그런데 이 싸움은 단지 두 사람만의 문제가 아니었습니다. 그들은 빌립보교회의 지도자들이었기 때문에 이 두 사람의 싸움으로 교회가 두 부류로 나눠졌습니다. 교회가 분열되었습니다.

교회가 분열되는 것보다 바울의 마음을 괴롭게 하는 것은 없었습니다. 아마도 감옥에 있던 바울은 이 두 사람만 생각하면 머리가 지끈지끈했을 것입니다. 이 두 사람 때문에 빌립보교회 성도들이 나눠져 싸운다는 생각으로 잠을 이루지 못했을 것입니다. 정말 웬수도 이런 웬수들이 없습니다.

그럼에도 불구하고 바울은 뭐라고 말합니까? 그들을 생각할 때마다 하나님께 감사한다고 말합니다. 유오디아와 순두게를 생각하면 무슨 감사가 있을 수 있겠습니까? 인간적으로 생각하면 너무나 괘씸합니다. 그들의 잘못을 지적하고 야단쳐야 마땅할 것 같습니다. 하지만 바울은 그들에 대해서도 하나님께 감사를 드렸습니다.

그런데 우리는 교회 안에서 문제를 일으키는 사람들을 어떻게 대합니까? 그들의 잘못을 조목조목 따지면서 정죄하지 않습니까? 어떻게 교회 다니는 사람이 그럴 수 있느냐 하며 욕하지 않습니까? 하지만 사람은 정죄하고, 욕한다고 해서 변하지 않습니다.

사람을 변화시킬 수 있는 것은 하나님밖에 없습니다. 세상 사람들이 흔히 이렇게 말합니다. "사람은 고쳐 쓰는 것이 아니다." 그만큼 사람이 변화되기 어렵습니다. 우리가 아무리 비판하고, 욕하고, 다투어도 변하지 않습니다. 우리 힘으로는 사람을 변화시킬 수 없습니다. 사람을 변화시키는 것은 오직 하나님만이 하실 수 있습니다. 바울이 유오디아와 순두게를 포함하여 빌립보교회를 어렵게 만든 사람들을 야단치거나 정죄하지 않고, 오히려 먼저 하나님께 감사를 드린 이유가 바로 여기에 있습니다.

감사는 반응이 아니고 신앙 고백입니다. 감사는 일이 잘 되었을 때 자연스럽게 나오는 반응이 아닙니다. 감사는 하나님께서 모든 것을 주관하신다는 믿음에서 나오는 신앙 고백입니다. 감사가 신앙 고백이기 때문에 우리는 어떤 상황 속에서도 감사할 수 있습니다. 즉 범사에 감사할 수 있습니다. 빌립보교회 안에 말썽을 부리는 사람들이 있었음에도 불구하고 바울이 그들을 포함하여 하나님께 감사를 드린 것은 그들을 고칠 수 있는 것은 하나님밖에 없다고 믿었기 때문입니다.

바울은 이처럼 빌립보교회 모든 성도들 때문에 하나님께 감사를 드렸습니다. 그런데 기도도 마찬가지였습니다. 바울은 빌립보교회 성도 모두를 위해 항상 기도하였습니다.

간구할 때마다 너희 무리를 위하여 기쁨으로 항상 간구함은 _4절 여기서는 '너희 무리를 위하여'라고 되어 있지만, 더 정확히 말하면 '너희 모두를 위하여'입니다. 바울은 모든 빌립보교회 성도들을 위해 하나님께 감사했을 뿐만 아니라, 또한 모든 빌립보교회 성도들을 위해 항상 기도하였습니다. 물론 바울은 그저 마지못해 기도하지 않았습니다. 속으로 부글부글 끓으면서 어쩔 수 없이 드린 기도가 아니었습니다. 바울은 기도할 때 기쁨으로 했습니다.

이 부분에서 우리는 빌립보서 전체의 핵심 주제를 처음으로 만나게 됩니다. 앞서 언급한 대로 빌립보서의 별명은 기쁨의 편지입니다. 기쁨이 편지의 핵심 주제입니다. 그런데 어떤 기쁨입니까? 도저히 기뻐할 수 없는 상황 가운데 가지는 기쁨이었습니다.

바울이 빌립보교회 성도들을 위해 기도할 때 가졌던 기쁨이 바로 이런 기쁨입니다. 빌립보교회를 생각하면 머리가 지끈지끈합니다. 속이 끓어오릅니다. 도무지 기뻐할 수 없는 상황입니다. 하지만 바울은 기쁨으로 기도합니다. 하나님께서 모든 어려운 상황 속에서도 그 마음을 지켜 주시기 때문입니다. 또한 하나님은 모든 상황을 능히 아름답게 만드실 수 있는 전능하신 분임을 바울이 믿었기 때문입니다. 바울은 빌립보교회 모든 성도들을 위해 기쁨으로 기도함으로써 우리가 어떠한 형편과 상황에서도 기뻐할 수 있음을 친히 보여 줍니다.

이처럼 바울의 감사와 기도에는 그 어떤 차별도 없었습니다.

모든 빌립보교회 성도를 향한 바울의 감사와 기도는 서로가 옳다고 주장하며 편을 나누어 싸우고 있던 빌립보교회 성도들에게 중요한 교훈을 주었습니다. 우리 모두가 주님 안에서 하나라는 것입니다. 아무리 나와 다른 생각을 가지고 있고, 그래서 내 마음에 들지 않는 사람이라도 내가 바꾸려고 해서는 안 되고, 하나님께서 변화시켜 주실 것을 기대하며 감사하고, 또 기도해야 한다는 것입니다.

우리는 교회 안에 있는 나와 마음이 맞지 않는 사람 때문에 하나님께 감사를 드려 본 적이 있습니까? 그 사람을 위해 기도하되, 마지못해서가 아니라 정말 기쁨으로 기도해 보신 적이 있습니까? 정말 쉽지 않은 일입니다. 우리는 감사와 기도보다 비판과 정죄, 뒤에서 수군수군하기를 훨씬 더 잘합니다. 하지만 비판과 정죄, 뒤에서 하는 이야기로 사람이 변화되는 경우는 없습니다. 아무리 욕하고, 다투고, 싸워도 사람은 변하지 않습니다. 오직 하나님만이 사람을 변화시키실 수 있습니다.

그러므로 우리는 하나님께서 변화시켜 주실 것을 믿고 감사와 기도에 힘써야 합니다. 내 마음에 정말 들지 않는 사람이라 하더라도 그 사람으로 말미암아 하나님께 감사를 드려 보십시오. 그러면 이전에는 보이지 않았던 그 사람의 좋은 면이 눈에 들어오게 됩니다. 그 사람을 위해 억지로 기도하지 말고 기쁨으로 기도해 보십시오. 하나님께서 앞으로 행하실 일을 기대하는 소망이 생기게 될 것입니다. 하나님께서 우리 모두에게 이런 모습을 주시기를 바랍니다. 비판하고 욕하고 싸우는 것이 아니라, 감사하고 기쁨으로 기도하는 우리가 되기를 바랍니다. 그럴 때 하나님은 우리를 정말로 아름답게 만들어 주시고, 교회를 참으로 멋지게 세우실 것입니다.

한편 바울이 빌립보교회 성도들을 생각하며 하나님께 감사를 드린 데에는 또 다른 이유가 있었습니다. 그것은 빌립보교회 성도들이 첫날부터 지금까지 복음을 위한 일에 참여하고 있었기 때문입니다.

너희가 첫날부터 이제까지 복음을 위한 일에 참여하고 있기 때문이라 _5절

빌립보교회가 세워지고 나서 지금까지 빌립보교회 성도들은 복음을 위한 일에 적극적으로 참여하였습니다.

우리가 여기서 주목하는 것은 빌립보교회가 복음을 위한 일에 처음부터 지금까지, 잠시도 멈춤 없이 계속해서 참여해 왔다는 사실입니다. 어떤 일을 시작하기는 쉽습니다. 하지만 그 일을 멈추지 않고 지속적으로 하는 것은 굉장히 어려운 일입니다. 연초가 되면 많은 성도님들이 올해에는 성경 일독을 하겠다고 다짐합니다. 그래서 창세기부터 열심히 읽습니다. 1월 달은 어느 정도

계획한 대로 이뤄집니다. 하지만 2월이 되고, 3월이 되면 서서히 힘들어집니다. 특히 레위기에 이르면 성경을 읽는 횟수가 급격히 떨어집니다.

그래서 성도님들 성경을 보면, 창세기에는 색연필로 밑줄도 치고, 거기에 느낀 점도 쓰고, 손때도 묻어 있고, 그래서 열심히 읽은 흔적이 분명합니다. 하지만 레위기부터는 성경을 산 지 몇 년이 지났는데도 여전히 새 책 같습니다. 잉크 냄새가 아직 사라지지 않았습니다.

시작은 그래도 쉽습니다. 하지만 멈추지 않고 끝까지 하는 것은 결코 쉽지 않습니다. 어떤 점에서 우리 신앙이 잘 성장하지 못하는 이유가 여기에 있다고 할 수 있습니다. 처음에는 뜨거운데, 점점 식어 갑니다. 요한계시록 2장을 보면, 예수님께서 에베소교회를 향해 주신 말씀이 있습니다. '너희가 처음 사랑을 버렸다'는 책망입니다. 처음 사랑이 끝까지 가지 못하고 식으니까 신앙이 성장하지 못합니다. 나무를 심은 후 처음에만 물을 많이 주고, 그 후에 물을 주지 않아 보십시오. 어떻게 될까요? 당연히 죽습니다. 어쩌면 우리 신앙생활이 이런 모습일 수 있습니다.

이런 점에서 빌립보교회가 처음부터 지금까지 복음을 위한 일에 참여하고 있는 것은 정말 대단한 일이 아닐 수 없습니다. 그런데 빌립보교회가 항상 안정적이어서 이렇게 할 수 있었던 것이 아닙니다. 빌립보교회는 안으로는 교회 분열이 있었고, 밖으로는 핍박이 있었습니다. 자기 교회 돌보기에도 벅찬 상황이었습니다. 그들은 얼마든지 "우리 형편이 나아지면 복음을 전하는 일에 열심히 참여하겠습니다. 그 전까지는 조금 참아 주세요"라고 말할 수 있었습니다. 하지만 그들은 그렇게 하지 않았습니다. 분명 자신의 형편도 어려웠지만, 복음을 위한 일을 결코 멈추지 않았습니다. 분명하게도 이처럼 처음부터 끝까지 멈추지 않고 힘쓸 때에만 열매를 맺을 수 있습니다. 바울은 어떤 상황에서도 복음을 위한 일을 멈추지 않았던 빌립보교회의 모습에 감동하며 하나님께 감사를 드렸습니다.

제가 편지 하나를 받은 적이 있습니다. 합동신학대학원대학교를 다니는 신학생에게서 온 편지였습니다. 그 편지의 일부입니다.

저는 서대문에 위치한 ○○교회에서 청소년부를 섬기는 교육전도사입니다. 현재 아내가 임신하여 어여쁜 딸아이의 출산을 기다리고 있습니다(현재는 출산). 은곡교회에 감사의 마음을 전하고자 편지를 쓰게 되었습니다. 결혼하고 매주 용돈을 받아 한 주치 식권을 구매하고 남은 돈을 모아 교수님들이 추천해 주신 책을 사서 읽었습니다. 그런데 예상치 못한 선물을 받아 아직도 놀라움을 금치 못하고 있습니다. 학업과 사역으로 아내 생일을 제대로 챙겨 주지도 못하고 함께 있어 주지도 못했는데, 예상치 못한 선물을 받아 아내에게 작은 선물을 할 수 있게 되었습니다. 진심으로 감사드립니다.

우리 교회 여전도회에서 오랫동안 매년 헌금을 모아 신학교에 보내고 있습니다. 신학교의 기숙사를 담당하는 목사님이 우리 교회 여전도회가 보낸 헌금으로 식권을 사서 어려운 형편에 있는 전도사님들에게 줍니다. 신학생 중에는 형편이 어려워서 밥을 거르는 분들이 있습니다. 그래서 '사랑의 식권'이라는 이름으로 헌금 받은 돈으로 식권을 사서 나눠 준 것입니다. 식권을 나눠 줄 때 편지나 감사 인사는 하지 말라고 했다고 합니다. 그런데도 그 마음에 너무 감사해서 이렇게 편지를 보내 주었습니다.

어찌 보면 큰일이 아닐 수 있습니다. 하지만 매년 멈추지 않고 이렇게 보내니까 어려운 형편의 신학생들에게 적지 않은 위로와 격려를 전해 주는 아름다운 열매를 맺을 수 있었습니다. 그렇기에 주님을 위해 우리가 하는 일을 중간에 멈추지 마시기 바랍니다. 힘들고 어렵다고 해서 내려놓지 마시기 바랍니다. 내려놓으면 거기서 끝납니다. 하지만 힘들어도 끝까지 하면 결국 좋은 열매를 맺게 됩니다.

우리가 선을 행하되 낙심하지 말지니 포기하지 아니하면 때가 이르
매 거두리라 _갈 6:9

우리가 주님을 위해 하는 모든 일, 또 이웃을 위해 하는 모든 일을 우리가 멈추지 않고 포기하지 않으면 때가 되었을 때, 하나님께서 반드시 열매를 거두게 하십니다. 이 사실을 잊지 말고, 지금 섬기는 일을 멈추지 말고, 끝까지 감당하여 열매 맺는 우리 모두가 될 수 있기를 바랍니다.

하지만 "지금 우리가 하는 일을 중단하지 말고 끝까지 해야 합니다"라고 말씀을 드리면 우리 마음에 이런 반발이 생깁니다. '목사님, 저도 중단하지 않고 끝까지 하고 싶습니다. 하지만 우리는 연약한 사람이잖아요. 저도 끝까지 맡은 일을 감당하고 싶지만, 사람들이 상처 주고, 억울한 일을 당하고, 이런 일 저런 일로 치이면, 아무리 주님을 위한 일이라도 다 내려놓고 싶습니다. 하나님도 억지로 일 시키는 분은 아니잖아요.' 모두 맞는 말입니다. 반박하기 어렵습니다.

물론 우리 힘만으로는 안 됩니다. 우리가 아무리 강력한 의지를 갖고 있다 하더라도 그것만으로는 되지 않습니다. 하지만 바울은 빌립보교회가 복음을 위한 일에 처음부터 지금까지 참여해 왔는데, 언젠가는 멈추는 것이 아니라 그리스도 예수의 날, 즉 세상 끝 날까지도 그렇게 할 것이라고 확신하였습니다.

> 너희 안에서 착한 일을 시작하신 이가 그리스도 예수의 날까지 이루실 줄을 우리는 확신하노라 _6절

바울이 이렇게 확신할 수 있었던 근거는 무엇일까요? 빌립보교회 성도들의 믿음이 정말로 특별했기 때문일까요? 그들이 한번 시작한 일은 반드시 끝을 보는 그런 성격을 갖고 있었기 때문일까요? 전혀 그렇지 않습니다. 빌립보교회 성도라고 해서 오늘 우리와 뭐가 그렇게 다르겠습니까? 그들도 우리처럼 바람이 불면 이리저리로 흔들리는 갈대와 같은 사람들이었습니다. 그들도 어렵고 힘들면 모든 일을 다 내려놓고 싶어 하는 그런 연약한 사람들이었습니다.

그렇다면 바울은 무엇을 믿고 이렇게 확신하고 있을까요? 바울이 빌립보교회 성도들을 특별하게 믿었던 것이 아닙니다. 바울의 확신은 빌립보교회 성도들이 갖고 있던 어떤 특징과는 전혀 상관이 없습니다. 바울은 사람은 믿을 수 없는 존재임을 누구보다 더 잘 알고 있었습니다. 바울은 결코 이상주의자가 아니었습니다. 그렇다면 바울이 가지고 있었던 확신의 근거는 과연 무엇일까요?

바울이 가진 확신의 근거는 바로 하나님이었습니다. 빌립보교회가 복음을 위한 일을 세상 끝 날까지 멈추지 않고 계속해서 할 것이라고 확신했던 이유는 이 일을 시작하신 분이 바로 하나님이었기 때문입니다.

너희 안에서 착한 일을 시작하신 이가 _6절a

빌립보교회가 처음부터 지금까지 복음을 위한 일을 멈추지 않고 계속할 수 있었던 이유는 빌립보교회 성도들이 대단해서가 아니라 그들 안에서 이 일을 하도록 시작하신 분이 바로 하나님이었기 때문입니다.

하나님께서 빌립보교회 성도들의 마음에 역사하셔서 그들로 하여금 복음을 위한 일을 시작하도록 하셨기 때문에 이 일은 반드시 멈추지 않고 끝까지 진행되어 열매를 맺을 수밖에 없습니다. 착한 일을 시작하신 분이 하나님이시기 때문에 그 마무리도 하나님께서 하실 것입니다. 그러므로 빌립보교회 성도들의 연약함이나 부족함은 아무 문제가 되지 않습니다. 하나님께서 그들에게 이 일을 계속하도록 마음을 주시고 능력을 주셔서 끝까지 이루게 하시기 때문입니다. 바울의 확신은 이렇게 하나님께 있었습니다. 하나님께서 시작하셨으니 하나님께서 마무리하실 것입니다.

어린아이가 자전거를 처음 배울 때를 생각해 보십시오. 두발자전거를 타는 것은 쉽지 않습니다. 조금만 기울어도 넘어집니다. 그래서 아이들이 몇 번 넘어지면 다시 타고 싶어 하지 않습니다. 하지만 부모가 의지를 가지고 자전거 타는 것을 가르치는 경우를 생각해 보십시오. 아이의 자전거 뒤를 부모가 손으로 잡습니다. 그러면 기우뚱거리다가도 다시 균형을 잡습니다. 이런 식으로 계속하다 보면 어느 새 아이가 두발자전거를 능숙하게 탑니다.

부모가 뒤에서 자전거를 붙잡고 있으면 아이는 두려워할 필요가 없습니다. 비록 아이가 아직 자전거를 탈 실력이 없어도 자전거가 자기 마음대로 가다가 떨어지는 불상사를 걱정할 필요가 없습니다. 아이에게는 자전거를 운전할 실력이 없지만, 부모가 그 자전거를 붙잡고 있기 때문에 절대로 사고가 나지 않습니다. 바울은 지금 그 이야기를 하고 있습니다.

정말 우리는 연약합니다. 부족합니다. 조금만 억울한 일을 당하고, 비난받고, 욕을 먹으면 다 때려 치고 싶은 것이 우리입니다. 하지만 만약 우리가 참 성도가 맞다면, 우리는 끝까지 하나님을 위해 살게 될 것입니다. 어떻게 확신할 수 있습니까? 우리 안에 착한 일을 시작하신 분이 하나님이시기 때문입니다. 하나님께서 시작하셨으니 하나님께서 끝맺으실 것입니다. 그러므로 우리는 절대로 포기해서는 안 됩니다. 윈스턴 처칠이 한 말처럼, 우리는 절대로, 절대로, 절대로 포기해서는 안 됩니다. 굴복해서는 안 됩니다. 우리 안에서 착한 일을 시작하신 하나님을 막을 것은 이 세상에 없습니다. 우리 힘이나 지혜로 하는 것이 아닙니다. 하나님께서 하십니다. 그러므로 우리는 이미 승리한 사람입니다. 그렇기에 절대로, 절대로 포기해서는 안 됩니다.

주님을 위해 한 일인데, 결과가 좋지 않습니까? 차라리 하지 않은 것만 못하게 된 것 같습니까? 마치 실이 엉켜서 도저히 풀 수 없는 것처럼 모든 일이 다 꼬였습니까? 그럴 때에도 너무 실망해서는 안 됩니다. 포기하려고 해서는 안 됩니다. 하나님께서 우리 안에서 시작하신 일임을 잊지 마셔야 합니다. 하나님께서 좋은 결과만 주시는 것은 아닙니다. 나쁜 결과도 하나님께서 주신 것임을 믿어야 합니다. 그 나쁜 결과를 통해 더 복된 것을 주시는 것이 우리 하나님의 지혜입니다. 그러므로 우리는 포기하지 말고 끝까지 하나님을 의지하며 우리가 해야 할 일을 해야 합니다.

우리가 절대로 포기하지 않고, 우리가 해야 할 일에 최선을 다해야 할 분명한 근거가 있습니다. 하나님께서 우리 안에서 착한 일을 시작하셨기 때문입니다. 하나님께서 시작하시고, 하나님께서 그 과정을 이끄시고, 하나님께서 결국 복된 결과를 주실 것입니다. 여기에 우리의 확신이 있습니다. 우리가 어떤 형편과 상황에 있든 포기하지 않고, 굴복하지 말아야 할 분명한 이유입니다.

03 사랑이 점점 더 풍성하기를 기도하노라

빌 1:7-11

한국의 대표적인 시인 한 사람이 있습니다. 그분의 이름은 김현 승으로 기독교 정신에 입각한 시를 많이 썼습니다. 그분이 쓴 시 중에 "가을의 기도"가 있는데, "가을에는 기도하게 하소서"라는 구절로 유명합니다.

가을에는

기도하게 하소서

낙엽들이 지는 때를 기다려 내게 주신

겸허한 모국어로 나를 채우소서

가을에는

사랑하게 하소서

오직 한 사람을 택하게 하소서

가장 아름다운 열매를 위하여 이 비옥한

시간을 가꾸게 하소서

이 시를 보니 기도하고 싶은 마음이 들지 않습니까? 시인은 가을에 기도하게 해 달라고, 사랑하게 해 달라고 간구합니다.

본문을 보면, 바울은 빌립보교회 성도들을 위해 하나님께 기도를 드립니다. 그런데 무엇을 위해 기도하고 있습니까? 사랑을 위해 기도합니다. 김현승 시인이 가을에는 사랑하게 해 달라고 기도한 것처럼, 바울 또한 빌립보교회 성도들이 사랑하게 해 달라고 기도하고 있습니다.

우리가 앞에서 살펴본 것처럼 바울에게는 빌립보교회 성도들을 향한 확신이 있었습니다. 빌립보교회 성도들은 처음 복음을 받은 날부터 지금까지 중단 없이 복음을 위한 일에 참여해 왔습니다. 이처럼 빌립보교회가 복음을 위한 일을 쉬지 않고 계속할 수 있었던 것은 그들의 형편이 좋아서가 아니었습니다. 빌립보교회에는 안으로는 분열이 있었고, 밖으로는 유대인과 로마인들의 극심한 핍박이 있었습니다. 자신들을 돌보기에도 벅찬 그런 교회였습니다.

그럼에도 불구하고 빌립보교회는 중단 없이 복음을 위한 일을 해 왔습니다. 바울은 이런 빌립보교회를 보면서 하나님께 감사를 드렸습니다. 그러면서 바울은 세상 끝 날까지 빌립보교회가 복음을 위한 일을 멈추지 않고 계속할 것을 확신했습니다. 물론 바울이 빌립보교회 성도들을 믿었기 때문에 이렇게 확신한 것은 아닙니다. 바울이 믿은 것은 빌립보교회 성도들이 아니라 그들 속에서 착한 일을 시작하신 하나님이었습니다.

하나님께서 빌립보교회 성도들을 통해 복음을 위한 일을 시작하셨기 때문에 그 하나님께서 그 일을 끝맺으실 것이라고 바울은 믿었습니다. 하나님의 일을 하는 데 우리의 연약함은 결코 장애나 방해가 될 수 없습니다. 왜냐하면 하나님의 일은 우리 힘으로 하는 것이 아니라 하나님께서 우리에게 능력을 주셔서 하는 것이기 때문입니다.

모세가 애굽에서 종살이하던 이스라엘 백성을 애굽에서 구출한 사건을 생각해 보십시오. 당시 세계 최강국이었던 애굽에 80세 노인이었던 모세가 어떻게 맞설 수 있었겠습니까? 어림없는 일입니다. 하지만 결국 모세 앞에 애굽 왕이 굴복했습니다. 어떻게 가능합니까? 하나님의 능력이 모세를 통해 나타났기 때문입니다. 모세는 아무것도 아닙니다. 하지만 하나님의 손에 붙들렸을 때 애굽이 모세 앞에 굴복했습니다. 바울이 빌립보교회가 세상 끝 날까지 복음을 위한 일에 참여할 것을 확신한 것은 하나님께서 그들 안에서 역사하시기 때문입니다.

그런데 바울의 확신에는 또 다른 이유가 있었습니다.

내가 너희 무리를 위하여 이와 같이 생각하는 것이 마땅하니 이는 너희가 내 마음에 있음이며 나의 매임과 복음을 변명함과 확정함에 너희가 다 나와 함께 은혜에 참여한 자가 됨이라 _7절 빌립보교회는 그저 입으로만 복음을 위한 일을 하는 그런 교회가 아니었습니다. 그들은 복음을 위해 기꺼이 고난을 받았습니다.

바울은 지금 감옥에서 빌립보서를 쓰고 있습니다. 그가 도덕적으로 무슨 잘못을 했거나 불법을 저질렀기 때문에 감옥에 갇힌 것이 아닙니다. 바울이 감옥에 갇힌 이유는 오직 하나, 복음 때문이었습니다. 바울은 예수님을 구원자와 주님으로 전한다는 죄목으로 감옥에 갇혀 재판을 받는 신세가 되었습니다.

복음을 위한 일, 즉 예수님을 전하는 일에는 고난이 따른다는 사실을 아십니까? 왜 그렇습니까? 세상이 예수님을 미워하기 때문입니다. 이것은 참 이상한 일입니다. 예수님이 누구십니까? 예수님은 세상을 구원하시기 위해 세상에 보냄을 받은 하나님의 아들이십니다. 예수님은 우리를 구원하시려고 당신의 생명을 주시기 위해 이 세상에 오셨습니다. 그렇다면 이런 예수님을 미워할 이유가 있을까요? 오히려 우리를 구원하러 오신 예수님을 사랑해야 마땅할 것입니다. 하지만 세상은 예수님을 사랑하기는커녕 오히려 미워했습니다. 얼마나 미워했느냐면 십자가에 못 박아 죽일 만큼 미워했습니다.

세상이 이처럼 예수님을 미워한 이유는 무엇일까요? 성경은 세상이 빛보다 어둠을 더 사랑했기 때문이라고 말합니다.

그 정죄는 이것이니 곧 빛이 세상에 왔으되 사람들이 자기 행위가 악하므로 빛보다 어둠을 더 사랑한 것이니라 악을 행하는 자마다 빛을 미워하여 빛으로 오지 아니하나니 이는 그 행위가 드러날까 함이요 _요 3:19-20

사람은 빛을 사랑할까요? 어둠을 사랑할까요? 다들 빛을 사랑한다고 생각할 것입니다. 하지만 전혀 그렇지 않습니다. 첫 사람 아담의 타락 이후 이 세상의 모든 사람은 빛보다 어둠을 더 사랑하게 되었습니다. 왜냐하면 빛은 우리가 감추고 있는 추악하고 더러운 모습을 만천하에 드러내기 때문입니다.

재미있는 이야기가 있습니다. '셜록 홈스'를 주인공으로 하는 추리 소설로 세계적인 명성을 얻은 소설가 코난 도일의 이야기입니다. 그가 어느 날 사회 지도층에 있는 여러 사람들에게 전보를 보냈다고 합니다. 그 내용은 '모든 것이 탄로 났다. 런던을 떠나라'입니다. 사실 코난 도일이 무엇을 알고 이렇게 보낸 것은 아니었습니다. 사람들의 반응을 관찰하기 위한 호기심으로 그렇게 보냈습니다. 그런데 이 전보 때문에 큰 소동이 일어났습니다. 전보를 받은 사람들이 실제로 런던을 떠나 종적을 감추었던 것입니다. 본인들의 모든 것이 드러났다고 하니 그것이 두려워, 또는 수치스러워 떠났을 것입니다.

당신은 어떻습니까? 어느 날 갑자기 카톡으로 '모든 것이 탄로

났다. 서울을 떠나라'라는 메시지가 온다면 어떻게 하시겠습니까? 물론 우리 중에서 실제로 떠날 분은 많지 않을 것이라고 생각합니다. 하지만 여의도의 큰 집에서 일하는 분들 중에는 꽤 여럿 있지 않을까 하는 생각이 듭니다. 아무튼 사람은 빛을 사랑하지 않습니다. 자신의 추악하고 더러운 모습을 감춰 줄 어둠을 사랑합니다.

그런데 예수님은 세상에 빛으로 오셨습니다. 우리의 죄를 환히 드러내는 빛으로 오셨습니다. 우리의 죄를 환히 드러내야 우리를 구원하실 수 있기 때문입니다. 의사가 칼로 아픈 곳을 직접 보고 잘라 내야 치료할 수 있는 것처럼 우리의 죄악 된 모습이 전부 드러나야 구원받을 수 있습니다. 그래서 예수님 앞에 나오게 되면 그 빛 앞에 우리가 숨기고 싶었던 모든 더럽고 추악한 모습이 그대로 나타나게 됩니다.

바로 이 이유 때문에 세상 사람들은 예수님을 미워합니다. 자신의 추악하고 더러운 모습이 드러나는 것이 싫기 때문입니다. 혹시 우리 중에 여전히 자신에 대해 '난 그래도 괜찮은 사람이야'라고 생각하는 분이 계십니까? 그렇다면 죄송한 말이지만, 그분은 예수님을 아직 만나지 못한 사람입니다. 빛 되신 예수님을 만난 사람은 자신의 추악함과 더러움에 절망할 수밖에 없기 때문입니다. 그래서 예수님에 대한 사람의 태도는 둘 중 하나밖에 없습니다. 예수님께 살려 달라고 하든지, 아니면 예수님을 미워하든지 이 둘 중 하나밖에 없습니다.

　바울이 복음 때문에 감옥에 갇힌 이유를 아십니까? 예수님 때문에 상상도 못할 핍박을 받은 이유를 아십니까? 복음과 예수님을 전하는 일에는 이처럼 고난이 따릅니다. 그런데 중요한 사실은 빌립보교회 성도들이 바울과 함께 복음을 위한 고난에 참여했다는 것입니다. 그들은 입으로만 복음을 전하지 않았습니다. 그들은 자신들에게 피해가 없을 정도까지만 예수님을 전하지 않았습니다. 그들은 복음과 예수님 때문에 기꺼이 고난을 받았습니다. 바울은 자신의 매임과 복음을 변명함과 확정함에 빌립보교회 성도들이 모두 자신과 함께 은혜에 참여한 자가 되었다고 말합니다. 빌립보교회 성도들이 바울처럼 복음을 위해 치열하게 싸웠다는 뜻입니다.

　이것 또한 바울이 빌립보교회가 복음을 위한 일을 끝까지 멈추지 않고 하게 될 것을 확신한 이유입니다. 바울은 하나님께서 빌립보교회 성도들 안에서 착한 일을 시작하셨기 때문에 그것을 끝까지 완성하실 것을 확신하였습니다. 하지만 그것만이 아니었습니다. 빌립보교회 성도들이 실제로 복음을 위해 기꺼이 고난받는 것을 보면서 바울의 확신은 더욱 분명해졌습니다.

　우리는 하나님의 은혜를 믿습니다. 하나님께서 은혜로 우리를 구원하시고, 은혜로 우리를 거룩하게 하시고, 은혜로 우리를 천국에 들어가게 하실 것입니다. 우리가 살아갈 수 있는 것은 하나님의 은혜 덕분입니다. 하지만 그렇다고 해서 우리가 아무것도 안 해도 된다고 생각하면 안 됩니다. 그것은 분명히 잘못된 생각입니다. 하나님의 은혜를 받으면 우리가 해야 할 일이 없어지는 것이 아니라, 오히려 우리가 해야 할 일이 더 분명해집니다. 하나님의 은혜에 너무 감사해서 하나님을 섬기지 않고는 견딜 수가 없게 됩니다. 우리가 누군가에게 큰 은혜를 입었다면 어떻게 하는 것이 정상입니까? 그 은혜 베푼 사람을 기쁨으로 섬기는 것이 정상입니다. 그렇지 않고 은혜를 당연히 여기고 나 몰라라 한다면 우리는 그 사람을 배은망덕하다고 말합니다. 빌립보교회는 하나님의 은혜에 너무나 감사해서 복음과 예수님을 위해 기꺼이 고난을 받았습니다. 바울은 바로 이 모습을 보고 확신을 가졌던 것입니다.

우리가 정말 하나님의 은혜를 받았다면, 어떻게 주님을 억지로 섬길 수 있고, 어떻게 해야만 하기에 마지못해 주님을 섬길까요? 우리가 정말 하나님의 은혜를 받았다면, 어떻게 하나님을 섬기는 일에 무관심하고 냉랭할 수 있을까요? 참으로 하나님의 은혜를 받은 사람이라면 빌립보교회 성도들처럼 기꺼이 고난받는 자리까지 가게 됩니다. 억지로, 마지못해서가 아니라 기쁨과 감사함으로 그렇게 합니다. 이것이 참으로 하나님의 은혜를 받은 성도의 태도입니다.

바울은 이처럼 두 가지 이유로 빌립보교회가 주님이 오시는 그날까지 복음을 위한 일을 감당하게 될 것이라 확신했습니다. 다시 말해, 첫째는 하나님께서 빌립보교회 성도 안에서 착한 일을 시작하셨기 때문이고, 둘째는 빌립보교회 성도들이 받은 은혜에 합당하게 기꺼이 복음을 위해 고난을 받았기 때문입니다.

바울은 이런 빌립보교회 성도들을 향해 자신의 뜨거운 사랑을 표현합니다.

내가 예수 그리스도의 심장으로 너희 무리를 얼마나 사모하는지 하나님이 내 증인이시니라 _8절

바울은 하나님을 증인으로 세워 자신이 빌립보교회 성도들을 얼마나 사랑하는지 고백합니다. 우리는 여기서 빌립보교회를 향한 바울의 뜨거운 애정을 확인할 수 있습니다.

이제 바울은 빌립보교회 성도를 위해 하나님께 기도를 드립니다.

내가 기도하노라 너희 사랑을 지식과 모든 총명으로 점점 더 풍성하게 하사 _9절

먼저 바울이 빌립보교회 성도들을 위해 기도했다는 사실을 생각해 봐야 합니다. 우리는 앞에서 바울의 확신을 살펴보았습니

다. 하나님께서 빌립보교회 성도들 안에서 착한 일을 시작하셨기 때문에 그 일이 그리스도 예수의 날까지 이룰 줄을 바울은 확신하였습니다. 그렇다면 바울은 기도할 필요가 있을까요? 하나님께서 다 이루실 것인데, 바울은 왜 기도할까요?

다시 말씀드리지만, 하나님께서 모든 것을 하신다고 해서 우리가 아무것도 할 필요가 없다는 것은 잘못된 생각입니다. 우리는 이 사실을 꼭 기억해야 합니다. 하나님께서 모든 일을 이루십니다. 그런데 하나님께서 모든 일을 이루실 때, 바로 우리와 우리의 기도를 사용하십니다. 즉, 하나님께서 일을 이루시는 도구가 바로 우리 자신과 우리의 기도라는 것입니다. 물론 하나님께서 우리와 우리의 기도가 있어야만 일을 하실 수 있는 것은 아닙니다. 하나님은 아무것도 없을 때 세상을 창조하셨습니다. 하나님은 홀로 모든 것을 하실 수 있는 전능하신 분입니다.

그런데 바로 그 전능하신 하나님께서 우리와 우리의 기도를 통해 당신의 일을 이루시기를 기뻐하십니다. 이렇게 함으로써 우리는 하나님의 일을 이루는 영광을 누리게 됩니다. 하나님은 당신의 영광을 우리와 함께 나누기를 기뻐하십니다. 그러므로 하나님께서 다 하실 테니 우리는 아무것도 할 필요가 없다고 말하는 사람은 하나님을 모르는 사람입니다. 하나님의 뜻이 무엇이고, 은혜가 무엇인지를 전혀 모르는 사람입니다.

하나님을 아는 사람은 하나님을 위해 자신의 모든 것을 기쁨으로 드립니다. 하나님의 일에 참여한다는 사실을 가장 큰 영광으로 생각합니다. 바울이 빌립보교회를 위해 기도하는 이유가 바로 여기에 있습니다. 하나님을 못 믿어서 기도하는 것이 아닙니다. 하나님께서 자신의 기도를 통해 역사하실 것을 분명히 믿기 때문에 기도하는 것입니다.

하나님께서 나의 삶 가운데 역사하심을 믿으십니까? 우리 가정 가운데, 교회 가운데, 일터 가운데 역사하심을 믿으십니까? 그렇다면 기도하십시오. 하나님께서 우리의 기도를 기뻐하셔서 그 기도를 통해 역사하십니다. 우리는 기도를 통해 하나님의 일에 참여하는 영광을 누릴 수 있습니다. 바울은 하나님께서 빌립보교회를 통해 역사하심을 믿기 때문에 기도하고 있습니다.

한편 우리는 여기서 바울이 무엇을 위해 기도하는지를 주목해야 합니다. 지금 바울은 빌립보교회 성도들을 위해 무엇을 구하고 있습니까? 당신은 다른 사람을 위해 기도할 때 보통 무엇을 구하십니까? 아마도 건강, 물질의 축복, 자녀의 진로 등을 구할 것입니다. 물론 중요한 기도 제목입니다. 하지만 바울은 이런 것을 구하지 않았습니다. 바울이 구한 것은 사랑이었습니다. 더 정확하게 말하면, 빌립보교회 성도들의 사랑이 점점 더 풍성해지기를 기도했습니다.

왜 하필 사랑일까요? 사실 빌립보교회 성도들에게 당장 필요한 것들이 많이 있었습니다. 교회가 분열되어 있었기 때문에 심각한 갈등이 풀려야 했습니다. 극심한 경제적 어려움이 있었기 때문에 물질적인 축복이 필요했습니다. 유대인과 로마인들이 핍박했기 때문에 핍박을 피할 수 있는 방법이 필요했습니다. 현실적으로 생각하면 빌립보교회 성도들에게 필요한 것은 사랑이 아니라 이런 것들이었습니다.

하지만 바울은 사랑을 구했습니다. 바울이 빌립보교회 사정을 몰라서 그랬을까요? 바울이 로맨티스트라서 그랬을까요? 그렇지 않습니다. 바울은 누구보다 빌립보교회 사정을 잘 알고 있었습니다. 빌립보교회의 선물을 전달한 에바브로디도를 통해 빌립보교회의 형편을 생생히 들어 알고 있었습니다. 그렇다면 바울은 왜 사랑을 기도했을까요?

그것은 어떤 형편과 상황에서도 우리 성도에게 항상 그리고 가장 중요한 것이 바로 사랑이기 때문입니다. 성도에게 사랑보다 중요한 것은 없습니다. 우리가 잘 아는 고린도전서 13장은 사랑장이라는 별명이 붙어 있는데, 이 세상 그 무엇보다 중요한 것이 사랑이라고 강조합니다. 거기서 바울은 사랑이 없으면 우리가 하는 모든 일들이 헛되다고 말합니다. 우리가 천사의 말을 하고, 모든 비밀과 모든 지식을 알고, 산을 옮길 만한 믿음을 가지고 있고, 다른 사람을 위해 내 몸을 불사르게 내줄지라도 사랑이 없으면 아무 유익이 없습니다. 사랑은 그야말로 성도를 성도답게 하는 것입니다. 사랑이 없으면 성도가 아닙니다.

그렇다면 사랑이 왜 이렇게 중요할까요? 사랑이 가장 중요한 이유는 바로 하나님이 사랑이시기 때문입니다. 하나님이 사랑 그 자체이시기 때문에 사랑하지 않는 사람은 하나님을 알 수 없고, 하나님을 알지 못하면 성도일 수 없습니다.

사랑하는 자들아 우리가 서로 사랑하자 사랑은 하나님께 속한 것 이니 사랑하는 자마다 하나님으로부터 나서 하나님을 알고 사랑 하지 아니하는 자는 하나님을 알지 못하나니 이는 하나님은 사랑 이심이라 _요일 4:7-8

사랑이 없는 성도는 그저 문제가 있는 성도가 아닙니다. 사랑 이 없는 성도는 하나님을 알지 못하는 사람으로서 성도가 아닙니다. 그러므로 바울이 빌립보교회 성도들을 위해 사랑을 구한 것은 뜬구름 잡는 식의 기도가 아니라 가장 핵심적인 기도입니다.

하지만 우리 중에 사랑하지 않는 사람이 어디 있느냐고 반문하는 분이 계실 것입니다. 교회 다니는 사람치고 사랑이 전혀 없는 사람은 없다는 말입니다. 맞습니다. 우리 중에 사랑이 전혀 없는 사람은 없습니다. 하다못해 짐승도 제 새끼는 사랑한다고 하지 않습니까? 그래서 바울은 단순히 사랑을 구한 것이 아닙니다. 바울은 사랑이 점점 더 풍성해지기를 기도했습니다.

우리가 구원을 받을 때 정말 놀라운 일이 벌어진다는 사실을 아십니까? 바로 하나님의 사랑이 성령을 통해 우리에게 물 붓듯이 부어지는 것입니다.

> 소망이 우리를 부끄럽게 하지 아니함은 우리에게 주신 성령으로
> 말미암아 하나님의 사랑이 우리 마음에 부은 바 됨이니 _롬 5:5

하나님께서 구원받은 우리에게 성령님을 선물로 주시는데, 그 성령님은 우리 마음에 하나님의 사랑을 가득 부어 주십니다. 이것이 성도가 다른 사람을 사랑할 수 있고, 사랑해야 하는 이유입니다.

그런데 하나님께서 이처럼 우리에게 넘치는 사랑을 부어 주셨지만, 우리는 그 사랑을 우리 안에만 가둬 둔 채로 살아갈 때가 많습니다. 그렇게 하는 이유는 아주 단순합니다. 하나님보다, 이웃보다 나 자신을 더 사랑하기 때문입니다. 나 자신을 그 무엇보다 더 사랑하기 때문에 하나님께서 부어 주신 사랑이 나를 통해 다른 사람에게 흘러가지 못하고 내 속에만 머물러 있습니다.

그래서 바울은 사랑이 점점 더 풍성해지기를 위해 기도하고 있습니다. 그렇게 기도하지 않으면, 하나님의 사랑이 우리 속에 갇혀 있어서 우리가 아무 일도 하지 못하기 때문입니다. 우리 또한 바울처럼 우리 자신을 위해, 또 다른 사람을 위해 사랑이 점점 더 풍성해지기를 위해 기도해야 합니다. 하나님의 사랑이 그저

내 안에만 머물러 있으면 안 됩니다. 물이 흐르지 않고 한 곳에만 계속 머물러 있으면 썩을 수밖에 없습니다. 우리는 하나님의 사랑을 그저 담아 두는 저수지가 되면 안 되고, 계속해서 흘려보내는 통로, 파이프가 되어야 합니다. 우리를 통해 하나님의 사랑이 계속해서 흘러가야 합니다. 점점 더 풍성하게 흘러가야 합니다. 그럴 때 아름다운 열매가 나타납니다. 바울은 그 아름다운 열매가 무엇인지를 말합니다.

> 너희로 지극히 선한 것을 분별하며 또 진실하여 허물없이 그리스도의 날까지 이르고 예수 그리스도로 말미암아 의의 열매가 가득하여 하나님의 영광과 찬송이 되기를 원하노라 _10-11절

하나님의 사랑이 우리를 통해 풍성하게 흘러나갈 때 우리는 지극히 선한 것을 분별하며 진실하고 허물없이 하나님 앞에 서게 될 것입니다. 하나님의 사랑이 흘러나갈 때 우리는 세상의 헛된 욕망으로부터 자유하게 됩니다. 그래서 가장 선한 것을 선택하게 되고, 그 결과 진실하고 허물없이 하나님 앞에 서게 되는 것입니다. 바울은 이것을 의의 열매가 가득하여 하나님의 영광과 찬송이 되는 것이라고 말합니다.

하나님의 사랑이 우리 속에서 점점 더 풍성해져서 주변으로 흘러나가기를 바랍니다. 우리가 가는 곳마다 하나님의 사랑이

풍성히 넘치기를 바랍니다. 자기만 사랑하고, 자기만족을 최고로 아는 이 세상 가운데 풍성한 사랑을 나누는 삶만이 복되다는 것을 증거하는 우리가 되기를 바랍니다. 그렇게 우리 모두가 하나님의 영광과 찬송이 되기를 바랍니다.

04 전파되는 것은 그리스도다!

빌 1:12-18

본문은 바울이 빌립보교회에 보내는 편지의 몸통 중 가장 첫 부분입니다. 지금까지 우리는 편지의 인사말과 감사의 말, 빌립보교회 성도들을 위한 기도를 살펴보았습니다. 바울이 쓴 편지의 앞부분은 대부분 이처럼 인사말, 감사의 말, 기도로 구성되어 있습니다. 그 다음에 편지의 몸통이 나옵니다. 이제부터 바울이 편지를 쓴 진짜 이유가 나옵니다.

> 형제들아 내가 당한 일이 도리어 복음 전파에 진전이 된 줄을 너희가 알기를 원하노라 _12절

바울이 빌립보교회 성도들에게 편지를 쓴 가장 첫 번째 이유는 그들을 안심시키기 위해서였습니다. 지금 바울은 어디에서 편지를 쓰고 있습니까? 바로 감옥입니다. 바울은 왜 감옥에 갇히게 되었습니까? 그가 불법을 저지르거나 죄를 지었기 때문입니까? 아닙니다. 바울이 감옥에 갇힌 이유는 복음 때문이었습니

다. 복음을 전하다가 감옥에 갇히게 되었습니다.

그런데 빌립보교회 성도들 중에는 바울이 감옥에 갇힌 일 때문에 믿음이 흔들렸던 사람들이 있었습니다. 그들은 하나님이 너무하신 것 아니냐고 생각했습니다. 하나님께서 그를 사도로 부르셔서 온 세상을 돌아다니며 복음을 전하도록 하셨기에 그는 복음을 전했을 뿐입니다. 이 일은 얼마나 고단합니까? 자기 돈벌이나 자기 명예를 위한 일이 아니었습니다. 오직 하나님을 위한 일이었습니다. 바울은 그야말로 하나님을 위해 자신의 모든 것을 쏟아 부은 사람이었습니다.

그렇다면 하나님께서 바울을 어떻게 대우하셔야 마땅하겠습니까? 금은보화를 주시지는 못할망정 그래도 자유롭게 복음을 전할 수 있도록 도와주셔야 할 것 아닙니까? 그런데 지금 바울은 어디에 있습니까? 감옥에 있습니다. 하나님의 일에 온 인생을 바친 결과가 무엇이었습니까? 감옥이었습니다. 해도 해도 너무하신 것 아닙니까?

우리 삶에도 비슷한 일들이 있습니다. 교회에서 이름도 없이 빛도 없이 묵묵히 최선을 다해 충성하는 분들이 계십니다. 우리가 보아도 하나님께서 정말 기뻐하실 것 같습니다. 그런데 그런 분들에게 상상도 못할 어려움이 닥치는 것을 봅니다. 갑자기 큰 병에 걸리거나, 혹은 사랑하는 사람을 먼저 하나님께 보내거나, 혹은 사업이 실패합니다. 하나님께서 계신다면 어떻게 이런 일이 일어날 수 있을까 하는 생각이 듭니다. 하나님께 그렇게 충성한 사람인데, 다른 사람들보다 훨씬 더 잘살도록 복을 주시지는 못할망정 어떻게 이런 큰 환난을 겪게 하시는지 도저히 이해할 수 없습니다.

복음 때문에 감옥에 갇힌 바울을 보면서 빌립보교회 성도들이 바로 이런 시험에 들었습니다. '하나님께서 어떻게 이러실 수 있는가? 하나님을 위해 온 인생을 다 바친 바울을 하나님께서 어떻게 이렇게 야속하게 대하실 수 있는가? 하나님은 바울이 감옥에 들어가는 것을 막아 주실 수 없다는 말인가? 분명 바울이 감옥에 들어가지 않았다면, 훨씬 더 복음을 잘 전할 수 있었을 텐데, 왜 하나님은 바울이 감옥에 들어가도록 하신 것일까? 하나님이 우리보다 생각이 짧으신가?'

그런데 바울이 감옥에 갇힌 것을 보고 또 다른 이유로 시험에 든 빌립보교회 성도들이 있었습니다. 이들 대부분은 전도를 받고 교회에 나온 지 얼마 되지 않은 새 신자들이었습니다. 이들은 바울이 감옥에 갇힌 일을 로마 황제가 예수님을 이긴 결과라고 생각했습니다.

우리는 예수님을 주님이라고 부릅니다. 예수님을 믿는다는 것은 예수님께서 온 세상을 다스리시는 주님임을 인정하는 것입니다. 기독교 신앙은 예수님만이 우리의 주님이시라고 고백하는 것입니다. 그런데 로마 제국에도 주님이 있었습니다. 바로 로마 황제입니다. 로마 황제는 스스로를 주님으로 선포하였습니다. 로마 시민들은 로마 황제를 단순히 자신과 같은 사람이 아니라 온 세상을 통치하는 주님으로 숭배했습니다.

바로 이런 이유로 로마 시민들이 복음을 받아들이는 것은 쉽지 않았습니다. 복음을 받아들이는 것은 예수님만이 자신의 주님이심을 인정하는 것이기 때문입니다. 예수님 외에 다른 주님은 없습니다. 이것이 기독교 신앙입니다. 그렇기에 로마 시민이 예수님을 믿으려면 어떻게 해야 합니까? 로마 황제가 더 이상 주님이 아닌 것을 알아야 합니다. 이 세상의 참된 주님은 로마 황제가 아니라 예수님이십니다. 복음을 받아들인다는 것은 이처럼 주님이 바뀌는 것입니다.

빌립보교회에 이제 막 들어온 새 신자들은 그들의 옛 주님인 로마 황제를 버리고, 새 주님인 예수님을 영접한 사람들입니다. 그들은 새 주님이신 예수님께서 옛 주님인 로마 황제보다 훨씬 더 위대하시고 강력하시다고 믿었습니다. 하지만 바울이 감옥에 갇힌 사건은 그들의 믿음을 흔들기에 충분했습니다. 만약 예수님이 진짜 주님이시라면 당연히 가짜 주님인 로마 황제의 손에서 바울을 건져 내셔야 할 것입니다. 하지만 상황은 정반대로 나타났습니다. 바울이 감옥에 갇혀서 로마 황제 앞에서 재판을 받게 된 것입니다. 경우에 따라서 바울은 로마 황제의 손에 죽을 수도 있었습니다. 그렇다면 진짜 주님이 누구냐는 의문이 들 수밖에 없을 것입니다.

이처럼 바울이 감옥에 갇힌 사건은 빌립보교회 성도들에게 큰 걱정과 시험거리를 안겨 주었습니다. '복음을 위해 자신의 인생을 바친 바울을 하나님께서 어떻게 이처럼 가혹하게 대하실 수 있는가? 예수님은 진짜 주님이신가? 아니면 예수님의 사도인 바울을 감옥에 가둔 로마 황제가 진짜 주님인가?' 이 질문들은 빌립보교회 성도들의 믿음을 위협하였습니다. 이에 바울은 무엇보다 빌립보교회 성도들을 안심시킬 필요가 있었습니다. 그래서 그는 편지를 시작하면서 제일 먼저 자신이 감옥에 갇힌 일을 설명했습니다.

바울은 자신이 감옥에 갇힌 것은 빌립보교회 성도들이 걱정하거나 충격 받을 일이 전혀 아니라고 말합니다. 하나님께서 바울을 무자비하게 대하신 것도 아니고, 더욱이 예수님께서 로마 황제에게 패배하신 것도 아닙니다. 오히려 바울이 감옥에 갇힘으로 복음 전파에 획기적인 진전이 이루어졌습니다. 바울은 두 가지 사실을 증거로 제시하였습니다.

첫째는 바울이 감옥에 갇힘으로 황제의 시위대 안과 밖에 있는 사람들에게 복음이 전파되었습니다.

이러므로 나의 매임이 그리스도 안에서 모든 시위대 안과 그 밖의 모든 사람에게 나타났으니 _13절 바울은 지금 로마 감옥에 갇혀 있습니다. 곧 로마 황제 앞에서 재판을 받을 예정입니다. 그래서 바울은 로마 황제가 친히 거느리는 시위대 사람들을 만날 기회를 얻게 되었습니다. 어느 학자에 따르면, 당시 로마 황제의 시위대 규모는 7천 명 정도였다고 합니다.

그런데 생각해 보십시오. 당시 보통 사람들이 로마 황제가 친히 거느리고 있는 시위대 사람들을 만날 수 있었겠습니까? 오늘 우리 식으로 하면, 대통령을 지키는 경호원들을 우리가 쉽게 만날 수 있느냐 하는 것입니다. 당연히 만나기 어렵습니다. 우리가 대통령실에 들어갈 일이 없으면, 경호원들을 직접 만나서 그와 이야기할 기회를 얻는 것은 거의 불가능합니다. 바울도 마찬가지였습니다. 바울이 아무리 열심히 복음을 전한다고 할지라도 로마 황제가 친히 거느리는 시위대 사람들을 만난다는 것은 불가능한 일입니다. 당연히 보통의 경우라면 그들에게 복음을 전할 기회를 얻을 수 없습니다.

하지만 바울은 모든 시위대 안과 밖의 사람에게 복음을 전했다고 지금 말하고 있습니다. 이것이 어떻게 가능했을까요? 바울이 로마 감옥에 갇혔기 때문입니다. 바울이 감옥에 갇히지 않았다면 절대 만나지 못했을 사람들에게 복음을 전할 수 있었던 것은 그가 감옥에 갇혔기 때문입니다. 그래서 바울은 자신이 감옥에 갇힌 일이 복음의 획기적인 진전을 가져왔다고 말합니다.

둘째는 바울이 감옥에 갇힘으로 많은 성도들이 복음 전하는 일에 더욱 힘쓰게 되었습니다.

> 형제 중 다수가 나의 매임으로 말미암아 주 안에서 신뢰함으로 겁 없이 하나님의 말씀을 더욱 담대히 전하게 되었느니라 _14절

여기에 나오는 형제 중 다수는 아마도 로마교회 성도들인 것 같습니다. 로마교회 성도들은 로마 제국의 심장인 로마에서 신앙생활을 하는 사람들이었습니다. 자신을 주님이라고 부르는 로마 황제 눈앞에서 예수님을 주님으로 믿고 사는 사람들이었습니다. 그러니 그 마음이 얼마나 위축되었겠습니까? 그런데 바울이 복음 때문에 지금 로마 감옥에 갇혀 있습니다. 그 모습을 보면서 로마교회 성도들 마음에 담대함이 생겼습니다.

전쟁 영화를 보면 적들이 앞에서 진을 치고 엄청난 양의 총을 쏩니다. 총알이 비처럼 쏟아집니다. 이런 상황에서 누가 감히 앞으로 나가 적을 제압할 수 있겠습니까? 아무리 대장이 "앞으로 전진하라!"고 소리를 질러도 죽고 싶은 사람 아니면 꿈쩍도 하지 않습니다. 하지만 대장이 스스로 먼저 앞으로 가며 "나를 따르라!"라고 한다면 어떻게 됩니까? 두려움에 떨던 병사들이 용기를 얻어 앞으로 뛰어나옵니다. 대장이 죽음을 두려워하지 않고 앞으로 나가는 모습에 담대함을 얻는 것입니다.

로마교회 성도들이 복음 때문에 감옥에 갇힌 바울을 보고 이런 담대함을 얻었습니다. 그들은 감옥에 갇힌 바울을 보면서 "우리도 바울처럼 복음을 전하다가 감옥에 가자"라면서 뛰쳐나왔던 것입니다. 이것은 바울이 감옥에 갇히지 않았다면 있을 수 없는 일이었습니다. 바울이 감옥에 갇힌 것이 로마교회 성도들에게 담대함을 주었고, 복음 전파의 획기적인 진전을 가져왔습니다.

분명 바울이 감옥에 갇힌 것은 억울한 일이고, 비극적인 일입니다. 하지만 하나님은 이 일이 아니고는 있을 수 없는 놀라운 일을 준비하고 계셨습니다. 바울이 감옥에 갇혔기 때문에 복음을 들을 수 없었던 시위대 사람들이 복음을 듣게 되었고, 바울이 감옥에 갇혔기 때문에 두려움에 떨던 로마교회 성도들이 담대함을 얻어 복음을 전하게 되었습니다. 바울은 자신이 감옥에 갇힌 일 때문에 이런 놀라운 일이 일어날 수 있었다고 말하면서 빌립보교회 성도들을 안심시켰습니다.

이처럼 하나님은 우리에게 일어나는 모든 일을 합력하여 선을 이루십니다. 우리에게 일어나는 억울한 일, 비극적인 일, 분노를 일으키는 일, 믿음을 흔드는 일조차도 결국은 하나님께서 그것을 통해 우리에게 선을 이루십니다. 사실 바울 자신도 감옥에 갇힐 때 그 마음이 참 괴로웠을 것입니다. 마음에 억울함도 있었을 것이고, 하나님께 대한 섭섭함도 있었을지 모릅니다. 하지만 자신이 감옥에 갇힌 후에 일어나는 일들을 보면서 그는 하나님께 감사를 드릴 수밖에 없었습니다. 이 일이 그저 억울하고 비극적인 일로 그치는 것이 아니라, 오히려 상상도 못할 하나님의 놀라운 역사로 열매 맺는 것을 보면서 하나님을 찬양하지 않을 수 없었던 것입니다.

지금 인생의 어두운 터널을 지나고 계신 성도님이 계신다면 우리 삶의 모든 것을 합력하여 선을 이루시는 하나님을 바라보십시오. 하나님께서 우리에게 인생의 어두운 터널을 허락하시는 이유는 우리를 그 어둠 속에 두시기 위함이 아니라 우리가 상상도 못할 환한 빛을 우리에게 주시기 위함입니다. 가장 어두울 때 새벽이 찾아오는 것처럼 인생의 어두운 터널은 끝이 아니라 오히려 우리를 향한 하나님의 위대한 역사의 시작점입니다.

비록 우리가 지금 당장은 모든 것을 이해할 수 없다고 하더라도, 하나님은 우리가 당하는 지금의 슬픔과 고통을 통해 가장 아름답고 복된 결과를 만들어 주실 것입니다. 우리는 하나님이 우리보다 훨씬 크고 위대하신 분임을 인정해야 합니다. 우리의 지혜와 비교할 수 없는 큰 지혜로 우리의 삶을 인도하고 계심을 믿어야 합니다. 이 믿음으로 하나님을 의지할 때, 바울이 경험한 것처럼 우리가 상상할 수 없는 하나님의 위대한 역사가 우리 삶 가운데 나타나게 될 것입니다.

그런데 본문에는 우리가 쉽게 이해하기 어려운 내용이 들어 있습니다.

어떤 이들은 투기와 분쟁으로, 어떤 이들은 착한 뜻으로 그리스도를 전파하나니 _15절

바울이 복음 때문에 감옥에 갇힌 것을 보고 로마교회 성도들이 담대함을 얻었습니다. 그래서 "우리도 바울처럼 복음을 전하다 감옥에 가자"라며 복음을 전했습니다. 그런데 이처럼 담대히 복음을 전하게 된 로마교회 성도들 중에는 전혀 엉뚱한 동기를 가졌던 사람들도 있었습니다.

아마 대부분의 성도들은 바울을 사랑하는 마음으로 담대히 복음을 전했을 것입니다.

이들은 내가 복음을 변증하기 위하여 세우심을 받은 줄 알고 사랑으로 하나 _16절

이것은 성도의 마땅한 반응입니다. 하지만 어떤 로마교회 성도들은 전혀 엉뚱한 동기로 복음을 전했는데, 그들의 동기는 투기와 분쟁의 마음이었습니다. 바울은 그들의 동기를 이렇게 밝히고 있습니다.

그들은 나의 매임에 괴로움을 더하게 할 줄로 생각하여 순수하지 못하게 다툼으로 그리스도를 전파하느니라 _17절

이들은 왜 담대히 복음을 전했습니까? 바울의 매임에 괴로움을 더하게 하려고 그렇게 했습니다. 바울이 지금 감옥에서 고생하고 있는데 그가 더 고생하도록, 더 고통을 당하도록 하기 위해 담대히 복음을 전했다는 것입니다. 이것을 이해할 수 있습니까? 사실 어떻게 복음을 전해야 감옥에 있는 바울이 더 고통을 받을 수 있는지 그 구체적인 내용은 알기가 어렵습니다.

가령 어떤 학자는 이렇게 주장했습니다. 이 사람들이 시장이나 광장같이 많은 사람들이 모인 곳에 가서 소란을 피우면서 복음을 전합니다. 그러면 소문이 금방 날 것 아닙니까? 어떤 소문이 납니까? 나쁜 소문이 날 것입니다. '예수 믿는 사람들은 위험한 사람들이다. 사회를 혼란케 하는 사람들이다.' 그런데 이런 나쁜 소문이 나면 어떤 일이 벌어질까요? 복음 때문에 감옥에 갇힌 바울의 입장이 무척이나 곤란해질 것입니다. "너도 저 광장에서 난리 치는 사람들하고 똑같은 사람 아니냐? 너도 위험한 사람이 맞지?"

즉, 로마교회 성도 중에는 감옥에 갇힌 바울을 미워해서 그를 괴롭힐 목적으로 담대히 복음을 전했던 사람들이 있었습니다. 우리가 고린도전서나 고린도후서를 보면 초대 교회 안에는 바울을 못마땅하게 여기고, 심지어 미워하고 대적했던 성도들이 있었음을 알 수 있습니다. 로마교회에도 이런 성도가 있었던 것입니다. 바울은 이들이 자신을 괴롭히기 위해 순수하지 못하게 다툼으로 그리스도를 전파한다고 말합니다. 여기서 다툼은 '이기적인 욕망'을 뜻합니다(ἐριθεία). 그들은 자신들의 원수인 바울을 괴롭히려는 이기적인 욕망을 가지고 복음을 전했던 것입니다.

참으로 기가 막힌 일이 아닐 수 없습니다. 자신의 이기적 욕망을 채우기 위해 하나님의 일에 열심을 냈다니 말입니다. 어떻게 그럴 수 있을까요? 하지만 이런 성도가 당시 로마교회 안에만 있었던 것은 아닙니다. 불행히도 지금 교회 안에서도 이런 성도들을 어렵지 않게 찾을 수 있습니다. 신앙생활의 목적이 하나님께 있지 않고, 자신에게 있는 성도가 많습니다. 자신의 이익을 목적으로 신앙생활을 합니다. 자신의 명성을 위해 교회 봉사에 힘씁니다. 여기에 나오는 로마교회 성도들처럼 어떤 성도를 골탕 먹이기 위해 열심히 봉사하는 경우도 있습니다. 참으로 기가 막힌 일입니다. 바울 입장에서 볼 때 참으로 괘씸한 일이 아닐 수 없습니다. 이것은 마치 심각한 상처를 입어 피를 흘리는 사람에게 약은 주지 못할망정 더 고통스럽게 하기 위해 소금을 뿌리는 것과 같기 때문입니다.

그런데 지금 누가 이런 일을 하고 있습니까? 예수님을 모르는 이방 사람입니까? 조직폭력배처럼 악한 사람들입니까? 아닙니다! 함께 예수님을 주님으로 고백하는 성도가 이런 짓을 하고 있습니다. 참으로 괘씸한 일입니다. 당신 같으면 어떻게 하시겠습니까? 내가 복음 때문에 지금 감옥에 갇혀 있는데, 바깥에서 나를 괴롭히기 위해 열심히 복음을 전하는 사람들이 있다는 소식이 들립니다. 그러면 당신은 어떻게 하시겠습니까? 당장 감옥 밖으로 나가 멱살이라도 잡고 싶지 않겠습니까? 감옥에서 나가지 못하는 상황이니까 적어도 그 사람들을 생각하면서 저주의 기도라도 하고 싶지 않을까요? "하나님, 저들의 악함을 보시고 심판하여 주시옵소서!"

그런데 진짜 기가 막힌 것은 바울의 반응이었습니다.

> 그러면 무엇이냐 겉치레로 하나 참으로 하나 무슨 방도로 하든지
> 전파되는 것은 그리스도니 이로써 나는 기뻐하고 또한 기뻐하리라
> _18절

바울이 지금 뭐라고 말합니까? "나는 기쁘다." 충격적이지 않습니까? 아니 어떻게 이 상황을 기뻐합니까? 분노하면서 팔짝팔짝 뛰어야 할 상황 아닙니까? 그런데 바울은 "나는 기쁘다"라고 말합니다.

그 이유가 중요합니다. 바울은 "겉치레로 하나 참으로 하나 무슨 방도로 하든지 전파되는 것은 그리스도"라고 말합니다. 무슨 뜻입니까? 로마교회 성도들이 바울을 본받아 좋은 마음으로 복음을 전하든지, 아니면 바울을 미워하는 마음으로 그를 괴롭게 하려고 복음을 전하든지, 어쨌든 복음이 전해졌으니 그것 때문

에 바울은 기쁘다는 것입니다.

참으로 놀라운 고백입니다. "곡성"이라는 영화에 나온 유명한 대사 하나가 있습니다. "뭣이 중헌디!" 바울이 지금 똑같은 말을 하고 있는 것입니다. "뭣이 중헌디! 복음이 중요한 것 아니냐? 예수가 중요한 것 아니냐? 그러면 나를 위해 복음을 열심히 전했든, 나를 미워해서 복음을 열심히 전했든, 어쨌든 복음이 전파되고 그리스도가 전파되었으니 그러면 된 것 아니냐! 그러므로 나는 기뻐한다!"

바울은 인생의 기준이 분명했던 사람이었습니다. 그의 인생 기준은 예수 그리스도였습니다. 그는 예수 그리스도라는 움직이지 않는 닻을 세상이라는 바다에 내린 배와 같은 사람이었습니다. 아무리 세상의 파도가 크게 부딪쳐도 끄덕하지 않았습니다. 예수 그리스도라는 움직이지 않는 닻을 내렸기 때문입니다.

우리 인생은 왜 작은 일에도 안절부절못하며 이리저리 흔들릴까요? 사람들이 주는 작은 상처에도 크게 분노하며 잠을 이루지 못할까요? 우리 인생은 바다 위에 떠 있는 배와 같습니다. 그래서 작은 파도에도 흔들릴 수밖에 없습니다. 어찌 보면 당연합니다. 하지만 든든한 닻을 내리면 이야기는 달라집니다. 나는 흔들릴 수밖에 없지만, 그 단단한 닻이 우리를 붙들어 주기 때문에 요동하지 않습니다. 작은 파도는 물론이고 큰 파도가 와도 거기에 휩쓸리지 않고 제자리에 머물 수 있습니다. 바울에게 그 단단한 닻이 있었습니다. 그래서 그는 감옥에 있는 자신을 괴롭히기 위해 복음을 전하는 사람들이 있었음에도 불구하고 고통받거나 분노하지 않고, 오히려 기뻐할 수 있었습니다. 단단한 닻이 그를 꼭 붙들고 있었기 때문입니다. 그 닻이 무엇입니까? 예수 그리스도입니다.

당신은 세상의 온갖 풍파에도 불구하고 평안한 삶을 살기 바라십니까? 억울함과 분노에 사로잡히지 않고 용서와 사랑의 삶을 살기 바라십니까? 그렇다면 우리 인생을 붙들어 줄 인생의 닻을 반드시 가져야 합니다. 그 닻이 무엇입니까? 바울이 가졌던 예수 그리스도라는 닻입니다. 예수님을 삶의 절대적 기준으로 모시고 살면 우리는 그 어떤 일에도 기뻐할 수 있는 평안을 누릴 수 있습니다. 예수라는 절대 기준을 붙들면, 우리에게 일어나는 모든 일이 상대화됩니다.

저는 우리 모두가 예수 그리스도라는 인생의 단단한 닻을 가질 수 있기를 바랍니다. 예수 그리스도를 인생의 절대적 기준으로 삼으십시오. 예수님을 절대 기준으로 삼을 때, 우리 삶에 일어나는 모든 어려운 일들이 사실은 그리 큰일이 아님을 알게 됩니다. "뭣이 더 중합니까?" 예수가 가장 중요합니다. 복음이 가장 중요합니다. 이것을 알면 우리 또한 바울처럼 모든 상황에서 기뻐할 수 있습니다.

05 바울의 최고 관심사
빌 1:18-26

바울은 두 번에 걸쳐서 기뻐한다고 말합니다(18절). 바울이 두 번이나 기뻐한다고 하는 것을 보면 '정말 기쁘구나'라고 생각할 수 있습니다. 물론 그런 면도 있겠지만 기뻐해야 할 이유가 두 가지였기 때문에 이처럼 두 번 기뻐한다고 말하는 것입니다.

바울이 기뻐하는 첫 번째 이유는 우리가 이미 살펴본 것처럼 자신이 감옥에 갇힌 일이 복음의 진보를 가져왔기 때문입니다. 바울은 복음을 전하다 감옥에 갇혔습니다. 하나님의 일을 하다가 큰 봉변을 당한 것입니다. 어떤 성도들은 이것을 보고 낙심했습니다. 하나님께서 살아 계시다면 어떻게 이럴 수 있느냐는 것입니다. 하지만 바울은 자신이 감옥에 갇힌 일로 말미암아 복음의 놀라운 역사가 일어났다고 말합니다. 무엇보다 그는 로마 황제를 지키는 시위대 사람들에게 복음을 전할 수가 있었습니다. 로마 황제 시위대는 보통의 경우 만나기도 어려운 사람들입니다. 그런데 로마 황제 앞에서 재판을 받아야 하기 때문에 바울은 그들을 만날 수 있었고, 복음을 전할 수 있었던 것입니다.

그런데 여기에 그치지 않았습니다. 바울이 감옥에 갇힘으로 로마교회 성도들이 더욱 담대히 복음을 전하게 되었습니다. 이전에는 사람들의 핍박이 두려워 조용히 신앙생활을 했는데, 바울이 복음 때문에 감옥에 갇힌 것을 보고 마음에 담력을 얻게 되었습니다. 그래서 담대하게 복음을 전합니다. 바울이 감옥에 갇힌 일 때문에 이런 놀라운 일이 일어나게 된 것입니다. 이처럼 바울이 감옥에 갇히는 것을 통해 시위대에 복음이 전파되고, 성도들이 담대한 마음을 가지고 복음을 전하게 되었습니다. 복음의 놀라운 진보가 일어났습니다. 그래서 바울은 "나는 기쁘다"라고 말합니다. 이것이 '나는 기쁘다'라고 고백한 첫 번째 이유입니다.

바울이 기뻐하는 두 번째 이유는 그가 가진 확신 때문입니다. 바울은 지금 로마 황제의 재판을 기다리고 있는 중입니다. 그 결과는 둘 중에 하나가 될 것입니다. 무죄 석방이 되든지, 아니면 사형을 받든지입니다. 바울은 이 둘 사이에 끼어 있는 상황에 있었습니다.

> 내가 그 둘 사이에 끼었으니 차라리 세상을 떠나서 그리스도와 함께 있는 것이 훨씬 더 좋은 일이라 그렇게 하고 싶으나 _23절

바울은 자신이 이 둘 사이에 끼었다고 말하는데, 여기서 말하는 둘 사이가 바로 무죄 석방과 사형 판결 사이입니다. 그런데 참

놀랍지 않습니까? 만약 우리가 바울과 같은 처지에 있다고 상상해 보십시오. 우리 같으면 생과 사를 나누는 재판이 눈앞에 있는데, 과연 '나는 기쁘다'라고 말할 수 있겠습니까? 온전한 정신을 가지고는 불가능한 일 아니겠습니까?

사실 지금은 바울이 한가롭게 '나는 기쁘다'라고 할 때가 아니라, '하나님, 살려 주시옵소서'라고 간절히 부르짖을 때입니다. 바울이 죽으면 어떻게 됩니까? 그를 바라보고 있는 그 수많은 성도들, 그를 통해 복음을 들어야 할 수많은 이방 사람들, 그뿐 아니라 그의 도움을 절실히 필요로 하는 많은 교회들이 큰 어려움을 당할 것이 뻔합니다. 바울이 지금 해야 할 일이 한두 가지가 아닙니다. 그는 반드시 살아야 합니다. 그렇다면 하나님께 매달려야 합니다. 살려 달라고 해야 합니다. 지금처럼 한가롭게 '나는 기쁘다'라고 말할 때가 아닙니다.

하지만 바울은 우리의 생각과는 전혀 다른 모습을 보여 주고 있습니다. 그는 살려 달라고 기도하지 않았습니다. 자신이 꼭 살아야 할 이유를 수십 수백 가지로 적어서 하나님께 설명하지도 않았습니다. 그저 그는 '나는 기쁘다'라고 고백할 뿐입니다. 어떻게 그럴 수 있습니까?

그것은 바울이 가진 확신 때문입니다. 어떤 확신입니까? 바울에게는 두 가지 확신이 있었습니다. 첫째, 바울은 자신이 감옥에서 구원받을 것이라는 확신이 있었습니다.

이것이 너희의 간구와 예수 그리스도의 성령의 도우심으로 나를
구원에 이르게 할 줄 아는 고로 _19절

바울은 자신이 감옥에 갇힌 이 일이 결국 자신을 구원에 이
르게 할 줄 안다고 말합니다. 여기서의 구원은 일차적으로 무죄
석방을 뜻합니다. 그는 자신이 감옥에서 나올 것을 알고 있었습
니다.

"그럼 그렇지! 사도 바울도 사람인데. 죽음 앞에서 '나는 기쁘
다'라고 진짜 말하는 얼빠진 사람이 어디 있겠는가? 바울은 석방
될 줄 알았기 때문에 '나는 기쁘다'라고 말했던 것이야"라고 말할
분이 계실지도 모르겠습니다. 하지만 이 말씀을 우리는 잘 이해
해야 합니다. 바울이 간수에게나 혹은 로마의 어떤 높은 관리에
게 "네가 무죄 석방될 것이다"라는 말을 들은 것이 아닙니다. 자
신이 무죄 석방될 것이라는 소식을 비밀스럽게 누군가로부터 전
해 받은 것이 아니었습니다.

바울이 자신의 무죄 석방을 확신한 이유는 총 세 가지입니다.
첫째는 빌립보교회의 간구, 즉 성도들의 기도가 있기 때문이고,
둘째는 예수 그리스도의 성령의 도우심 때문입니다(19절). 그리
고 셋째는 다음 구절에 나옵니다.

내가 육신으로 있는 것이 너희를 위하여 더 유익하리라 내가 살 것

과 너희 믿음의 진보와 기쁨을 위하여 너희 무리와 함께 거할 이것
을 확실히 아노니 _24-25절

바울이 무죄 석방을 확신한 이유 셋째는 쉽게 말해서 아직 하
나님께서 주신 할 일이 남아 있었기 때문입니다.

당신은 기도의 힘을 믿습니까? 내가 어려움에 빠졌을 때 성도
들이 나를 위해 기도하기 때문에 이 어려움을 이기게 될 것을 확
신한 적이 있습니까? 사실 그러지 못할 때가 더 많을 것입니다.
우리는 다른 사람을 위해 기도하겠다는 말을 그저 인사처럼 하는
경우가 많습니다. 몸이 아프거나 어려움을 당한 성도를 만날 때
'당신을 위해서 기도하겠습니다'라고 말합니다. 그런데 말을 하
는 사람이나 그 말을 듣는 사람이나 그저 인사 이상으로는 생각
하지 않습니다. '아, 저분이 나를 위해 기도해 주니까 이제 내가
어려움에서 벗어날 수 있겠구나'라고 생각하는 경우는 거의 없는
것 같습니다. 물론 기도해 주겠다고 말하는 사람도 '정말 내가 기
도하면 저 사람의 어려움이 사라지게 될 것이다'라고 믿지 않습
니다. 그저 인사일 뿐입니다. 하지만 이것은 예수님께서 하신 말
씀과 얼마나 다릅니까?

그러므로 내가 너희에게 말하노니 무엇이든지 기도하고 구하는 것
은 받은 줄로 믿으라 그리하면 너희에게 그대로 되리라 _막 11:24

저는 지금 어느 약장수에게 들은 말을 전하는 것이 아닙니다. 하나님의 아들이시고 우리의 구원자이시며 온 세상을 창조하시고 다스리시는 예수님께서 직접 하신 말씀을 전하고 있습니다. 예수님께서 무엇이든지 기도하고 구하는 것은 받은 줄로 믿으라고 말씀하십니다. 그리하면 너희, 바로 우리에게 어떻게 된다고 하셨습니까? '그대로 되리라!' 이 얼마나 복된 말씀입니까?

바울이 바로 이 예수님의 말씀을 그대로 믿었습니다. 그래서 빌립보교회 성도들이 자신을 위해 기도한다는 소식을 듣고, 자신의 무죄 석방을 확신하였습니다. 물론 빌립보교회 성도들의 기도에 어떤 신비한 효력이 있어서가 아닙니다. 그들의 기도를 받으시는 분이 무엇이든지 그 뜻대로 하실 수 있는 예수님이시기 때문입니다.

그러므로 다른 성도에게 '당신을 위해 기도하겠다'고 말할 때 그저 인사치레로 하지 마십시오. 또 다른 사람이 우리에게 기도해 주겠다고 말할 때 그저 고맙다고만 생각하지 마시고, 그 기도를 통해 예수님께서 역사해 주실 것을 믿으십시오. 믿으면 우리에게 그대로 될 것이라고 주님께서 말씀하셨습니다. 바울처럼 우리의 기도를 통해 역사하시는 예수님을 분명히 믿는 우리 모두가 되기를 바랍니다. 그럴 때 우리들은 더욱 활력 있는 기도 생활을 할 수 있게 될 것입니다.

또한 바울은 예수 그리스도의 성령의 도우심 때문에 자신의 무죄 석방을 확신했습니다. 예수님께서 복음을 전하는 당신의 제자들과 성도들에게 약속하신 것이 있습니다. 우리가 어떤 사람들 앞에서 복음을 설명해야 할 때 성령님께서 우리가 할 말을 주신다는 것입니다.

> 사람이 너희를 회당이나 위정자나 권세 있는 자 앞에 끌고 가거든 어떻게 무엇으로 대답하며 무엇을 말할까 염려하지 말라 마땅히 할 말을 성령이 곧 그때에 너희에게 가르치시리라 하시니라 _눅 12:11-12

이 말씀은 바울의 상황과 딱 맞아떨어집니다. 그는 이제 곧 로마 황제 앞으로 끌려 가 자신의 믿음을 설명해야 했기 때문입니다. 중요한 것은 바울이 예수님의 말씀을 분명히 믿었다는 사실입니다. 바울은 로마 황제 앞에서 재판을 받게 될 때 무슨 말을 해야 할지 밤을 새 가며 생각하거나 걱정하지 않았습니다. 자신의 생명이 달린 문제였지만 염려하지 않았습니다.

어떻게 그럴 수 있습니까? 예수님의 말씀을 그대로 믿었습니다. '내가 로마 황제 앞에서 서서 말할 때, 그때 성령께서 내 입을 통해 말씀하실 것이다.' 바울은 성령께서 역사해 주실 것을 믿었기 때문에 자신이 무죄 석방될 것을 확신하였습니다.

바울이 자신의 석방을 확신한 마지막 이유는 하나님께서 주신 일이 아직 남았기 때문입니다. 성도는 세상 사람들과 다른 이유로 죽습니다. 세상 사람들은 늙었기 때문에 죽습니다. 병 들었기 때문에 죽습니다. 힘이 다 빠졌기 때문에 죽습니다. 하지만 성도는 그렇지 않습니다. 성도는 하나님께서 주신 일을 다 마쳤기 때문에 죽습니다. 모세의 경우가 대표적입니다. 성경은 모세가 죽을 때를 이렇게 말합니다.

> 모세가 죽을 때 나이 백이십 세였으나 그의 눈이 흐리지 아니하였고 기력이 쇠하지 아니하였더라 _신 34:7

모세는 120세에 죽었습니다. 그런데 건강이 안 좋아서 죽은 것이 아닙니다. 힘이 다 빠졌다거나 단순히 늙어서 죽은 것이 아닙니다. 성경은 120세 된 모세가 여전히 흐리지 않은 눈을 가지고 있었고, 기력이 쇠하지 않았다고 말합니다. 모세는 여전히 건강했습니다. 여전히 많은 일을 할 수 있었습니다. 하지만 그는 죽었습니다. 이유는 간단합니다. 하나님께서 주신 일을 다 했기 때문입니다.

바울이 무죄 석방을 확신한 이유가 여기에 있습니다. 바울은 하나님께서 주신 일이 아직 남아 있음을 알고 있었습니다. 그래서 바울은 빌립보교회 성도들에게 이렇게 말했습니다.

내가 살 것과 너희 믿음의 진보와 기쁨을 위하여 너희 무리와 함께
거할 이것을 확실히 아노니 _25절

바울은 빌립보교회 성도들의 믿음의 진보와 기쁨을 위하여 그
들과 함께해야 할 임무를 하나님으로부터 받았습니다. 그렇기
때문에 죽을 수가 없습니다. 하나님께서 주신 일을 다 할 때까지
우리는 죽고 싶어도 죽지 못합니다. 이것이 죽음과 관련하여 세
상 사람들과 성도의 차이입니다.

성도는 세상 사람들처럼 언제 죽느냐에 너무 관심을 가질 필
요가 없습니다. 늙고 병들 때 이제 죽겠구나 그렇게 생각할 필요
도 없습니다. 하나님께서 주신 일이 끝나면 모세처럼 건강해도
부름을 받을 수 있습니다. 성도는 분명한 목적을 가지고 살아가
는 사람들입니다.

이러한 사실은 죽음을 전혀 새롭게 보도록 만들어 줍니다. 죽
음은 단순히 슬픔과 절망의 마지막 종착역이 아닙니다. 성도에
게 죽음은 마라톤 선수가 42.195km의 그 긴 거리를 잠시도 쉬지
않고 다 달린 끝에, 이제 숨도 잘 안 쉬어질 그때에 통과하게 되
는 결승선과 같습니다. 성도에게 죽음은 슬픔과 절망이 아닌 기
쁨과 승리입니다. 왜냐하면 죽음 후에 하나님께서 우리를 받아
주시기 때문입니다.

하나님은 "잘했다. 충성된 종아"라고 부르시며 우리를 안아 주

실 것입니다. 우리 머리에 이 세상에서 볼 수 없는 빛난 승리의 면류관을 씌워 주실 것입니다. 성도에게 죽음은 바로 그런 영광스러운 사건입니다. 우리 모두가 죽음에 대한 이해를 새롭게 하게 되기를 바랍니다. 그래서 두려움 가운데 죽음을 기다리는 것이 아니라 하나님의 영광을 기대하며 죽음을 맞이할 수 있기를 바랍니다.

둘째, '나는 기쁘다'라는 바울의 고백 뒤에는 살든지 죽든지 자신의 몸을 통해 예수님께서 영광 받으실 것이라는 확신이 있었습니다. 앞에서 살펴본 것처럼 바울은 분명 무죄 석방을 확신하고 있습니다. 하지만 사실 바울에게 '무죄 석방을 받느냐? 사형 선고를 받느냐?'는 그리 중요하지 않았습니다.

이는 내게 사는 것이 그리스도니 죽는 것도 유익함이라 _21절

바울은 자신에게 사는 것이 그리스도니, 즉 예수님이 자기 인생의 주인이시기 때문에 죽는 것도 유익하다고, 다시 말해 자기 인생의 주인이신 예수님께서 자신을 항상 복된 길로 인도하시기 때문에 혹 자신이 지금 죽는다 하더라도 그것 또한 자신에게 가장 복된 일이라고 고백합니다. 그런데 바울은 심지어 이렇게까지 말합니다.

내가 이 둘 사이에 끼었으니 차라리 세상을 떠나서 그리스도와 함께 있는 것이 훨씬 더 좋은 일이라 그렇게 하고 싶으나 _23절

바울은 자신이 혹 지금 죽는다 하더라도 그것은 자신에게 복된 일인데, 심지어 자신은 선택할 수만 있다면 죽는 것을 택하고 싶다고 말합니다. 다시 말하자면 바울이 만약 스스로 선택을 할 수만 있다면 로마 황제 앞에서 사형 판결을 받고 싶다는 것입니다.

물론 바울의 이 말을 오해하면 안 됩니다. 바울은 삶의 의욕이 없는 사람이 아닙니다. 스트레스가 너무 심해 차라리 죽고 싶다 이런 것이 결코 아닙니다. 바울이 이렇게 말하는 이유는 죽어서 예수님과 함께 있는 것이 그만큼 복되기 때문입니다. 여기서 우리는 성도의 죽음에 있는 또 다른 의미를 발견합니다.

성도의 죽음은 이 땅에서 그저 사라지는 것이 아니라 예수님에게로 가는 것입니다. 물론 성도는 이 땅에서도 성령을 통해 예수님과 함께합니다. 하지만 죽음 후에 예수님과 함께하는 것은 이 땅에서 함께하는 것과 비교할 수 없습니다. 비유하자면, 우리가 이 땅에서 예수님과 함께하는 것은 저 멀리 있는 사람과 스마트폰으로 얼굴을 보고 통화하는 것과 같다고 할 수 있습니다. 요즘 외국에, 또는 멀리 떨어진 곳에 가족이나 친구가 있는 분들은 스마트폰으로 얼굴 보면서 통화를 많이 합니다. 얼굴을 보면서 목소리를 들으니까 마치 옆에 있는 것 같은 착각이 듭니다. 하지

만 전화를 끊으면 멀리 있다는 것이 실감납니다.

하지만 우리가 죽어서 예수님과 함께 있는 것은 이것과 전혀 비교할 수 없습니다. 스마트폰으로 얼굴 보고 전화하는 정도가 아니라 직접 만나서 손을 잡고 서로 안아 주는 정도입니다. 예수님께서 함께하시는 것을 느끼는 차원이 완전 다릅니다. 바울이 사형 판결을 선택할 수 있으면 좋겠다고 말한 이유가 바로 여기에 있습니다. 그만큼 예수님과 가까이하고 싶었고, 그것을 간절히 원했습니다.

하지만 정말로 중요한 것은 이것입니다. 본문의 핵심은 여기에 있습니다.

나의 간절한 기대와 소망을 따라 아무 일에든지 부끄러워하지 아니하고 지금도 전과 같이 온전히 담대하여 살든지 죽든지 내 몸에서 그리스도가 존귀하게 되게 하려 하나니 _20절

바울은 살든지 죽든지 중요한 것은 그것이 아니라고 말합니다. 사는 것도 죽는 것도 중요한 것이 아니라면 무엇이 중요할까요? 바울은 자신의 몸에서 그리스도가 존귀하게 되는 것이라고 말합니다.

바울에게 중요한 것은 '자신이 이제 사형 판결을 받고 죽게 될 것이냐? 아니면 무죄 선고를 받고 석방될 것이냐?'가 아닙니다.

바울에게 중요한 것은 이전과 같이 지금도 자신을 통해 예수님께서 영광을 받으시는 일입니다. 예수님께서 영광을 받으신다면 죽는 것과 사는 것은 그에게 중요하지 않습니다. 바울에게는 확신이 있었습니다. 복음을 전하여 수많은 사람이 구원을 받고 교회가 없는 곳에 교회가 세워지는 일만 예수님께 영광이 되는 것이 아니라, 로마 감옥에 갇혀 있다가 재판을 받아 사형장에서 죽어도 그것이 예수님께 영광이 될 수 있다는 확신입니다.

하지만 우리는 절대 그렇게 생각하지 않습니다. 어떻게 감옥에서 죽는 것이 예수님께 영광이 될 수 있다는 말인가? 어떻게 성도가 병들어 죽는 것이 예수님께 영광이 될 수 있다는 말인가? 어떻게 젊은 성도가 갑작스럽게 세상을 떠나는 것이 예수님께 영광이 될 수 있다는 말인가? 어떻게 성도의 사업이 완전히 망하는 것이 예수님께 영광이 될 수 있다는 말인가? 어떻게 믿지 않는 남편과 함께 사는 것이 예수님께 영광이 될 수 있다는 말인가? 어떻게 아픈 몸으로 누워 지내는 것이 예수님께 영광이 될 수 있다는 말인가?

그러나 바울은 그럴 수 있다고 말합니다. 바로 여기에 도저히 기뻐할 수 없는 상황 속에서도 기뻐할 수 있는 비밀이 숨겨져 있습니다. 바울의 기쁨은 그의 최고 관심사가 어디에 있는지와 관련이 있습니다. 바울의 최고 관심사가 무엇입니까? 그가 항상 생각하고, 바라보는 것이 무엇입니까? 바울 자기 자신이 아닙니다. 또는 옆에 있는 사람들도 아닙니다. 바울의 최대 관심사는 자신도 다른 어떤 사람도 아닌, 오직 예수님이었습니다.

그의 눈은 항상 예수님을 향해 있고, 그의 마음 또한 항상 예수님께 있었습니다. 그는 자신의 모든 삶을 통해 예수님께 영광 돌리길 원했고, 그런 삶을 살아왔습니다. 그렇기에 바울은 자신의 형편과 상황을 중요하게 생각하지 않았습니다. 자신이 감옥에 있다고 해서 자기 연민에 빠지지 않았습니다. 그는 감옥에 갇혀 죽는다 할지라도 그 일은 부끄러운 일이 아니고, 실패도 절망도 아니고, 오히려 자신을 통해 예수님께서 영광 받으시는 일이라고 확신했습니다. 또한 자신을 미워하는 사람들이 별짓을 다 해도 눈 하나 깜짝하지 않았습니다. 바울의 최대 관심사는 자신이 아니었기 때문입니다.

우리는 우리 자신 때문에 얼마나 많이 흔들립니까? 부족하고 연약한 자신 때문에 얼마나 많은 고민과 염려 속에 살아갑니까? 우리의 최대 관심사가 우리 자신이 되면 우리는 결단코 기뻐할 수 없습니다. 늘 자신이 스스로에게 함정이 되어 힘들게 살아갈 수밖에 없습니다.

또한 우리의 최대 관심사가 사람이어도 우리는 결코 기뻐할 수 없습니다. 다른 사람이 하는 사소한 말 한마디에 우리 마음이 요동칠 때가 얼마나 많습니까? 작은 칭찬에 우쭐하고, 작은 비난에 마음을 닫아 버립니다. 마치 그들이 우리 인생의 재판장인 것처럼 그들의 말 한마디에 우리 인생이 출렁거립니다. 그렇다면 결코 행복한 삶을 살 수 없습니다.

우리는 근사하고 성공해야 예수님께 영광이 된다고 생각합니다. 하지만 바울은 우리의 실패와 절망조차도 예수님께 영광이 될 수 있다고 말합니다. 왜냐하면 우리 안에 사시는 분이 예수님이시기 때문입니다. 예수님이 우리 인생의 주님이시기 때문입니다. 예수님이 우리 인생을 이끌어 가시는 목자요 선장이시기 때문입니다. 우리의 최대 관심사가 예수님이면 즉, 예수님께서 이끄시는 대로 살면 우리 삶의 모든 것이 예수님께 영광이 됩니다. 그렇기에 바울에게 무죄 석방과 사형 판결은 더 이상 중요한 문제가 아니었던 것입니다. 이것이 바울의 확신이고, 이 확신이 그에게 기뻐할 수 없는 상황 속에서도 기뻐할 수 있는 힘을 주었습니다.

당신의 최대 관심사는 무엇입니까? 당신은 지금 무엇을 바라보고 있습니까? 당신의 마음은 지금 어디에 있습니까? 당신은 당신 자신 때문에, 혹은 다른 사람 때문에 기쁨 없는 삶을 살고 있지 않습니까? 오직 예수님께 최대 관심사를 둘 때, 우리는 어떤 형편과 상황에서도 기뻐할 수 있습니다.

바울이 가졌던 확신, 즉 예수님이 우리의 주님이시기 때문에 우리의 모든 삶을 통해 영광을 받으신다는 사실을 확신하고, 살든지 죽든지, 가난하든지 부하든지, 약하든지 강하든지 예수님의 영광을 위해 살아가는 우리 모두가 될 수 있기를 바랍니다. 그럴 때 세상이 결코 빼앗을 수 없는 기쁨을 누리게 될 것입니다.

06 오직 너희는 복음에 합당하게 살라(1)

빌 1:27-30

2019년 11월 말이었습니다. 눈길을 끄는 뉴스가 하나 있었습니다. 일본 맥주의 10월 한국 수출 실적이 불매 운동 때문에 0원을 기록했다는 뉴스였습니다. 이 기록은 대단한 것이었습니다. 당시 일본 맥주의 최대 소비 시장이 한국이었기 때문입니다. 그로부터 정확히 1년 전인 2018년 10월에 한국에 수출된 일본 맥주의 수출액은 86억이 넘었습니다. 약 90억 정도의 일본 맥주가 한국에 수입되어 소비되었습니다.

그런데 일본 정부의 통계에 따르면 그해 10월 일본 맥주의 수출액은 0원입니다. 물론 그렇다고 해서 일본 맥주가 한국에 전혀 수출되지 않았다는 의미는 아닙니다. 일본 정부의 통계는 200만 원이 넘어야 잡힌다고 합니다. 200만 원 아래로는 통계에 잡히지 않는 것입니다. 정말 대단한 일이 일어났습니다. 1년 전과 비교하면 수출액이 86억에서 200만 원 아래로 떨어졌기 때문입니다.

이런 놀라운 결과는 일본 정부가 자신들의 부끄러운 과거를 진정으로 사과하기는커녕 적반하장의 태도로 경제 보복을 해 왔기 때문에 일어난 것입니다. 우리나라 국민이 똘똘 뭉쳐서 일본 정부의 잘못된 태도에 맞선 결과입니다. 이것은 우리나라 정부가 주도해서 된 일이 아니라, 국민 스스로 이뤄 낸 일이기 때문에 더욱 값지다고 할 수 있습니다. 우리 모두가 대한민국 국민이라는 분명한 정체성을 가지고 있기 때문에 가능한 일이었습니다. 우리의 불매 운동을 바라보는 일본 정부는 겉으로는 태연한 척하지만, 속으로는 꽤 놀랐을 것입니다. 우리가 한마음으로 불매 운동에 참여하는 모습을 보고 이전과는 전혀 다른 눈으로 대한민국을 바라보게 되었을 것입니다.

그런데 본문에서 하나님께서 우리에게 원하시는 것이 바로 이것입니다. 간단히 말하면 '너희는 하나님 나라의 백성이니 세상 가운데서 하나님 나라 백성답게 살아라'입니다.

> 오직 너희는 그리스도의 복음에 합당하게 생활하라 이는 내가 너희에게 가 보나 떠나 있으나 너희가 한마음으로 서서 한뜻으로 복음의 신앙을 위하여 협력하는 것과 _27절

우리는 성경을 읽을 때 단어 하나라도 쉽게 지나치지 말아야 하는데, 이 말씀의 경우 더욱 그렇습니다. 하나님은 바울을 통해 우리에게 그리스도의 복음에 합당하게 생활하라고 말씀하시는데, 바울은 이때 '오직'이라는 말로 시작합니다. 그냥 '그리스도

의 복음에 합당하게 생활하라'가 아니라, '오직 그리스도의 복음
에 합당하게 생활하라'입니다. 여기서 '오직'은 '다른 길은 없다.
다른 방법은 없다. 오직 이것밖에 없다' 할 때 '오직'입니다.

성도가 이 세상에서 다양한 모습으로 살아가지만, 그 삶의 방
식 혹은 기준은 '오직' 하나입니다. 그리스도의 복음입니다. 성도
는 오직 그리스도의 복음에 합당하게 살아야 합니다. 그리스도
의 복음에 합당하게 살지 않으면 그 사람은 성도가 아닙니다. 아
무리 교회를 오래 다니고, 목사, 장로, 권사라는 직분을 받았다
고 해도 하나님 나라 백성이 아닙니다.

빌립보교회가 위치하고 있는 빌립보 도시의 사람들은 자신들
이 로마 시민이라는 큰 자부심을 가지고 있었습니다. 빌립보에
는 특히 로마 군대의 퇴역 군인들이 많이 모여 살았는데, 그들은
로마 제국을 향한 충성심이 남달랐습니다. 그들은 로마법을 철
저하게 지킴으로써 로마 시민이라는 자부심을 드러내었습니다.
로마 제국은 이런 빌립보 사람들의 충성심을 높이 평가했고, 마
치 작은 로마처럼 빌립보를 운영하였습니다.

이런 빌립보 시민들의 모습은 빌립보 주변에 살던 야만 민족
인 트라케 사람들과 매우 큰 대조를 이루었습니다. 비록 빌립보
시민들과 트라케 사람들은 바로 옆에서 사는 이웃이었지만, 빌
립보 시민들은 로마 시민다운 모습을 통해 트라케 사람들에게 훨
씬 높은 문명 세계를 보여 주었습니다.

바울이 그리스도의 복음에 합당하게 생활하라고 말할 때, 그 뜻이 바로 이것입니다. '그리스도의 복음에 합당하게 생활하라' 할 때 '생활하라'는 더 정확하게 말하면 '시민답게 살라'는 의미입니다. 빌립보 시민들이 로마법에 순종함으로 로마 시민답게 살듯이, 빌립보교회 성도들도 하나님 나라의 법인 그리스도의 복음에 순종함으로 하나님 나라 백성답게 살라는 것입니다.

그런데 이렇게 살면 어떤 효과가 나타납니까? 하나님을 모르는 세상 사람들이 빌립보교회 성도들을 보고 하나님 나라가 얼마나 수준이 높고, 아름답고, 복된지를 알게 됩니다. 야만 민족 트라케 사람들이 빌립보 도시 사람들을 보고 로마 제국의 위대함을 아는 것과 같습니다. 이런 점에서 성도에게 가장 중요한 것은 그리스도의 복음에 합당하게 생활하는 것, 즉 하나님 나라 백성답게 하나님 나라의 법인 그리스도의 복음에 합당하게 사는 것입니다.

옷 가게에 가면 가게 안에 들어가지 않아도 그 가게의 가장 좋은 옷을 볼 수 있습니다. 쇼윈도(show window), 즉 가게 앞에 큰 유리를 설치해 놓고, 마네킹 몇 개에다가 그 집의 가장 좋은 옷을 전시해 놓습니다. 그것만 보아도 이 가게에서 어떤 옷을 살 수 있는지를 알 수 있습니다.

바로 우리가 옷 가게의 쇼윈도입니다. 우리가 복음에 합당하게 살 때, 우리는 마치 옷 가게의 쇼윈도처럼 하나님 나라를 세상에 보여 주는 일을 하게 됩니다. 성도는 그 말과 행동을 통해 하나님 나라를 보여 주는 일을 합니다. 즉, 우리가, 또 교회가 하나님 나라의 쇼윈도입니다. 그런데 쇼윈도에 그 가게의 가장 엉터리 옷을 걸어 놓았다고 생각해 보십시오. 옷이 이리저리 찢겨 있고, 옷 색깔도 바랬습니다. 그러면 그 가게에 손님이 들어가겠습니까? 아무도 들어가지 않을 것입니다. 그런 가게에 무엇을 기대하며 들어가겠습니까?

마찬가지입니다. 우리가 하는 말과 행동이 이 세상 사람들과 다를 바 없다고 생각해 보십시오. 세상 사람들처럼 똑같이 사랑 없고, 이기적이고, 돈만 밝힌다면 쇼윈도에 엉터리 옷을 전시한 것과 다를 바 없습니다. 우리가 그렇게 살아간다면 누가 예수님을 믿으려 하겠습니까? 누가 교회를 다니고 싶어 하겠습니까?

성도가 복음을 전하는 것이 중요하다는 것을 모두 아실 것입니다. 인정하실 것입니다. 그렇다면 어떻게 복음을 전해야 하겠습니까? 제일 먼저는 우리가 그리스도의 복음에 합당하게 사는 것을 통해서입니다. 즉 하나님 나라 백성답게 사는 것을 통해서입니다. 다시 말하자면 쇼 윈도에 하나님 나라를 보여 주는 좋은 모습을 전시하는 것입니다. 복음을 전하는 일은 여기서 시작됩니다.

물론 이것이 복음을 전하는 일의 전부는 아닙니다. 우리가 잘 아는 대로 직접 사람을 만나 복음을 입으로 전해야 합니다. 하지만 입으로 전하기 전에 우리의 삶을 통해 하나님 나라의 아름다움을 보여 줄 수 있어야 합니다. 그렇지 않다면 그들은 우리가 복음의 '복' 자도 꺼내기 전에 다 도망가 버릴 것입니다. 엉터리 옷을 전시한 옷 가게의 쇼윈도를 보고 가게에 들어가지 않는 것과 같습니다.

그렇다면 하나님 나라 백성답게 살기 위해 그리스도의 복음에 합당하게 산다는 것은 구체적으로 무엇을 말할까요? 앞에서 언급한 대로 빌립보 도시 사람들은 로마법에 순종함으로써 로마 시민의 위대함을 나타냈습니다. 마찬가지로 하나님 나라 백성은 하나님 나라의 법에 순종함으로 하나님 나라 백성의 위대함을 나타낼 수 있습니다. 그러면 하나님 나라의 법은 무엇입니까? 바로 그리스도의 복음입니다.

여기서 그냥 복음이 아니라 그리스도의 복음이라고 한 것을 주목하셔야 합니다. 오늘날 복음이라는 말을 사용하는 곳은 아마도 교회밖에 없을 것입니다. 교회 밖에서 복음이라는 말을 들어보신 적 있습니까? 아마 없을 것입니다. 하지만 바울 당시 복음이라는 말은 성도만이 아니라 로마 시민에게도 매우 익숙한 것이었습니다. 로마 시민에게 복음은 일차적으로 전쟁의 승리나 국가적인 어떤 성공을 뜻하는 말이었습니다. 즉, 로마 시민에게 복음은 '전쟁의 승리, 다른 사람을 정복하는 것, 원수에 대한 복수, 많은 돈을 버는 것, 큰 명예를 가지는 것' 등이었습니다. 그러므로 로마 시민에게 복음에 합당하게 사는 것이란 수단과 방법을 가리지 않고 적을 제압하여 승리를 얻는 것이고, 자신에게 필요하다면 얼마든지 다른 사람의 것을 빼앗는 것이고, 자신을 힘들게 하는 원수를 완전히 짓밟는 것이고, 돈이 되는 일이면 무엇이든 하는 것이고, 큰 명예를 얻기 위해 다른 사람을 기꺼이 희생시키는 것입니다.

하지만 바울이 말하는 복음은 이런 로마 제국의 복음, 세상의 복음이 아닙니다. 바울은 지금 '그리스도의 복음'을 말하고 있습니다. 그리스도의 복음은 무엇입니까? 그리스도의 복음은 로마 제국의 복음과 전혀 다릅니다. 물론 로마 제국의 복음이 약속한 승리와 영광을 그리스도의 복음도 약속합니다. 하지만 승리와 영광을 얻는 과정이 전혀 다릅니다.

로마 제국의 복음은 철저히 돈과 힘, 탐욕, 이기심으로 승리와 영광을 얻으려고 합니다. 하지만 그리스도의 복음은 이런 것들로 진정한 승리와 영광을 얻을 수 없다고 말합니다. 그리스도의 복음은 예수 그리스도께서 승리와 영광을 얻으신 방식으로만 우리도 승리와 영광을 얻을 수 있다고 가르칩니다. 예수님께서 어떻게 승리와 영광을 얻으셨습니까? 그분의 막강한 힘과 능력으로 얻으셨습니까? 아니면 돈으로, 탐욕이나 이기심으로 얻으셨습니까? 전혀 그렇지 않습니다.

우리가 잘 아는 대로 예수님은 십자가로 승리와 영광을 얻으셨습니다.

통치자들과 권세들을 무력화하여 드러내어 구경거리로 삼으시고
십자가로 그들을 이기셨느니라 _골 2:15

예수님은 십자가로 진정한 승리를 얻으셨습니다. 또한 예수님은 십자가로 영광을 얻으셨습니다. 예수님은 당신이 곧 당하실 십자가 죽음을 앞두고 "인자가 영광을 얻을 때가 왔도다"(요 12:23)라고 말씀하셨습니다.

예수 그리스도께서 승리와 영광을 얻는 방식은 로마 제국의 그것과는 전혀 달랐습니다. 예수님은 십자가로 승리와 영광을 얻으셨습니다. 그런데 십자가가 무엇입니까? 십자가는 죽음입니다. 희생이고, 겸손이고, 자기 부인이고, 패배입니다. 로마 제국의 복음과 완전히 반대입니다. 로마 제국의 복음은 상대를 짓밟는 것이고, 자기를 높이는 것이고, 자기가 영광을 받는 것이고, 승리입니다.

당신의 복음은 무엇입니까? 당신은 무엇이 진정한 복음이라고 생각합니까? 그리스도의 복음입니까? 아니면 로마 제국의 복음입니까? 솔직히 말하면, 우리가 추구하는 복음은 그리스도의 복음보다는 로마 제국의 복음에 더 가깝지 않습니까? 예수님을 주님이라고 부르고, 스스로를 성도라고 말하지만, 실제로 우리

는 그리스도의 복음이 아니라 로마 제국의 복음을 따라가고 있지는 않습니까?

우리는 주님을 위해, 이웃을 위해 희생하는 것을 승리와 영광이라고 생각합니까? 우리 자신을 낮추고 다른 사람을 높이며, 주님을 위해 차라리 패배하는 것을 승리와 영광으로 여깁니까? 오히려 로마 제국의 복음을 따라 다른 사람 위에 군림하고, 모든 사람의 높임을 받고, 큰소리치고, 손해 보지 않는 것을 승리와 영광으로 여기며 살고 있지 않습니까? 오늘날 한국 교회가 세상 사람들에게 비난받고 조롱당하는 것은 많은 사람들이 생각하듯이 단순히 몇몇 대형 교회의 부도덕한 모습 때문만은 아닙니다. 더근본적인 원인이 있는데, 교회와 성도가 그리스도의 복음이 아닌 로마 제국의 복음을 따르기 때문입니다.

교회와 성도가 로마 제국의 복음을 따른다면, 그것은 맛을 잃은 소금에 불과합니다. 예수님은 맛을 잃은 소금은 아무짝에도 쓸모가 없어 밖에 버려져 사람들의 발에 밟힐 뿐이라고 말씀하셨습니다. 맛을 잃은 소금, 이것이 예수님께서 오늘 우리와 한국 교회를 보면서 내리시는 결론이 아니겠습니까?

바울은 오늘 우리에게 오직 그리스도의 복음에 합당하게 생활하라고 말합니다. 예수님께서 승리와 영광을 얻으신 방식을 따라 살라고 합니다. 예수님께서 십자가에서 죽으심으로 승리와 영광을 얻으셨던 것처럼 우리 또한 십자가를 져야 한다는 것입니다. 그렇게 사는 것이 하나님 나라 백성다운 삶이라고 말합니다.

하지만 이렇게 말씀드리면 질문이 생길 것입니다. '십자가에서 죽는 것이 어떻게 승리와 영광이 될 수 있느냐'입니다. 바로 여기에 기독교 신앙의 놀라운 비밀이 있습니다. 앞서 말씀드렸듯이 로마 제국의 복음은 철저히 사람의 힘으로 승리와 영광을 얻는 것입니다. 그렇기에 경쟁에서 이겨야 합니다. 다른 사람을 밟고 올라서야 합니다. 하지만 그리스도의 복음은 사람의 힘으로 승리와 영광을 얻는 것이 아닙니다. 진정한 승리와 영광은 사람의 힘으로 얻는 것이 아니라 하나님께서 주시는 것입니다.

이것이 믿음의 비밀입니다. 예수님께서 이 믿음의 비밀을 이렇게 말씀하셨습니다.

누구든지 자기를 높이는 자는 낮아지고 누구든지 자기를 낮추는 자는 높아지리라 _마 23:12

누구든지 제 목숨을 구원하고자 하면 잃을 것이요 누구든지 나를 위하여 제 목숨을 잃으면 찾으리라 _마 16:25

예수님은 자기를 낮추는 자가 높아진다고 말씀하십니다. 누구든지 당신을 위하여 자기 목숨을 잃으면 찾게 될 것이라고 말씀하십니다. 우리가 가진 상식과는 정반대입니다.

그런데 이 말씀에는 숨겨진 괄호가 있습니다. "누구든지 자기를 낮추는 자는 높아지리라"라고 할 때 '높아지리라' 앞에 숨겨진 괄호가 있는데, '하나님'이라는 괄호입니다. 다시 말하자면 '누구든지 자기를 낮추는 자는 하나님께서 높여 주실 것이다'입니다. 마찬가지로 누구든지 당신을 위하여 자기 목숨을 잃으면 하나님께서 찾아 주시겠다고 말씀하십니다. 바로 이것이 성도가 가진 믿음의 비밀입니다.

사실 예수님만큼 이 믿음의 비밀을 잘 알고 계셨던 분도 없습니다. 예수님께서 왜 기꺼이 십자가의 길을 가셨습니까? 그 길이 수치와 모욕, 패배의 길임을 모르셨기 때문입니까? 예수님께서 모르셨을 리 없습니다. 그럼에도 예수님은 그 길을 묵묵히 가셨습니다. 예수님께서 그 믿음의 비밀을 갖고 계셨기 때문입니다. '내가 비록 수치와 모욕, 패배의 길인 십자가의 길을 갈지라도, 하나님께서 그 길을 진정한 승리와 영광의 길로 바꾸어 주실 것이다. 하나님께서 십자가를 통해 내게 승리와 영광을 주실 것이다'라는 믿음을 가지고 예수님은 십자가의 길을 가셨습니다. 그리고 그 결과가 무엇입니까? 부활과 승천이라는 승리와 영광입니다.

그리스도의 복음에 합당하게 사는 것은 결코 손해가 아닙니다. 세상에서 망하는 길이 아닙니다. 오히려 하나님께서 주시는 참된 승리와 영광을 얻는 유일한 길입니다. 그렇지 않다면 예수님께서 십자가의 길을 가시지 않았을 것입니다. 십자가의 길을 묵묵히 걸어가신 예수님을 바라보시기 바랍니다. 십자가 죽음 이후에 예수님께 주어진 부활의 승리, 승천의 영광을 주목하시기 바랍니다. 하나님은 우리가 하나님 나라 백성으로서 예수님께서 가신 그 길을 똑같이 걷기를 바라십니다. 그래서 예수님께서 얻으신 승리와 영광을 우리 또한 똑같이 얻기를 바라십니다.

오직 너희는 그리스도의 복음에 합당하게 생활하라 _27절

다른 길은 없습니다. 다른 삶의 방식은 존재하지 않습니다. 우리가 가야 할 유일한 길은 그리스도의 복음에 합당하게 사는 것입니다. 그리스도께서 가신 길을 똑같이 걸어가는 것입니다. 희생과 겸손, 자기 부인과 패배의 길로 가는 것입니다. 놀랍게도 그럴 때 하나님은 우리에게 넘치도록 부어 주실 것입니다. 우리를 지극히 높여 주실 것입니다. 우리에게 진정한 승리와 영광을 주실 것입니다.

우리는 이 믿음의 비밀을 간직하며 이 세상을 살아가야 합니다. 그럴 때 세상 사람들은 우리를 보고 하나님을 보게 될 것입니다. 하나님 나라의 아름다움을 보게 될 것입니다. 참으로 매력적인 쇼윈도를 보고 가게에 들어가지 않을 수 없는 사람처럼 성도와 교회에 끌리게 될 것입니다. 이런 점에서 성도와 교회가 추구해야 할 것은 명백합니다. 멋지고 화려한 예배당을 건축하는 것이 아닙니다. 사람들을 끌 만한 좋은 프로그램들을 개발하는 것이 아닙니다. 교회가 이 세상에 꼭 필요하다는 것을 증명하는 일도 아닙니다. 물론 이 모든 것들은 중요합니다. 우리가 해야 할 일입니다. 하지만 가장 중요한 것은 우리가 '오직 그리스도의 복음에 합당하게 생활하는 것'입니다.

우리 모두가 그리스도의 복음에 합당하게 생활할 때 낡고 초라한 예배당은 이 세상에서 가장 빛나는 장소가 될 것입니다. 그리스도의 복음에 합당하게 생활하는 성도의 모습이 세상 사람들을 교회로 이끌게 될 것입니다. 그리스도의 복음에 합당하게 생활할 때 이 세상은 교회가 꼭 필요하다는 것을 인정하게 될 것입니다.

우리 모두가 오직 그리스도의 복음에 합당하게 생활할 수 있기를 바랍니다. 로마 제국의 복음, 즉 이 세상의 복음이 아니라 그리스도의 복음을 따라 살 수 있기를 바랍니다. 희생과 겸손, 자기 부인과 패배가 있는 십자가의 길을 묵묵히 걸어갈 수 있기를 바랍니다. 하나님께서 그 길을 걷는 우리에게 진정한 승리와 영광을 주실 것입니다. 예수님이 우리에게 그 보증 수표입니다.

이처럼 오직 그리스도의 복음에 합당하게 생활함으로 이 세상에 하나님 나라의 위대함과 아름다움을 멋지게 보여 주는 그런 쇼윈도가 되기를 바랍니다. 우리의 가족이, 우리 이웃들이 우리와 우리 교회의 모습을 보고 하나님께로 돌아오는 귀한 역사가 나타나기를 바랍니다.

07 오직 너희는 복음에 합당하게 살라(2)

빌 1:27-30

야구를 좋아하시는지 모르겠습니다. 야구를 가장 잘하는 나라는 어디일까요? 미국입니다. 메이저리그라고 들어보셨을 것입니다. 그 리그에는 30개의 프로 팀이 있는데, 세계에서 가장 야구 잘하는 사람들을 모아 놓고 경기를 합니다. 자기들도 세계에서 가장 잘한다는 자부심이 있어서 결승전 이름을 월드 시리즈라고 붙였습니다.

그 선수들 중 마이크 아빌레스가 있었습니다. 그가 클리블랜드 인디언스(현, 클리블랜드 가디언스)에서 뛸 때였습니다. 그는 발도 빠르고 공도 잘 던지는 등 무엇을 맡겨도 잘하는 그런 좋은 선수였습니다. 그런데 어느 날부터 마이크가 달라지기 시작했습니다. 그동안 거의 하지 않던 실책을 계속하는가 하면 공을 제대로 치지도 못했습니다. 경기에 집중을 전혀 하지 못했습니다.

보다 못한 구단주가 선수를 불렀습니다. "마이크 무슨 일이야?" 그러자 마이크는 충격적인 사실을 털어놓았습니다. 그에게는 세상에서 가장 소중한 쌍둥이 딸들이 있는데, 그중 하나인 아드리아나가 백혈병 판정을 받은 것입니다. 곧바로 항암 치료가 시작되었는데, 어린 딸은 유독 아빠를 찾았습니다.

하지만 야구 경기가 매일 있기 때문에 그는 어린 딸 곁에 계속 있을 수 없었습니다. 그래서 시합에 집중하지 못하고 계속 실수를 했던 것입니다. 구단주는 그의 사정을 듣고 그에게 10일간의 특별 휴가를 주었습니다. 다행히 어린 딸은 아빠와 함께 독한 항암 치료를 잘 견뎠습니다. 하지만 독한 항암 치료 때문에 어린 딸의 머리카락이 빠지기 시작했습니다. 어린 딸은 점점 없어지는 머리카락 때문에 큰 슬픔에 빠지게 됩니다. 그것을 지켜보는 아빠 마이크의 마음도 찢어졌습니다.

그리고 며칠 뒤 아빠 마이크는 깜짝 놀랄 모습을 하고 어린 딸 앞에 나타났습니다. 어린 딸처럼 머리카락 하나 없는 머리를 하고 나타난 것입니다. 머리카락이 없어져서 힘들어하는 딸을 안심시키기 위해 아빠가 삭발을 했습니다. 그런데 이 일은 마이크에게서 끝나지 않았습니다. 며칠 지나지 않아 클리블랜드가 텍사스라는 팀과 시합을 하는데, 클리블랜드 선수들이 경기장에 나올 때 모든 관중이 깜짝 놀랐습니다. 모든 클리블랜드 선수들이 삭발을 했기 때문입니다. 선수들만이 아니라, 감독, 코치를 포함하여 선수단의 모든 직원이 마이크처럼 삭발을 했습니다.

머리가 빠지는 어린 딸을 위해 삭발했다는 마이크의 사정을 듣고, 선수들이 자발적으로 삭발을 하기 시작했고, 구단주는 단체 삭발식을 제안하여 모든 선수와 직원들이 삭발을 하게 된 것입니다. 아빠 마이크는 백혈병을 앓고 있는 딸에게 딸이 혼자가 아님을 보여 주기 위해 삭발을 했고, 클리블랜드 모든 선수와 직원은 마이크가 혼자가 아님을 보여 주기 위해 삭발을 했던 것입니다. 이처럼 하나 된 모습은 백혈병을 앓는 아드리아나와 그 아빠인 마이크에게 더할 수 없는 큰 힘을 주었고, 세계 야구팬들에게 잊을 수 없는 감동을 주었습니다.

이 험한 세상을 우리 혼자 힘으로 살기에는 너무나 벅찹니다. 아무리 뛰어난 사람이라도 혼자 힘으로는 모든 것을 감당할 수 없습니다. 하지만 내 옆에 누군가가 항상 있어 주고, 나를 지지해 주고, 보호해 주는 공동체가 있다면 이야기는 전혀 달라집니다.

> 또 두 사람이 함께 누우면 따뜻하거니와 한 사람이면 어찌 따뜻하랴 한 사람이면 패하겠거니와 두 사람이면 맞설 수 있나니 세 겹 줄은 쉽게 끊어지지 아니하느니라 _전 4:11-12

나무젓가락 하나는 힘이 없는 아이도 쉽게 부러뜨릴 수 있습니다. 하지만 나무젓가락 10개, 20개를 묶어 놓으면 천하장사가 와도 쉽게 부러뜨릴 수 없습니다. 혼자일 때는 약하고 부족하지만, 여러 사람이 함께하면 강하고 부유해집니다. 우리에게 공동체가 꼭 필요한 이유입니다. 그런데 이 사실을 하나님보다 더 잘 아는 사람은 없습니다. 하나님께서 우리를 창조하셨기 때문입니다.

하나님은 사람을 창조하시자마자 결혼 제도를 만드셨습니다. 하나님께서 세상을 창조하시고 모든 것이 그 마음에 쏙 들었는데, 단 하나 좋지 못한 것이 있었습니다. 사람이 혼자 있는 것이었습니다.

> 여호와 하나님이 이르시되 사람이 혼자 사는 것이 좋지 아니하니
> 내가 그를 위하여 돕는 배필을 지으리라 하시니라 _창 2:18

사람이 혼자 있는 것은 좋지 못한 것입니다. 사람은 혼자 살 수 없는 존재로 창조가 되었기 때문입니다. 우리는 우리가 믿는 하나님이 삼위일체이심을 기억해야 합니다. 하나님조차도 혼자 계시지 않습니다. 삼위 하나님은 세상이 창조되기 전, 영원전부터 서로 사랑의 관계를 맺어 오셨습니다. 하나님 자신이 공동체를 이루며 존재하셨습니다. 그렇기에 삼위일체 하나님께서 창조하신 사람이 혼자 살지 못하고 공동체를 이루며 살아야 한다는 것은 너무나 당연한 일입니다. 그래서 하나님은 사람을 창조하시자마자 결혼 제도를 만들어 가정을 이루게 하셨습니다. 또 하나님은 가정을 확대하여 하나님의 가족으로서 교회를 세우셨습니다.

하나님은 이처럼 가정과 교회를 직접 세우셔서 우리를 홀로 두시지 않고, 공동체 속에서 살게 하셨습니다. 하지만 우리가 살고 있는 이 시대에는 가정과 공동체가 해체되고, 점점 더 개인주의화 되고 있습니다. 우리가 잘 알 듯이 많은 젊은이가 결혼을 중요한 것으로 생각하지 않습니다. 그런데 이것이 단지 젊은이만의 문제는 아닙니다. 어른들도 마찬가지인데, 급속도로 늘고 있는 황혼 이혼이 그 증거입니다. 가정이 무너지고 있습니다.

또 교회는 어떻습니까? 많은 젊은이가 신앙생활하기 위해 꼭 교회를 다녀야 하느냐고 묻고 있습니다. 예수님은 사랑하지만 교회는 사랑하지 않는다고 말하는 사람들이 점점 더 늘고 있습니다. 교회에서 받은 상처 때문에 교회를 떠나 홀로 신앙생활하는 사람이 많아지고 있습니다. 어느 통계에 따르면 수도권에만 매주 2-30만 명의 사람들이 교회를 정하지 않고 이 교회, 저 교회를 옮겨 다닌다고 합니다. 교회가 무너지고 있습니다.

이런 현실 속에서 하나님의 말씀을 진리로 믿고 순종하려는 성도는 어떻게 살아야 할까요? 우리는 정말 가정과 교회 없이도 혼자 신앙생활을 잘할 수 있을까요? 나 혼자의 힘으로 신앙을 잘 지키며 살 수 있을까요? 당연히 그렇지 않습니다. 만약 그렇다면 하나님께서 우리에게 가정과 교회를 주시지 않았을 것입니다. 하나님은 우리가 혼자 있는 것이 좋지 않다고 하셨습니다. 우리는 처음부터 함께하는 존재로 만들어졌습니다. 삼위일체 하나님은 사람을 처음부터 공동체 안에서 살도록 창조하셨습니다. 우리에게 가정과 교회는 선택이 아니라 필수입니다. 이것이 바울이 우리에게 "오직 너희는 그리스도의 복음에 합당하게 생활하라"(27절)라고 명령하는 이유입니다.

우리는 앞서 '오직 그리스도의 복음에 합당하게 생활하라'는 말씀의 내용이 무엇인지를 살펴보았습니다. 우리는 이 세상 사람들이 추구하는 로마 제국의 복음이 아닌 오직 그리스도의 복음에 합당하게 살아야 합니다. 로마 제국의 복음은 돈과 힘, 탐욕, 이기심으로 승리와 영광을 얻는 것이라고 했습니다. 그들이 추구하는 승리와 영광은 다른 사람 위에 군림하고, 높임을 받고, 큰소리치고, 손해 보지 않는 것이라고 했습니다.

하지만 그리스도의 복음은 로마 제국의 복음과 전혀 다릅니다. 그리스도의 복음은 예수님의 삶을 본받는 것입니다. 즉 예수님께서 가신 십자가의 길을 따라가는 것입니다. 십자가의 길은 희생과 섬김, 자기 부인과 패배의 길이었습니다. 로마 제국의 복음과는 정반대입니다. 하지만 예수님은 십자가의 길을 통해 하나님께서 주시는 승리와 영광을 얻으셨습니다. 이 세상의 가짜 승리와 영광이 아닌 하나님께서 주시는 참된 승리와 영광을 얻으셨던 것입니다.

성도에게 다른 복음은 없습니다. 우리는 오직 그리스도의 복음에 합당하게 살아야 합니다. 로마 제국의 복음은 넓고 편한 길과 같아서 많은 사람이 그리로 들어가지만, 그 길의 끝은 멸망입니다. 반대로 그리스도의 복음은 좁고 험한 길과 같아서 많은 사람이 찾지 않지만, 그 길의 끝은 생명이고 영생입니다. 당신은 어떤 길로 가겠습니까? 넓고 편하지만 그 끝이 멸망인 길로 가시겠습니까? 아니면 좁고 험하지만 그 끝이 생명인 길로 가시겠습니까? 물어볼 필요도 없는 질문입니다. 당연히 좁고 험하더라도 그 끝이 생명인 길로 가야 합니다. 그래서 바울은 오직 그리스도의 복음에 합당하게 살라고 말합니다.

그런데 바울이 우리 성도 개개인에게 이 말을 한 것이 아닙니다. 한 사람, 한 사람을 따로 두고 한 말이 아닙니다. "오직 '너희'는 그리스도의 복음에 합당하게 생활하라"고 말합니다. 각 사람이 알아서 그리스도의 복음에 합당하게 생활하면 된다고 하지 않았습니다. '너희'라고 말합니다. '너희가 같이 그리스도의 복음에 합당하게 살아야 한다'는 뜻입니다.

바울이 이렇게 '너희'를 강조하고 있다는 사실은 복음에 합당한 생활을 어떻게 하면 살 수 있는지를 알려 주는 것에서 분명히 드러납니다. 바울은 복음에 합당한 생활을 하기 위해 필요한 3가지를 말합니다. 첫째는 '성도들이 한마음으로 서 있는 것'이고, 둘째는 '한뜻으로 복음의 신앙을 위하여 협력하는 것'이고, 셋째는 '무슨 일에든지 대적하는 자들 때문에 두려워하지 아니하는 것'입니다.

오직 너희는 그리스도의 복음에 합당하게 생활하라 이는 내가 너희에게 가 보나 떠나 있으나 너희가 한마음으로 서서 한뜻으로 복음의 신앙을 위하여 협력하는 것과 무슨 일에든지 대적하는 자들 때문에 두려워하지 아니하는 이 일을 듣고자 함이라 이것이 그들에게는 멸망의 증거요 너희에게는 구원의 증거니 이는 하나님께로부터 난 것이라 _27-28절

첫째, 한마음으로 서 있는 것은 군인들이 방패를 들고 서로 딱 달라붙어 있는 모습을 가리킵니다. 로마 군대는 당시 최강이었는데, 몇몇 뛰어난 군인들이 있었기 때문이 아닙니다. 로마 군인들은 전투를 나갈 때 긴 방패를 들고 나갔는데, 이때 작은 틈도 보이지 않을 정도로 방패를 서로 밀착시켰습니다. 그래서 멀리서 보면 온몸을 강철로 덮고 있는 거대한 탱크처럼 보였습니다. 적들이 아무리 화살을 쏘아도 빈틈이 없기 때문에 다치는 군인이 없었습니다. 이것이 적들에게 얼마나 큰 공포를 안겨 주었는지 모릅니다. 방패로 빈틈없이 무장한 로마 군대가 몰려올 때 그 앞에 거칠 것이 없었기 때문입니다. 바울은 바로 이런 로마 군대의 모습을 생각하면서 빌립보교회 성도들에게 한마음으로 서라고 말했습니다.

복음에 합당하게 사는 것은 결코 쉽지 않습니다. 예수님께서 가신 십자가의 길을 따라가는 것, 희생과 섬김, 자기 부인과 패

배의 길로 가는 것은 참으로 어려운 일입니다. 하나님 말씀을 따르는 것이 아무리 옳은 일이라고 생각한다 해도, 그 일이 당장 내게 손해가 된다면 순종하는 것이 참 어렵습니다. 우리는 돈 앞에 무너질 때가 얼마나 많습니까? 교회 일을 열심히 했는데, 아무도 알아주지 않았을 때 우리는 얼마나 섭섭해합니까? 우리는 희생하는 것이 하나님의 뜻이라고 생각하지만, 자신이 막상 희생했는데 아무도 몰라주면 섭섭해서 속이 많이 상합니다. 당장 내가 해야 할 일도 많은데, 다른 사람을 섬겨야 할 상황이 되면 짜증이 먼저 나는 것도 사실입니다. 지는 것이 이기는 것임을 알면서도 자존심이 허락하지 않습니다. 내가 당한 대로 되갚아 주지 않으면 잠을 이루지 못합니다.

예수님은 우리에게 십자가를 지고 당신을 쫓으라고 하셨는데, 우리는 십자가를 지는 것이 아니라 십자가로 다른 사람들을 때리는 일을 할 때가 많습니다. 우리의 입에서 나오는 말은 매우 고상합니다. 믿음의 말들이 나오지 않습니까? 하지만 그 속에는 독사의 혀에 묻은 독처럼 영혼을 죽이는 독이 묻어 있습니다.

그리스도의 복음에 합당하게 사는 것, 십자가의 길을 걸어가는 것은 결코 쉽지 않습니다. 그래서 바울은 무엇이라고 말합니까? "혼자서는 안 된다. 하지만 같이하면 된다. 서로 도와주면 할 수 있다." 마치 로마 군인들이 서로 딱 달라붙어서 서로의 방패로 서로를 지켜 주듯이, 빌립보교회 성도들이 한마음으로 함께하면 그 힘든 십자가의 길을 갈 수 있습니다.

여기서 중요한 것은 반드시 한마음으로 함께 서야 한다는 것입니다. 한 사람도 예외가 되면 안 됩니다. 아무리 최강의 로마 군대라도 한 사람이 방패를 제대로 들지 않으면 틈이 생기게 되고 결국 무너지게 됩니다. 로마 군대의 진정한 힘은 몇몇 위대한 군인들에게서 나오는 것이 아니었습니다. 사실 개인의 능력은 그리 중요하지 않았습니다. 중요한 것은 한 명도 빠짐없이 하나가 되어 방패를 들고 있는 것입니다. 이것이 로마 군대의 힘이었습니다. 바울은 빌립보교회 성도들이 그런 모습을 가지기를 바랐습니다. 한 명도 예외 없이 한마음이 되면 그 힘든 십자가의 길도 갈 수 있게 됩니다.

둘째, 한뜻으로 복음의 신앙을 위하여 협력하는 것은 운동선수들이 한 팀을 이루어 경기하는 것을 가리킵니다. 협력이라는 단어를 풀이하면 '함께 운동을 하다'입니다. 서두에 언급했던 마이크 선수를 기억하십니까? 백혈병에 걸린 딸을 위해 삭발을 했습니다. 그런데 그런 마이크를 위해 클리블랜드 선수들이 어떻게 했습니까? 다 함께 삭발했습니다. 무슨 뜻입니까? 우리는 한 팀이라는 것입니다. 바울이 한뜻으로 복음의 신앙을 위하여 협력하라는 것이 바로 이런 의미입니다. 한 팀이 되라는 것입니다.

신앙생활을 운동 경기로 비유하면, 개인 경기가 아니라 단체 경기입니다. 나만 잘하면 되는 것이 아닙니다. 같이 잘해야 합니다. 초등학교 때 2인 3각 혹은 3인 4각 경기를 해 보셨을 것입니다. 몇 사람을 세워 놓고 서로의 발을 묶어서 마치 한 사람인 것처럼 뛰는 경기입니다. 이 경기에서 그 팀에 달리기를 잘하는 사람이 몇 명이 있는가는 전혀 중요하지 않습니다. 오히려 달리기를 잘하는 사람이 있으면 골치 아플 수 있습니다. 잘하는 사람이 막 앞서 나가려고 하면 어떻게 되겠습니까? 다 자빠질 것입니다.

2인 3각은 각 사람의 달리기 실력이 중요한 것이 아니라 함께 뛰는 사람들이 얼마나 발을 잘 맞춰 뛰는가가 중요합니다. 즉, 한마음이 되어서 서로를 배려해 주지 않으면 절대 좋은 성적을 낼 수 없습니다. 자기만 열심히 뛰려고 하면 절대 완주할 수 없습니다. 바울이 한뜻으로 복음의 신앙을 위하여 협력하라는 말이 바로 이 의미입니다. 빨리 뛰는 것이 중요한 것이 아니라 같이 뛰는 것이 중요합니다.

교회에서 다른 성도들과 함께 신앙생활하는 것이 쉽습니까? 아니면 어렵습니까? 쉽다고 말하는 분들은 둘 중에 하나입니다. 그 인격이 이미 예수님 수준에 오른 사람이거나 다른 성도와 깊은 관계를 맺지 않는 사람입니다. 어떤 분이 제게 이렇게 말했습니다. "교회는 멀리서 봐야만 아름답습니다. 너무 가까이 다가가면 힘듭니다." 교회 안에서 다른 성도들과 함께 신앙생활하는 것은 결코 쉽지 않습니다.

사실 이것은 너무나 당연합니다. 하나님께서 우리를 부르실 때 비슷한 사람들만 뽑아서 부르신 것이 아니기 때문입니다. 각양각색의 사람들을 불러 모으셨습니다. 교회 안에는 배운 사람, 못 배운 사람, 많이 가진 사람, 적게 가진 사람, 전라도 사람, 경상도 사람, 어린이, 노인, 남자, 여자 등 모든 사람이 다 모여 있습니다. 이처럼 다양하다 보니 생각하는 것도 다양하고, 주장도 다양하고, 신앙 색깔도 다양합니다.

어떤 성도님은 저에게 와서 우리 교회는 기도하는 소리가 너무 작으니 좀 더 크게 기도했으면 좋겠다고 말합니다. 그런데 다른 성도님은 우리 교회가 작게 기도해서 얼마나 좋은지 모른다고 말합니다. 묵상하면서 기도할 수 있어 너무 좋다는 것입니다. 이처럼 다 다릅니다. 그런데 중요한 것은 다른 것이 아닙니다. 다른 것은 당연합니다. 하나님께서 그렇게 모이도록 하셨기 때문입니다. 중요한 것은 우리가 다 다름에도 불구하고 한뜻으로 협력하는 것입니다. 한뜻으로 한 팀을 이루어 똑같은 걸음으로 나가는 것입니다. 만약 한 사람이라도 먼저 나가겠다고 앞서거나 못 가겠다고 뒤쳐지면 그 사람만 어떻게 되는 것이 아니라 우리 모두가 무너지게 됩니다.

바울은 "오직 너희는 그리스도의 복음에 합당하게 생활하라"고 말합니다. 우리 각자에게 주신 말씀이 아니라 '너희' 즉 우리 모두에게 주신 말씀입니다. 우리 모두가 하나로 똘똘 뭉치지 않으면 사탄의 공격에 무너질 수밖에 없습니다. 우리 모두가 한 팀으로 협력하지 않으면 절대 앞으로 나갈 수 없습니다.

셋째, 바울은 무슨 일에든지 대적하는 자들 때문에 두려워하지 아니하는 것을 말합니다. 복음에 합당한 생활을 하기 위해 담대해야 한다는 것입니다. 그런데 이러한 담대함은 우리가 하나로 똘똘 뭉칠 때 가질 수 있습니다. 우리가 혼자서 어두운 밤길을 걸으면 그냥 두렵습니다. 스치는 바람에도 공포를 느낍니다. 하지만 여러 사람과 함께 가는 밤길은 오히려 즐겁습니다. 이런저런 이야기를 나누며 함께 걷다 보면 어느새 목적지에 도착해 있습니다. 우리가 하나 될 때 우리는 두려움을 극복할 수 있습니다.

우리가 어떻게 해야 오직 그리스도의 복음에 합당하게 살 수 있을까요? 우리 혼자 힘으로는 안 됩니다. 우리가 아무리 결심하고 비장한 각오를 해도 그때뿐입니다. 우리는 마치 갈대와 같아서 바람이 부는 대로 이리저리 꺾입니다. 이 세상과 사탄의 공격에 맞서서 이길 수 없습니다. 그래서 하나님께서 우리에게 주신 것이 바로 교회입니다. 우리 한 사람 한 사람이 연약할지라도 한마음으로 똘똘 뭉치면 힘들고 어려운 십자가의 길을 씩씩하게 걸어갈 수 있습니다. 뒤로 쳐지는 성도를 붙들어 줄 수 있고, 독불장군처럼 혼자 나가다가 어려움에 빠진 성도를 다시 회복시켜 줄 수 있습니다.

중요한 것은 교회를 세워 이런 일을 하시는 분이 바로 하나님이시라는 사실입니다. 교회는 우리가 필요해서 만든 것이 아니라 하나님께서 우리를 위해 만들어 주신 것입니다. 그러므로 우리는 교회를 소중히 여겨야 합니다. 교회의 모든 성도와 하나가 되기 위해 힘써야 합니다. 나와 다른 생각을 가지고 있고, 혹 나를 힘들게 하는 성도라도 하나님께서 붙여 주신 사람으로 알고 하나가 되도록 힘써야 합니다.

교회 안에 나를 힘들게 하는 성도가 있다면 하나님께서 나를 다듬는 도구로 사용하신다고 생각하시기 바랍니다. 나와 다른 성도를 좀 더 넓은 마음으로 품어 주시기를 바랍니다. 만약 내가 다른 성도를 마음에 들지 않는다고 미워하고 욕한다면, 그것은 그 사람만이 아니라 그 사람을 우리에게 붙여 주신 하나님을 미워하고 욕하는 것이 된다는 사실을 잊지 마십시오.

하나님은 우리가 빈틈없는 영적 군대가 되어 사탄의 모든 공격을 이겨 내기를 원하십니다. 하나님은 우리가 한뜻으로 협력하는 멋진 팀을 이루어 십자가의 길을 끝까지 완주하기를 바라십니다. 하나님은 이러한 당신의 소원과 바람을 기억하며 교회를 사랑하고, 무엇보다 옆에 있는 성도를 사랑하는 우리가 되기를 바라십니다. 하나님은 교회를 사용하셔서 우리가 그리스도의 복음에 합당한 삶을 살게 하십니다. 교회를 벗어나서는 그렇게 살 수 없습니다. 내 옆에 있는 성도야말로 우리가 복음에 합당한 삶을 살기 위해 주신 하나님의 선물입니다. 이 사실을 분명히 믿고 우리 모든 성도가 주님 안에서 한 팀을 이루기를, 그래서 십자가의 길을 포기하지 않고 끝까지 씩씩하게 걸어가 '잘했다 충성된 종아'라는 하나님의 칭찬을 받을 수 있기를 바랍니다.

08 오직 너희는 복음에 합당하게 살라(3)

빌 1:27-30

같은 본문을 세 번째 살펴보고 있습니다. 이처럼 같은 본문을 세 번 연속 살펴보는 이유는 그만큼 이 말씀이 중요하기 때문입니다. 부모가 자녀에게 자주 듣는 핀잔이 있습니다. "똑같은 말 반복하지 말라"는 말입니다. "왜 엄마는 똑같은 말을 계속해." "제발 그만해! 알아들었어." 하지만 엄마는 뒤돌아서면 또 똑같은 말을 합니다. 왜 그렇습니까? 중요하니까 그렇습니다.

성경도 그렇습니다. 성경에 보면 똑같은 말을 반복하는 경우가 많이 나옵니다. 단어가 달라서 다른 말을 한 것 같지만 실제로는 똑같은 말을 두 번 반복한 것입니다. 가령 다윗은 "사람이 무엇이기에 주께서 그를 생각하시며 인자가 무엇이기에 주께서 그를 돌보시나이까"(시 8:4)라고 말합니다. 다윗은 너무나 감격해서 "사람이 무엇이기에 주께서 그렇게 귀하게 생각하십니까"라고 고백했습니다. 그런데 이 말이 너무 중요하니까 한 번으로는 성에 차지 않았습니다. 그래서 곧이어 "인자가 무엇이기에 주께서 그를 돌보시나이까"라고 말합니다. 여기서 인자는 사람의 아들인데, 곧 사람입니다. 그러니까 똑같은 말을 단어만 달리해서 반복한 것입니다.

이처럼 같은 말을 반복하는 이유는 중요하기 때문입니다. 같은 본문을 세 번이나 살펴보는 것 또한 그만큼 중요하기 때문입니다. 특히 이번에 살펴보려는 내용은 우리가 잘 알면서도 실제로는 받아들이기 힘들어하는 내용이기 때문에 더욱 주의를 기울여야 합니다.

바울은 빌립보교회 성도를 향하여 "오직 너희는 그리스도의 복음에 합당하게 생활하라"고 말했습니다. 여기서 '오직'이라는 말은 중요했습니다. 우리는 다른 복음을 따라서는 안 됩니다. 우리가 따라야 할 복음은 오직 그리스도의 복음뿐입니다. 하지만 당시 대부분의 사람들은 로마 제국의 복음을 따랐습니다. 로마 제국의 복음은 자신의 힘과 능력으로 다른 사람을 정복하고, 그 위에 군림하며, 더 많은 것을 모으고 쌓는 것을 승리와 영광으로 여깁니다. 로마 제국은 강력한 군사력을 바탕으로 수많은 나라를 정복하고, 빼앗은 재물로 큰 부귀영화를 누렸습니다. 이것이 로마 제국의 복음입니다.

하지만 로마 제국의 복음이 단지 과거의 유물만은 아닙니다. 로마 제국의 복음은 오늘날에도 여전히 가장 사랑받는 복음입니다. 우리가 살고 있는 이 세상과 옛 로마 제국은 본질상 다르지 않습니다. 더 많은 돈을 벌고, 더 큰 힘을 가지는 것을 성공으로 여깁니다. 그래서 남보다 더 편하고 여유롭고 보장된 삶을 사는 것, 이것이 승리이고 영광입니다. 저는 지금 우리와 상관없는 딴 나라 사람들 이야기를 하는 것이 아닙니다. 자신의 마음을 잘 살펴보십시오. 우리 또한 로마 제국의 복음을 따라 살고 있지 않습니까? 로마 제국의 복음이 추구하는 성공과 승리와 영광을 우리 또한 좇아가고 있지는 않습니까?

이것이 단지 하나님을 모르는 세상 사람들만의 이야기라면 참으로 좋겠습니다. 하지만 슬프게도 그렇지 않습니다. 교회 안에도 로마 제국의 복음을 따르는 사람들이 적지 않습니다. 이들에게 하나님은 로마 제국의 복음이 약속한 승리와 영광을 얻도록 도와주는 도우미에 불과합니다. 우리가 드리는 기도의 내용을 생각해 보십시오. 우리는 어떤 동기로 봉사합니까? 삶의 어려움이 왔을 때 우리는 하나님의 뜻을 생각하기보다 하나님께 섭섭해하는 마음이 먼저 들지 않습니까? '내가 얼마나 기도했는데, 내가 얼마나 봉사를 열심히 했는데, 하나님이 나에게 이럴 수 있는가? 너무한 것 아닌가!' 이런 생각이 든다면, 우리는 하나님을 자기 성공을 위한 도우미로 여기는 것입니다.

하지만 바울은 성도가 따라야 할 복음은 오직 그리스도의 복음뿐이라고 말합니다. 로마 제국의 복음은 우리에게 복음이 아닙니다. 분명 하나님을 모르는 사람에게 로마 제국의 복음은 복음일 수 있습니다. 이 세상에 믿을 것은 자신밖에 없고, 자기 혼자 힘으로 모든 것을 해야 한다면 로마 제국의 복음은 그들에게 복음일 수 있습니다. 하지만 성도에게는 그렇지 않습니다. 성도는 하나님께서 이 세상을 창조하시고 다스리신다는 사실을 믿습니다. 성도는 하나님께서 우리를 사랑하셔서 우리를 자녀 삼으셨음을 믿습니다. 성도는 이 세상이 전부가 아니라 장차 올 새로운 세상이 있음을 믿습니다.

성도는 이런 믿음을 가지고 있기 때문에 이 세상 사람처럼 살 수 없습니다. 로마 제국의 복음을 따라 살아서는 안 됩니다. 성도는 하나님 자녀답게 살아야 합니다. 성도는 로마 제국의 백성이 아니라 하나님 나라의 백성답게 살아야 합니다. 바울은 이것이 바로 그리스도의 복음에 합당하게 사는 것이라고 말합니다. 그리스도의 복음은 로마 제국의 복음과 정반대입니다. 로마 제국의 복음은 돈과 힘, 탐욕, 이기심으로 승리와 영광을 얻는 것입니다. 하지만 그리스도의 복음은 십자가의 길을 가는 것인데, 희생과 섬김, 자기 부인과 패배로 승리와 영광을 얻는 것입니다. 로마 제국의 복음을 따르는 세상 사람들은 그리스도의 복음을 따르는 성도를 한심하게 생각하고 조롱합니다. 그들 생각에 그리스도의 복음으로는 결코 승리와 영광을 얻을 수 없기 때문입니다. 어떻게 희생과 섬김, 자기 부인과 패배로 승리와 영광을 얻을 수 있단 말입니까!

하지만 성도는 그리스도의 복음으로만 진정한 승리와 영광을 얻을 수 있다고 믿습니다. 여기에는 분명한 근거가 있습니다. 바로 예수님께서 희생과 섬김, 자기 부인과 패배로 승리와 영광을 얻으셨기 때문입니다. 예수님께서 걸어가신 십자가의 길은 참으로 희생과 섬김, 자기 부인과 패배로 가득했습니다. 하지만 놀랍게도 십자가의 길의 마지막은 세상 사람들이 도저히 상상할 수 없는 놀라운 승리와 영광이었습니다.

예수님은 비록 십자가에서 죽으셨으나 하나님은 사흘 만에 그를 다시 살리셨습니다. 예수님의 부활은 모든 사람을 두렵게 하는 죽음과 사탄에 대한 승리였습니다. 또 예수님은 부활 후 제자들과 40일 동안 계시다가 하늘로 올라가셨는데, 하나님의 우편에 앉는 영광을 받으셨습니다. 뿐만 아니라 예수님은 곧 세상에 다시 오셔서 이 세상을 심판하실 것입니다. 그때 우리를 포함한 이 세상 만물이 그 앞에 무릎을 꿇게 될 것입니다. 이것이 예수님께서 십자가의 길을 끝까지 걸어가신 결과입니다. 예수님은 십자가의 길을 통해 진정한 승리와 영광을 얻으셨습니다.

이것이 오늘 우리에게도 똑같이 약속된 승리와 영광입니다. 이 승리와 영광을 위해 우리는 예수님께서 걸어가신 길을 똑같이 걸어가야 합니다. 이것이 그리스도의 복음에 합당하게 사는 것입니다. 그런데 이 길은 결코 쉬운 길이 아닙니다. 그래서 바울은 우리 각 사람에게 이 길을 가라고 하지 않고, 우리가 함께 가야 한다고 말합니다. 그래서 "오직 '너희는' 그리스도의 복음에 합당하게 생활하라"고 이야기합니다. 여기에서 바울은 '너희'를 강조합니다.

바울은 한마음으로 서서 한뜻으로 복음의 신앙을 위하여 협력하라고 말합니다. 한마음으로 선다는 것은 로마 군대의 군인들이 긴 방패를 들고 밀착하여 서로를 보호해 주며 전진하는 것처럼 성도 또한 흩어지지 말고 서로를 붙들어 보호해 주어야 한다는 뜻입니다. 한뜻으로 복음의 신앙을 위하여 협력한다는 것은 운동 경기를 나서는 팀이 하나로 똘똘 뭉쳐서 경기하는 것처럼, 모든 성도가 한 팀이라는 의식을 가지고 그리스도의 복음에 합당한 삶을 살아야 한다는 의미입니다.

비록 예수님은 홀로 십자가의 길을 가셨지만, 우리는 연약해서 안 됩니다. 그래서 하나님은 우리에게 교회를 주셨습니다. 혼자서는 안 되지만 함께라면 갈 수 있습니다. 하나님은 우리가 한 팀을 이루어 서로를 격려하고 보호해 주며 힘든 십자가의 길을 끝까지 가게 하십니다. 여럿이 함께 가면 험한 길도 즐거운 법입니다. 하나님께서 교회를 통해 우리에게 주시는 귀한 은혜입니다.

그런데 그리스도의 복음에 합당하게 사는 것이 어려운 또 다른 이유가 있습니다. 그리스도의 복음에 합당하게 산다는 것은 희생과 섬김, 자기 부인과 패배의 길로 가는 것이라고 했습니다. 이것은 우리 본성과 맞지 않습니다. 어느 누구도 그렇게 살기를 원하지 않습니다. 그래서 예수님은 이것을 좁고 험한 길로 비유하셨습니다. 로마 제국의 복음은 마치 넓고 편한 길 같아서 찾는 사람이 많습니다. 우리의 죄 된 본성에 딱 맞기 때문입니다. 하지만 그리스도의 복음은 마치 좁고 험한 길 같아서 찾는 사람이 적습니다. 우리의 죄 된 본성과 전혀 맞지 않기 때문입니다. 그래서 그리스도의 복음에 합당하게 사는 것이 어렵습니다.

하지만 또 다른 어려움이 있습니다. 그것은 자신들과 다른 길을 가는 우리를 향한 세상의 미움과 핍박입니다. 우리가 그리스도의 복음에 합당하게 살면 세상으로부터 존경과 사랑을 받는 것이 아니라 오히려 미움과 핍박을 받게 된다는 사실을 아십니까? 정말 슬프지만 이것은 엄연한 사실입니다.

사실 성경은 이 사실을 증거하는 말씀과 이야기로 가득 차 있습니다. 세상은 언제나 성도를 미워하고 핍박했습니다. 가인과 아벨 이야기를 아실 것입니다. 가인과 아벨은 첫 사람 아담과 하와가 낳은 형제입니다. 그런데 이들이 장성하여 하나님께 제사를 드렸는데, 동생 아벨의 제사는 하나님께서 받으시고, 형 가인의 제사는 하나님께서 받지 않으셨습니다. 가인이 온전한 믿음으로 드리지 않았기 때문입니다.

그런데 이 일 때문에 엄청난 비극이 발생합니다. 하나님께 거절당한 가인이 동생 아벨에게 그 분풀이를 한 것입니다. 가인이 아벨을 들에서 쳐 죽였습니다. 인류 역사상 최초의 살인 사건이 피를 나눈 형제 사이에서 일어났습니다. 그런데 이것은 단순히 가족 안에서 일어난 패륜 사건이 아닙니다. 신앙의 눈으로 보면 믿지 않는 자가 성도를 미워하여 죽인 사건입니다. 가인이 아벨을 왜 죽였습니까? 하나님께서 자신의 제사는 받지 않고 아벨의 제사만 받으셨기 때문입니다. 다른 이유가 없었습니다. 세상은 이처럼 성도를 미워하고 핍박합니다.

가인과 아벨 이후 이 세상은 점점 더 노골적으로 성도를 미워하고 핍박했습니다. 하나님께서 보내신 수많은 선지자가 온갖 미움과 핍박을 받고, 심지어 순교를 당했습니다. 성도를 향한 세상의 미움과 핍박은 예수님에게서 그 절정에 달합니다. 예수님은 태어나실 때부터 십자가에서 돌아가실 때까지 세상의 미움과 핍박을 받아야 했습니다. 우리는 예수님께서 태어나셨을 때 헤롯 대왕이 예수님을 죽이려고 한 것을 잘 알고 있습니다. 헤롯은 아기 예수를 죽이기 위해 베들레헴에서 태어난 2살 아래 모든 아기를 학살하는 끔찍한 일을 저질렀습니다.

종교 지도자들은 예수님의 일거수일투족을 감시하며 그분을 죽일 죄목을 찾으려고 힘썼습니다. 그리고 결국 가룟 유다의 도움을 받아 예수님을 체포했고, 사형시키기 위해 빌라도 총독에게 넘겼습니다. 하지만 빌라도는 예수님에게서 아무 죄도 찾을 수 없었습니다. 빌라도는 예수님의 무죄를 확신하고 풀어 주려고 했습니다. 그러나 종교 지도자들은 무지한 백성들을 선동하여 예수님을 십자가에 못 박도록 요구했습니다. 결국 재판장이 무죄로 판단한 예수님을 여론 재판으로 십자가에 못 박는 어이없는 일이 발생했습니다. 성도를 향한 세상의 미움과 핍박을 이것보다 더 잘 보여 주는 경우는 없습니다.

하지만 예수님은 이 일이 당연하다고 말씀하셨습니다. 예수님은 세상이 성도를 미워하는 이유를 이렇게 밝히셨습니다.

> 내가 아버지의 말씀을 그들에게 주었사오매 세상이 그들을 미워하였사오니 이는 내가 세상에 속하지 아니함같이 그들도 세상에 속하지 아니함으로 인함이니이다 _요 17:14

> 너희가 세상에 속하였으면 세상이 자기의 것을 사랑할 것이나 너희는 세상에 속한 자가 아니요 도리어 내가 너희를 세상에서 택하였기 때문에 세상이 너희를 미워하느니라 _요 15:19

예수님 말씀의 핵심은 이것입니다. 세상이 성도를 미워하는 이유는 성도가 세상에 속하지 않고 예수님께 속했기 때문입니다. 즉 소속이 다르기 때문입니다.

일제가 우리나라를 강탈한 후에 한 일이 무엇입니까? 우리나라 사람을 일본 사람처럼 바꾸는 일을 했습니다. 이름을 일본식으로 바꾸고, 한국말을 쓰지 못하게 하고 일본말만 쓰게 했습니다. 일본인들이 섬기는 천황을 똑같이 섬기게 했습니다. 그런데 이것을 거부하면 어떻게 했습니까? 가차 없이 핍박했습니다. 감옥에 가두고, 고문을 하고, 심지어 죽였습니다. 일본 백성이 되든지 아니면 죽든지 둘 중 하나였습니다.

이 세상 또한 다르지 않습니다. 세상이 성도를 미워하는 까닭은 세상에 속하지 않았기 때문입니다. 세상 사람들의 생각과 말, 행동, 사는 방식과 전혀 다른 삶을 성도가 살기 때문입니다. 세상이 성도를 그저 내버려 둘 수 없는 이유가 여기에 있습니다. 성도를 미워하고 핍박하여 자기편으로 만들지 않으면 세상이 위태로워집니다. 일본이 독립 운동가를 철저히 박멸하고자 했던 것처럼 사탄이 다스리는 세상 또한 성도를 철저히 박멸하려고 합니다. 바로 이런 이유로 성도가 그리스도의 복음에 합당하게 살 때 이 세상으로부터 존경과 사랑이 아니라 미움과 핍박을 받게 되는 것입니다. 우리는 이 일을 이상하게 생각하면 안 됩니다. 그래서 사도 요한은 다음과 같이 말합니다.

형제들아 세상이 너희를 미워하여도 이상히 여기지 말라 _요일 3:13

세상이 성도를 미워하는 것은 이상한 일이 아니라 당연한 일입니다. 그런데 바울은 한 걸음 더 나아가서 세상이 이처럼 성도를 미워하는 것이 우리에게는 유익이 된다고 말합니다.

무슨 일에든지 대적하는 자들 때문에 두려워하지 아니하는 이 일
을 듣고자 함이라 이것이 그들에게는 멸망의 증거요 너희에게는
구원의 증거니 이는 하나님께로부터 난 것이라 _28절

그리스도의 복음에 합당하게 사는 성도는 대적하는 자들 때문
에 두려워하지 않아야 된다고 말하면서 이것이 그들에게는 멸망
의 증거요, 성도에게는 구원의 증거가 된다고 말합니다. 무슨 뜻
입니까? 그리스도의 복음에 합당하게 사는 성도를 핍박하는 사
람은 자신이 하는 그 일로 스스로 멸망당할 자임을 나타내게 됩
니다. 성도를 핍박하는 것은 사탄입니다. 그러니 그 일을 하는
사람은 당연히 사탄의 편에 선 사람이고, 그렇다면 그는 결국 사
탄과 함께 멸망할 사람이라는 뜻입니다.

반대로 핍박을 당하는 성도는 어떻습니까? 성도는 왜 핍박을
당합니까? 그리스도의 복음에 합당하게 살았기 때문입니다. 사
탄의 편이 아니기 때문입니다. 그러므로 핍박을 당하는 그 자체
가 그리스도의 복음에 합당하게 산다는 증거이고, 사탄의 편이
아니라는 증거이며, 구원받은 성도라는 증거가 되는 것입니다.

우리가 구원받은 성도라는 가장 확실한 증거는 무엇입니까?
세상의 핍박입니다. 내가 하나님 말씀에 순종하는 것 때문에 사
람들의 미움을 받고 핍박을 받는다면, 이것보다 더 분명한 구원
의 증거는 없습니다. 이러한 미움과 핍박은 우리가 이 세상에 속

해서가 아니라 하나님 나라에 속했기 때문에 받는 것입니다.

우리는 이 세상을 살면서 하나님의 말씀대로 사는 것이 결코 쉬운 일이 아님을 경험합니다. 제가 단지 술과 담배 문제를 말씀 드리려는 것이 아님을 주의하셔야 합니다. 이것은 사실 큰 문제 가 아닙니다. 우리는 하루살이는 걸러 내고 낙타는 삼키는 일을 할 때가 얼마나 많습니까?

직장에서 세상 사람들과 일할 때, 어떤 일은 하나님의 말씀에 명백히 어긋남에도 그것을 거부하거나 마음 아파하는 일조차 없 이 오히려 세상에서 살려면 어쩔 수 없다고 눈감는 일이 있지 않 습니까? 나를 힘들게 하는 사람에게 똑같이 보복하는 것을 당연 하게 여기고 살지 않습니까? 성도로서 입에 담지 않아야 할 음 담패설을 아무 생각 없이 내뱉고 있지 않습니까? 하나님을 조롱 하는 사람들 속에서 같이 웃으며 동조하고 있지는 않습니까? 자 신이 그리스도인이라고 밝힐 때 주변 사람들이 깜짝 놀라지 않 습니까?

우리는 술, 담배만 안 해도 훌륭한 성도라고 생각합니다. 하지 만 이것은 하루살이는 걸러 내고 낙타는 삼키는 생각임에 틀림없 습니다. 하나님은 더 높은 차원의 신앙 수준으로 우리를 이끌려 고 하십니다. 그리스도의 복음에 합당한 삶, 십자가의 길을 가라 고 말씀하십니다. 오른뺨을 때릴 때 왼뺨을 대고, 겉옷을 요구할 때 속옷까지 내주며, 오 리를 같이 가자 할 때 십 리를 같이 가 주는 것입니다. 하지만 그럴지라도 세상은 우리를 미워하고 조롱하며, 심지어 핍박할 것입니다. 그런데 주님은 우리에게 그것을 받으라고 하십니다. 그것을 우리가 구원받은 성도라는 가장 분명한 증거로 삼으라고 하십니다.

그런데 바울은 여기서 한 걸음 더 나아갑니다. 우리가 복음에 합당한 삶을 살아감으로 받는 고난이 사실은 하나님의 은혜라는 것입니다.

그리스도를 위하여 너희에게 은혜를 주신 것은 다만 그를 믿을 뿐
아니라 또한 그를 위하여 고난도 받게 하려 하심이라 _29절

고난이 은혜라고 생각해 보셨습니까? 바울은 예수님 잘 믿어서 받는 고난이 은혜라고 말합니다. 더 정확히 말하면 특권입니다. 고난이 특권입니다. 사실 이해하기 쉽지 않은 말씀입니다. 하지만 이 말씀을 제대로 이해한 사람들이 있었습니다.

사도들은 그 이름을 위하여 능욕받는 일에 합당한 자로 여기심을
기뻐하면서 공회 앞을 떠나니라 _행 5:41

사도들이 복음을 전하다가 붙잡혀서 종교 지도자들이 있는 공회에서 심문을 당하고 채찍질을 당했습니다. 다시는 복음을 전

하지 말라는 엄명을 받고 풀려났습니다. 이때 사도들은 눈물을 흘리며 '내가 괜히 예수 믿어서 이런 쓸데없는 고난을 당하는구나. 내가 이 고생하려고 예수를 믿었나'라며 이렇게 말하지 않았습니다. 오히려 사도들은 예수님을 위하여 능욕받는 일에 합당한 자로 여김 받음을 기뻐하면서 공회 앞을 나왔습니다. 사도들은 고난을 특권으로 여겼습니다. 무슨 특권입니까? 예수님께서 받으신 고난을 함께 받는 특권입니다.

이것이 예수님을 믿어서 복 받고 잘살게 되었다는 것보다 세상으로부터 미움 받고 핍박받았다는 것이 더 자랑스러운 이유입니다. 바울은 이 특권이 성도인 우리에게 주어졌다고 말합니다. 분명 우리가 그리스도의 복음대로 살면 이 세상에서 미움과 핍박을 받게 될 것입니다. 하지만 그 미움과 핍박은 쓸데없는 고난이 아닙니다. 예수님께서 받으신 고난에 참여하는 것입니다. 이 고난을 통해 우리는 예수님께서 가신 길을 똑같이 걸어간다는 확신을 얻을 수 있습니다.

분명한 것은 모든 시대의 참 성도들은 하나 예외 없이 이 고난의 길을 걸어갔다는 사실입니다.

너희에게도 그와 같은 싸움이 있으니 너희가 내 안에서 본 바요 이제도 내 안에서 듣는 바니라 _30절 그리스도의 복음에 합당하게 살아감으로 받게 되는 세상의 미움과 핍박, 고난은 바울도 받았고, 빌립보교회 성도들도 받았고, 그 이후 모든 참된 성도가 받았습니다. 나만 받는 고난이 아닙니다. 내가 유별나게 예수님을 믿어서 그런 것이 아닙니다. 참 성도라면 모두가 받는 미움이고 핍박이고 고난입니다. 우리는 이것을 통해 우리가 구원받은 성도이며, 예수님께서 가신 길을 함께 걷는 사람임을 확신할 수 있습니다.

그러므로 "오직 너희는 그리스도의 복음에 합당하게 생활하라"는 말씀에 순종하는 우리 모두가 될 수 있기를 바랍니다. 우리에게는 다른 복음이 없습니다. 오직 그리스도의 복음뿐입니다. 하나님은 교회를 통해 우리가 성도들과 함께 이 삶을 살게 하십니다. 비록 고난의 삶이지만 이 삶을 통해 우리는 구원받은 사람이며, 참된 승리와 영광, 영생이 약속된 예수님의 길을 걷는 사람임을 확신하게 하십니다.

09 나의 기쁨을 충만하게 하라
빌 2:1-4

매년 연말이 되면 전국 대학 교수들이 올해의 사자성어를 꼽습니다. 사자성어를 통해 그해의 우리 사회를 되돌아보고 평가하는 것입니다. 2019년의 사자성어는 공명지조(共命之鳥)였습니다. 전국 대학 교수 1,046명을 대상으로 설문 조사했는데, 이 중 347명이 그해의 사자성어로 공명지조를 뽑았습니다. 공명지조는 불교 경전에 나오는 전설의 새를 가리킵니다.

이 새는 머리가 두 개입니다. 그런데 한 머리는 낮에 일어나고, 다른 머리는 밤에 일어납니다. 낮에 일어나는 머리는 몸을 위해 항상 좋은 열매를 챙겨 먹습니다. 그런데 밤에 일어나는 머리는 좋은 것을 챙겨 먹는 그 머리에게 질투심을 느꼈습니다. 그래서 골탕을 먹이려고 몰래 독이 든 열매를 먹었습니다. 결과가 어떻게 되었을까요? 두 머리 다 죽고 말았습니다. 당연한 결과입니다. 두 머리가 한 몸을 갖고 있었기 때문입니다. 하지만 어리석게도 밤에 일어나는 머리는 낮에 일어나는 머리를 죽이면 자신도 함께 죽는다는 사실을 알지 못한 채, 이런 짓을 저지르고 만

것입니다.

공명지조는 자기만 살려고 다른 사람을 죽이면 결국 함께 죽는다는 교훈을 줍니다. 오늘날 보수와 진보, 좌파와 우파로 첨예하게 나누어져 서로를 죽이려고만 드는 우리 사회에 경종을 울리는 사자성어입니다. 그런데 본문을 하나의 사자성어로 요약한다면 바로 공명지조라고 할 수 있습니다.

바울은 빌립보교회 성도들에게 무엇보다 하나가 되라고 요청합니다.

마음을 같이하여 같은 사랑을 가지고 뜻을 합하며 한마음을 품어
_2절

바울은 네 가지를 말합니다. 마음을 같이하라. 같은 사랑을 가지라. 뜻을 합하라. 한마음을 품으라. 그런데 네 가지를 말하지만, 결국은 한 가지입니다. 하나가 되라는 것입니다. '너희는 하나가 되어야 한다'를 단어만 달리하여 네 가지로 말한 것입니다. 사실 마음을 같이하는 것과 한마음을 품는 것에는 차이가 전혀 없습니다. 바울은 빌립보교회 성도들이 하나가 되기를 바라는데, 이 일이 얼마나 중요한지 네 번이나 강조하고 있습니다.

우리 식으로 하면 이렇습니다. "여러분, 하나가 되십시오. 제발 하나가 되십시오. 정말 하나가 되십시오. 참으로 하나가 되십

시오.'" '제발', '정말', '참으로' 이 단어 모두가 간절한 마음을 똑같이 표현한 것에 불과합니다.

그런데 바울은 이처럼 빌립보교회 성도들이 하나 되는 것이 자신의 기쁨을 충만하게 하는 것이라고 말합니다.

나의 기쁨을 충만하게 하라 _4절b

우리는 여기서 바울이 그저 자신의 개인적인 기쁨이나 만족을 위해 빌립보교회 성도들에게 하나 될 것을 강조하는 것이 아님을 알아야 합니다. 바울은 사도로서 예수님께서 당신의 교회를 세우시기 위해 부르신 일꾼이었습니다. 그러므로 바울이 "나의 기쁨을 충만하게 하라"고 했을 때, 이 기쁨은 바울 개인의 기쁨이 아니라 사도로서의 기쁨, 즉 교회를 세우시기 위해 예수님께서 부르신 일꾼으로서의 기쁨을 말합니다. 다시 말하자면, 바울의 기쁨은 교회의 주인이신 예수님의 기쁨입니다. 바울이 예수님의 대리자로 목회를 하고 있기 때문입니다.

저도 한 교회를 담임하는 목사로서 바울의 심정을 정말 아주 조금은 느낍니다. 제가 목회를 하면서 언제 가장 기쁠까요? 새 신자가 들어오고, 교회 재정에 어려움이 없을 때, 물론 기쁩니다. 하지만 정말 기쁠 때는 성도가 영적으로 성장하는 것을 볼 때입니다. 하나님 말씀에 순종하여 다른 사람을 사랑하고 섬김으로 교회를 아름답게 세워 갈 때 얼마나 기쁜지 모릅니다.

반대로 언제 가장 슬플까요? 성도들이 하나 되지 못하고 다투면 그렇게 슬픕니다. 진짜입니다. 담임목사 자리에 있으면 성도 간에 일어나는 일들이 이런저런 식으로 다 들려옵니다. 어떤 분은 "목사님이 그것을 어떻게 아세요?"라고 의심의 눈빛으로 묻습니다. 물론 저는 비밀 정보원을 두고 있지 않습니다. 그럼에도 신기하게 다 알게 됩니다. 여러 군데에서 들려옵니다. 그런데 그런 소식을 들으면 마음이 정말 힘듭니다. 저는 담임목사라서 좋든 싫든 새벽 기도회를 나갑니다. 인도해야 하기 때문입니다. 기도회를 인도하고 자리에 앉아서 개인 기도를 드릴 때면 마음이 참 복잡합니다.

사실 성도들이 다투는 것이 제게 무슨 해가 되겠습니까? 반대로 성도들이 하나 되는 것이 제게 무슨 이익이 되겠습니까? 그럼에도 제게는 이것이 가장 신경 쓰이는 문제입니다. 성도들이 하나 되면 세상 다 가진 것처럼 기쁘고, 서로 다투면 세상을 잃어버린 것처럼 슬픕니다. 제가 한없이 부족한 목사라도 교회를 돌보는 일을 위해 예수님께서 세워 주셨다는 의식을 가지고 있기 때문입니다.

본문에서 바울이 "나의 기쁨을 충만하게 하라"고 하면서 빌립보교회 성도들에게 하나 될 것을 간곡히 부탁하는 이유가 바로 여기에 있습니다. 교회의 주인이신 예수님께서 우리를 보면서 가장 기뻐하실 때가 언제일까요? 우리가 하나 되어 서로 사랑할 때입니다. 그러면 언제 가장 슬퍼하실까요? 같은 하나님의 자녀이면서도 서로 물고 뜯고 다툴 때입니다. 성도 간에 사랑하지 않고 다투고 싸울 때 예수님은 가장 슬퍼하십니다.

하지만 이렇게 말하는 성도님이 있을 수 있습니다. 아무리 우리가 똑같은 하나님의 자녀라고 하지만 서로 절대 맞지 않는 사람이 있을 수 있는 것 아니냐고 말입니다. 같은 피를 받은 형제나 자매들도 원수처럼 으르렁거리는 경우가 있는데, 교회에서 처음 만난 사람들이 싸우는 것은 당연한 것이 아니냐고 말입니다. 물론 일리 있는 지적입니다. 더욱이 우리가 구원받은 성도임에도 여전히 죄성을 가지고 있다는 점에서 서로 사랑하지 못하고 다투는 것은 당연하다고 할 수 있습니다.

그럼에도 불구하고 바울은 우리가 하나 되어야 마땅하다고 말합니다. 왜냐하면 우리가 사랑할 수 없고 다툴 수밖에 없는 조건을 많이 가지고 있다 하더라도, 그 모든 조건을 극복할 수 있는 은혜가 이미 우리에게 주어졌기 때문입니다. 이것이 본문 1절의 뜻입니다.

> 그러므로 그리스도 안에 무슨 권면이나 사랑의 무슨 위로나 성령
> 의 무슨 교제나 긍휼이나 자비가 있거든 _1절

이 구절은 오해하기 쉬운 말씀입니다. "무슨 권면이나 사랑의 무슨 위로나 무슨 교제나 무슨 긍휼이나 자비가 있거든"라는 부분은 마치 빌립보교회 안에 이런 것들이 있는지 없는지 모르겠다는 식으로 이해됩니다. 만약 이런 것들이 있다면, 너희는 하나 될 수 있을 것이라고 말하는 것처럼 느껴집니다. 하지만 이 구절의 뜻은 그런 것이 아닙니다. '그러므로 그리스도 안에 있는 권면과 사랑의 위로와 성령의 교제와 긍휼과 자비가 (이미 너희에게) 있기 때문에' 하나 될 수 있다는 의미입니다. 다시 말해 권면, 위로, 교제, 긍휼, 자비가 너희 안에 있는지 없는지 모르겠다는 것이 아니라 그들이 이미 이러한 것들을 다 가지고 있고 경험하고 있다는 뜻입니다.

빌립보교회 성도들은 바울을 통해 복음을 듣고 예수님을 영접하여 구원받았습니다. 그래서 그들은 하나님의 자녀가 되었고, 예수 그리스도를 머리로 하고 성도를 몸으로 하는 교회의 일원이 되었습니다. 이를 통해 빌립보교회 성도들은 그리스도께서 교회를 통해 주시는 권면을 받았습니다. 또 그리스도께서 교회를 통해 주시는 사랑의 위로를 받았고, 성령의 인도로 성도 간의 풍성한 교제를 누렸으며, 그리스도의 긍휼과 자비를 교회와 성도를 통해 경험했습니다.

빌립보교회 성도들은 예수님과 교회, 그리고 성도를 통해 권면과 사랑의 위로, 성령의 교제, 긍휼과 자비를 이미 받았고, 지금까지 누리고 있습니다. 바울은 바로 이 사실을 지적하고 있습니다. 빌립보교회 성도들이 바로 이런 은혜들을 받았고 누리고 있기 때문에 하나가 될 수 있고, 또 하나 되는 것이 마땅하다는 것입니다.

하나님은 결코 없는 것을 요구하시지 않습니다. 하나님은 언제나 먼저 우리에게 풍성히 베푸십니다. 그리고 주신 것을 사용하라고 하십니다. 하나님께서 우리에게 무작정 서로 사랑하라고 말씀하지 않으셨습니다. 하나님께서 우리를 먼저 사랑하신 후에 우리에게 그 사랑으로 서로 사랑하라고 하셨습니다.

사랑은 여기 있으니 우리가 하나님을 사랑한 것이 아니요 하나님이 우리를 사랑하사 우리 죄를 속하기 위하여 화목 제물로 그 아들을 보내셨음이라 사랑하는 자들아 하나님이 이같이 우리를 사랑하셨은즉 우리도 서로 사랑하는 것이 마땅하도다 _요일 4:10-11

우리가 먼저 하나님을 사랑한 것이 아닙니다. 하나님께서 먼저 우리를 사랑하셨습니다. 그 증거가 무엇입니까? 하나님은 우리가 죄인이었을 때 먼저 예수님을 보내 주셨습니다. 우리가 먼저 예수님을 보내 달라고 했습니까? 예수님이 필요하다고 했습니까? 아닙니다. 우리는 예수님이 필요한지도 몰랐습니다. 하지만 하나님은 그런 우리를 먼저 사랑하셔서 예수님을 보내 주셨고, 그의 죽음을 통해 우리를 죄에서 건져 주셨습니다. 우리가 구원받은 것은 이처럼 하나님께서 먼저 우리를 사랑해 주셨기 때문입니다.

하나님께서 우리에게 서로 사랑하라고 말씀하시는 근거가 바로 여기에 있습니다. 내가 너희를 먼저 사랑했으니, 너희도 그 사랑으로 다른 사람을 사랑하라고 말씀하십니다. 내가 너희의 극악한 죄악을 먼저 용서했으니, 너희도 서로 용서하라고 말씀하십니다. 내가 너희의 더러운 발을 먼저 씻어 주었으니, 너희도 서로의 허물을 덮어 줘야 한다고 말씀하십니다.

바울은 빌립보교회 성도들에게 하나가 되는 것이 마땅하다고 말합니다. 왜냐하면 하나님께서 예수님을 통해, 교회와 성도들을 통해 그들에게 권면, 사랑의 위로, 성령의 교제, 그리고 긍휼과 자비를 풍성히 부어 주셨기 때문입니다. 이러한 은혜들을 먼저 받았으니, 그 은혜를 힘입어 서로 하나 되는 것이 마땅하다고 말합니다.

그런데 당신은 교회를 통해, 성도들을 통해 권면, 사랑의 위로, 성령의 교제, 긍휼과 자비를 경험해 보셨습니까? 사실 오늘날 많은 성도님들이 일주일에 단 한 시간, 주일 예배를 위해서만 교회에 나옵니다. 물론 매주일 공예배에 빠지지 않고 나오는 것 자체도 참으로 귀합니다. 주일 성수에 대한 의식이 점점 더 희미해져서 주일 예배조차 제대로 드리지 못하는 경우가 많아지고 있기 때문입니다. 그럼에도 일주일에 단 한 시간으로는 하나님께서 교회와 성도들을 통해 주시는 은혜를 충분히 받기에는 턱없이 부족합니다.

하다못해 수영 배우는 것을 생각해 보십시오. 일주일에 단 한 시간 수영을 배우는 사람이 있다면 그 사람은 언제쯤 물속에서 자유롭게 수영을 하며 수영하는 즐거움을 만끽할 수 있을까요? 물론 개인 차이가 있겠지만, 몇 년이 걸려도 쉽지 않을 것입니다. 혹 물 위에 떠 있는 실력은 가질 수 있을지라도, 수영의 즐거움과 기쁨을 만끽하는 수준은 죽을 때까지 이르지 못할지도 모릅니다. 일주일에 한 시간은 그것을 이루기에 턱없이 부족한 시간입니다.

하물며 교회 생활은 어떻겠습니까? 일주일에 한 시간, 일 년 52시간으로 하나님께서 교회와 성도들을 통해 주시는 은혜를 풍성히 누릴 수 있을까요? 그것은 너무 큰 욕심이 아닐까요? 물론 제가 이렇게 말씀드린다고 해서 항상 교회에 있어야 은혜를 받는다는 뜻은 결코 아닙니다. 사실 교회는 우리의 주 무대가 아닙니다. 우리의 주 무대는 가정과 일터, 이 세상입니다. 그렇기 때문에 가정과 일터를 소홀히 하며 대부분의 시간을 교회에서 보내는 것 또한 바람직하지 않습니다. 하지만 우리 가운데 많은 사람이 교회 생활에 절대적으로 부족한 시간을 보내고 있는 것이 사실입니다. 그래서 하나님께서 교회와 성도들을 통해 우리에게 주시고자 하는 은혜를 받지 못하고 누리지 못합니다. 받고 누릴 시간 자체가 없기 때문입니다.

저는 성도님으로부터 교회와 다른 성도들을 통해 은혜를 받고 행복하다는 고백을 들을 때 힘을 얻습니다. 어떤 성도님은 구역 모임 때문에 너무 은혜를 받는다고 고백합니다. 혼자만 힘들게 사는지 알았는데, 구역원들과 함께 이야기 나누면서 똑같이 어려움에도 믿음으로 씩씩하게 살아가는 구역원들의 모습을 보고 위로와 힘을 얻었다고 했습니다. 또한 구역장의 사랑과 관심, 눈물이 담긴 기도 때문에 힘을 얻어 너무 행복하다는 구역원의 이야기도 들었습니다. 전도할 때 기쁘다는 고백을 듣고, 교회 청소를 할 때 참 행복하다는 이야기도 들었습니다. 성가대로 찬양하는 것이 너무나 보람 있고 즐겁다는 고백도 듣고, 어려운 성도를 남몰래 돕고는 그것을 너무나 행복해하는 모습도 보았습니다. 가정 예배 때문에 감사를 드리는 성도님들을 보았고, 주일학교 아이들이 자라는 모습에 감격하는 교사의 모습도 보았습니다. 이처럼 하나님은 예수님을 통해, 교회와 성도를 통해 우리에게 권면, 사랑의 위로, 성령의 교제, 긍휼과 자비를 베푸십니다. 그 은덕들을 교회를 통해 베푸십니다.

물고기를 잡으려면 어디로 가야 할까요? 물로 가야 합니다. 산으로 가면 안 됩니다. 집 안에 있어도 안 됩니다. 교회와 성도를 통해 베푸시는 하나님의 은혜를 받기 위해서는 어디로 가야 할까요? 바로 성도가 있는 교회로 와야 합니다. 물론 여기서 말하는 교회는 예배당 건물을 말하는 것만이 아닙니다. 예배당에도 자주 오셔야 하지만, 구역 예배나 소그룹 모임, 그리고 전도현장과 같이 성도들과 함께하는 일에 적극적으로 참여하셔야 합니다.

바울은 교회와 성도들을 통해 많은 은혜를 받은 빌립보교회 성도들이 하나 되기를 간절히 바랐습니다. 그리고 바울은 한 걸음 더 나아가 성도가 하나 되기 위해 피해야 할 것들이 무엇인지를 알려 줍니다.

아무 일에든지 다툼이나 허영으로 하지 말고 오직 겸손한 마음으로 각각 자기보다 남을 낫게 여기고 _3절

모든 성도가 하나 되기 위해 반드시 피해야 할 것은 다툼과 허영입니다. 먼저 우리는 다투지 말아야 합니다. 여기서 다툼은 이기적 욕망 혹은 이기심을 가지고 하는 경쟁을 뜻합니다.

라이벌이라는 말을 들어보셨을 것입니다. 운동 경기에서 경쟁하는 사람을 라이벌이라고 부릅니다. 한국 축구의 영원한 라이벌은 누구입니까? 일본 축구 팀입니다. 일본과의 대결에선 연습 게임도 지면 안 됩니다. 1954년 스위스 월드컵 진출을 위한 예선전을 하기 위해 일본으로 간 우리나라 대표 팀 감독과 선수들은

만약 일본에게 진다면 현해탄에 빠져 죽겠다는 각서를 쓰기까지 했다고 합니다. 무시무시한 라이벌 관계입니다.

바울이 본문에서 다투지 말라는 것은 다른 성도를 볼 때 라이벌로 여기지 말라는 뜻입니다. 당신 옆에 있는 성도는 일본 축구팀이 아닙니다. 우리가 반드시 싸워서 이겨야 할 대상이 아닙니다. 라이벌이 아닙니다. 그런데 우리 스스로 교회 안에서 라이벌을 만듭니다. 내가 저 사람보다는 더 나아야 한다는 강박을 갖습니다. 물론 선의의 라이벌은 서로를 발전시킵니다. 우리나라 피겨 여왕 김연아와 일본의 피겨 여왕 아사다 마오가 그런 선의의 라이벌이었습니다. 서로 경쟁하는 가운데 둘 다 발전했습니다. 이런 선의의 라이벌은 서로를 발전시키기 때문에 좋고 아름다운 것입니다. 하지만 바울이 말하는 라이벌은 선의의 라이벌이 아닙니다. 내가 저 사람보다는 더 나아야 한다는 이기적인 욕망 때문에 생기는 라이벌입니다. 이런 라이벌은 서로의 관계를 파괴할 뿐 아니라 자기 자신도 파괴하고, 더 나아가서는 교회 안에 큰 분란을 일으키게 됩니다.

다른 성도를 라이벌로 여기면 상대방만이 아니라 자신도 불행해집니다. 마귀가 우리를 괴롭히는 가장 강력한 무기가 무엇인지 아십니까? 비교 의식입니다. 우리가 비교 의식에 사로잡히면 절대 행복해질 수 없습니다. 비교 의식은 모든 사람을 악한 라이벌로 만들고, 그들을 이겨야만 우리가 가치 있는 존재라고 느끼도록 만듭니다. 그래서 사람에게 집착하게 됩니다. 사람의 인정에 목마르고, 주변 평판에 민감해지게 됩니다. 다른 사람의 작은 잘못에도 크게 화를 내고, 자신의 잘못에는 온갖 핑계를 대며 정당화합니다. 스스로를 지옥에 가두고, 주변 사람들도 지옥으로 끌어당깁니다. 바울이 이기적인 욕망으로 생기는 라이벌 의식을 피해야 한다고 말하는 이유가 바로 이것입니다.

오히려 당신 옆에 있는 성도는 라이벌이 아니라 사랑의 대상입니다. 나와 경쟁해야 할 사람이 아니라 내가 품어 주고 격려해 주며 사랑해 주어야 할 대상입니다. 우리를 심판하시는 분은 오직 하나님밖에 없습니다. 당신은 심판자의 자리에 앉지 마시기 바랍니다. 우리가 있어야 할 자리는 심판자가 아닌 품어 주고 격려하고 사랑으로 안아 주는 자리입니다. 우리가 하나 되기 위해서는 반드시 다툼, 즉 이기적 욕망으로 생기는 라이벌 의식을 버려야 합니다. 다른 성도를 라이벌로 여겨 경쟁하거나 판단하지 않고 품어 주고 격려하며 그 허물을 사랑으로 덮어 주는 우리가 될 수 있기를 바랍니다.

모든 성도가 하나 되기 위해 피해야 할 두 번째는 허영입니다. 여기서 허영은 '비어 있는 영광'이라는 의미입니다. 영광은 영광인데 속이 빈 영광, 즉 헛된 영광입니다. 껍데기는 있는데 속이 비어 있습니다. 명성은 있는데, 실체는 보잘것없습니다. 우리가 허영을 쫓으면 하나 될 수 없습니다. 왜냐하면 자기중심적인 사람이 허영을 쫓기 때문입니다. 드라마나 영화 같은 데 보면 국회 의원이나 높은 사람들이 나와서 "내가 누군지 알아!" 이렇게 소리치는 것 많이 보셨을 것입니다. 바로 이것이 허영입니다.

그 마음에 허영이 가득하면 다른 사람이 보이지 않습니다. 오직 나밖에 없습니다. 나밖에 모르는 사람은 다른 사람과 결코 하나 될 수 없습니다. 나 외에 중요한 사람이 이 세상에 없기 때문입니다. 그래서 교회 일을 할 때도 내가 아니면 안 된다고 생각합니다. 내 생각만 옳다고 주장합니다. 독불장군이 되는 것입니다. 독불장군이 있는 곳에 하나 됨은 있을 수 없습니다. 내가 아니면 안 된다는 생각, 나만 옳다는 생각을 내려놓아야 합니다. 우리는 칭찬과 명성을 사람이 아닌 하나님께 받아야 합니다. 우리는 허영이 아니라 진짜 영광을 사모해야 합니다.

이처럼 우리가 하나가 되기 위해서는 다툼과 허영을 피해야 합니다. 대신 무엇을 추구해야 할까요?

오직 겸손한 마음으로 각각 자기보다 남을 낮게 여기고 각각 자기 일을 돌볼뿐더러 또한 각각 다른 사람들의 일을 돌보아 나의 기쁨을 충만하게 하라 _3-4절

무엇보다 우리가 하나 되기 위해 우리는 겸손해야 합니다. 그런데 겸손이 무엇입니까? 우리는 겸손을 잘 이해해야 합니다. 우

리나라 사람들은 겸손을 무조건 "나는 못합니다"라고 말하는 것으로 이해합니다. 그래서 교회에서도 무슨 봉사나 섬김을 요청하면 "나는 못합니다"가 제일 먼저 나옵니다. 그런데 성경에서 말하는 겸손은 그런 것이 아닙니다. 예수님께서 스스로 낮추라고 하실 때 "나는 못합니다"를 말하라고 하신 것이 아닙니다.

성경적 겸손은 "나는 못합니다. 하지만 하나님께서 힘을 주시면 무엇이든 할 수 있습니다"입니다. 성경적 겸손은 자기를 부인하는 것과 함께 하나님을 절대적으로 의지하는 것입니다. "나는 못해요. 정말 나는 부족해요. 하지만 하나님의 뜻이라면, 하나님께서 힘을 주신다면, 하나님께서 함께하신다면 저는 할 수 있어요." 이것이 성경적 겸손입니다. 이런 성경적 겸손을 가질 때 우리는 라이벌 의식과 허영을 버릴 수 있고, 진심으로 다른 성도를 섬길 수 있으며, 하나 될 수 있습니다.

성경적 겸손을 가진 성도는 다른 사람이 나의 허물을 지적할 때, 핑계 대거나 대항하지 않고, "맞습니다. 저는 분명 못난 사람입니다"라고 기꺼이 인정합니다. 하지만 거기에서 멈추지 않고, "비록 저는 못난 사람이지만, 하나님께서 귀히 여겨 주시고 사용해 주십니다"라고 당당하게 대답합니다. 이것이 겸손입니다.

이런 겸손을 가진 사람은 다른 사람을 자기보다 더 낫게, 더 귀하게 여깁니다. 하나님께서 자신을 귀히 여겨 주시고 자신을 사용하시는데, 사람하고 경쟁할 필요가 무엇이 있겠습니까? 기꺼이 다른 사람을 나보다 더 낫게 여길 수 있습니다. 또 자기 일뿐만 아니라 다른 사람들의 일을 기꺼이 돌보아 줍니다. '내가 무슨 주제에 남을 돕나.' 그렇게 생각하지 않습니다. 하나님께서 자신에게 은혜를 주시고 힘을 주신 것이 다른 사람을 돕기 위한 것임을 알기에 할 수 있는 대로 힘써 돕습니다. 이것이 겸손입니다.

저는 우리 모두가 성경적 겸손을 가질 수 있기를 바랍니다. 자신의 못난 모습을 있는 그대로 인정하지만, 그런 자신을 사랑하시고 귀히 여겨 주시고 써 주시는 하나님 때문에 당당한 우리가 될 수 있기를 바랍니다. 이런 겸손이 있을 때 우리는 하나님께서 간절히 원하시는 하나 된 교회를 이룰 수 있습니다.

10 그리스도 예수의 마음을 품으라

빌 2:5-11

백 마디 말보다 한 번의 행동이 더 큰 깨우침을 줍니다. 우리가 잘 아는 이야기가 있습니다. 엄마 바다 게와 새끼 바다 게 이야기입니다. 어느 날 엄마 게가 바닷가를 걸어 다니는 새끼 게의 모습을 지켜보았습니다. 그런데 새끼 게가 똑바로 가지 않고 계속 옆으로 걷는 것입니다. 엄마 게가 너무 놀라서 말합니다. "애야, 왜 옆으로 걸어가니. 똑바로 걸어가야지. 그렇게 삐딱하게 걸으면 안 돼. 다시 걸어 봐." 새끼 게는 다시 걸었습니다. 이번에는 똑바로 걸으려고 정신을 바짝 차렸습니다. 하지만 새끼 게는 옆으로 걸었습니다. 답답한 엄마 게가 말합니다. "애야, 엄마가 걷는 거 잘 봐. 절대 옆으로 걸으면 안 돼." 엄마 게가 걸었습니다. 이때 새끼 게가 소리쳤습니다. "엄마도 저처럼 옆으로 걷잖아요!" 엄마가 아무리 똑바로 걸으라고 말한다 해도 자신이 똑바로 걷지 못한다면 새끼 또한 똑바로 걸을 수 없습니다.

유독 입이 거친 아이들이 있습니다. 그런데 그 아이들이 왜 그렇게 입이 거친가를 알아보면 많은 경우 그 부모의 말이 똑같이 거칩니다. 자녀의 못난 모습이 보입니까? 그러면 자녀에게 잔소리를 하기 전에 먼저 자신의 모습을 점검해 볼 필요가 있습니다. 자녀의 못난 모습이 혹 내 모습에서 나온 것은 아닌가를 살펴보아야 합니다. 물론 자녀의 잘못이 모두 부모 탓이라고 말하는 것은 지나치지만, 상당 부분 관련이 있는 것은 사실입니다. 왜냐하면 아이들이 가장 많이 보고 영향을 받는 것이 함께 사는 부모이기 때문입니다. 백 마디 말보다 한 번의 행동이 더 큰 영향을 끼칠 수 있습니다.

그런데 예수님보다 이 사실을 더 잘 아는 사람도 없습니다. 예수님께서 제자들에게 서로를 섬기라고 가르치셨습니다. 그런데 백 번의 말이 아니라 한 번의 행동으로 본을 보여 주셨습니다. 예수님께서 십자가에 달리시기 전날 밤에 제자들과 함께 유월절 식사를 하셨습니다. 이때 예수님께서 식사를 마치신 후 모든 제자들을 충격에 빠뜨리는 행동을 하셨습니다. 바로 제자들의 발을 당신의 손으로 직접 씻겨 주신 것입니다.

저녁 잡수시던 자리에서 일어나 겉옷을 벗고 수건을 가져다가 허리에 두르시고 이에 대야에 물을 떠서 제자들의 발을 씻으시고 그 두르신 수건으로 닦기를 시작하여 _요 13:4-5

예수님께서 제자들의 발을 직접 씻어 주신 것은 참으로 충격적인 일이었습니다. 당시 문화에서 다른 사람의 발을 씻어 주는 일은 오직 종만 하였기 때문입니다. 유대인들은 우리 식으로 하면 샌들을 신고 다녔습니다. 가뜩이나 먼지가 풀풀 날리는 땅을 샌들 신고 다녔으니 발이 얼마나 더러웠겠습니까? 그래서 남의 집에 손님으로 가면 그 집의 종이 나와서 손님의 발을 깨끗하게 씻겨 주었습니다. 이것이 당시 관례였습니다. 이처럼 다른 사람의 발을 씻겨 주는 일은 종이 하는 일이었습니다. 그런데 유월절 식사를 하신 예수님께서 갑자기 일어나시더니 제자들의 발을 하나씩 씻겨 주기 시작하셨습니다. 하나님의 아들이신 예수님께서 종이 되신 것입니다. 충격적인 일이 아닐 수 없습니다. 그래서 베드로는 "내 발을 절대로 씻지 못하시리이다"(요 13:8)라고 말했습니다. 그만큼 충격적인 일이었기 때문입니다. 하지만 예수님은 모든 제자들의 발을 다 씻기신 후에 당신이 왜 이 일을 하셨는지 설명해 주셨습니다.

그들의 발을 씻으신 후에 옷을 입으시고 다시 앉아 그들에게 이르시되 내가 너희에게 행한 것을 너희가 아느냐 너희가 나를 선생이라 또는 주라 하니 너희 말이 옳도다 내가 그러하다 내가 주와 또는 선생이 되어 너희 발을 씻었으니 너희도 서로 발을 씻어 주는 것이 옳으니라 내가 너희에게 행한 것같이 너희도 행하게 하려 하여 본을 보였노라 _요 13:12-15

예수님은 제자들에게 서로 겸손히 섬길 것을 가르치고자 하셨습니다. 그런데 여러 말로 가르치시지 않았습니다. 한 번의 행동으로 그들의 마음에 영원히 새겼습니다. 예수님은 섬김을 말로 가르치시지 않고 몸으로 보여 주셨습니다. 예수님은 엄마 게처럼 자신도 못하는 일을 하라고 하시지 않았습니다. 비록 예수님은 주님과 선생님, 하나님의 아들이시지만, 친히 모범을 보임으로 제자들이 서로 겸손히 섬기도록 하셨습니다.

바울도 본문에서 예수님의 모범을 통해 중요한 사실을 알려 줍니다. 바울은 빌립보교회 성도들에게 가장 중요한 명령을 주었습니다.

오직 너희는 그리스도의 복음에 합당하게 생활하라 _빌 1:27

이 명령을 다르게 말하면, 그들이 하나님 나라 시민이 되었으니 하나님 나라 시민답게 살아야 한다는 것입니다. 마치 로마 시민들이 로마법에 따라 살아가듯이, 하나님 나라 시민인 우리는 하나님 나라의 법인 그리스도의 복음을 따라 살아가야 한다는 것입니다.

그런데 그리스도의 복음을 따라 살기 위해서는 혼자만 잘하면 되는 것이 아니라 모두가 한마음과 한뜻이 되어 협력해야 합니다. 그리스도의 복음을 따라 살려고 하는 우리를 미워하고 공격하는 세력이 있기 때문입니다. 이 세상은 그리스도의 복음을 따라 사는 우리를 가만히 놓아두지 않습니다. 조롱하고 핍박하고 넘어뜨리려고 합니다.

예수님을 보시기 바랍니다. 예수님께서 무슨 잘못을 하셨습니까? 어떤 나쁜 일을 하셨습니까? 오히려 병든 사람을 고치시고, 가난한 사람에게 복음을 전하시고, 귀신 들린 사람을 온전하게 하시고, 원하는 모든 사람에게 하나님의 뜻을 전하셨습니다. 하지만 세상은 그런 예수님을 어떻게 하였습니까? 십자가에 못 박아 죽였습니다. 세상이 예수님과 그분을 따르는 우리에게 주는 것은 십자가밖에 없습니다. 그렇기 때문에 혼자 힘으로 하나님 나라 시민답게 이 세상을 사는 것은 불가능합니다. 그래서 하나님께서 우리에게 주신 것이 교회입니다. 성도들이 교회로 모여 한마음과 한뜻이 되어 서로 협력할 때 이 세상의 미움과 핍박을 이겨 내고 복음에 합당한 삶을 살 수 있습니다.

그래서 바울은 그리스도의 복음에 합당하게 살기 위해 무엇보다 중요한 것이 모든 성도가 한마음을 가지는 것이라고 강조합니다.

마음을 같이하여 같은 사랑을 가지고 뜻을 합하며 한마음을 품어
_빌 2:2

바울은 우리가 하나 되어야 한다고 강조합니다. 그래야 이 세상 속에서 그리스도의 복음에 합당하게 살 수 있습니다. 그런데 모든 성도가 하나 되기 위해 반드시 걸러 내야 할 두 가지 독소가 있습니다.

바로 다툼과 허영입니다. 다툼은 불의한 라이벌 관계를 뜻합니다. 다른 성도를 격려하고 품어 주고 사랑해야 할 대상으로 보는 것이 아니라 이겨야 할 대상으로 보는 것입니다. 교회 안에 다툼이 있으면 절대로 하나 될 수 없습니다. 서로 물어뜯기에 바빠서 결국 서로 망하게 됩니다. 허영도 교회를 망하게 합니다. 허영은 말 그대로 헛된 영광입니다. 알맹이가 없는 껍데기 영광입니다. 자기 이름과 명예만 중요하게 생각하는 사람은 다른 성도를 사랑의 대상이 아닌 이용의 대상으로 보게 됩니다. 그러면 교회는 결코 하나 될 수 없습니다.

이제 바울은 우리가 그리스도의 복음에 합당하게 살기 위해 하나가 되어야 하는데, 우리가 하나 되기 위해 반드시 가져야 하는 것을 말합니다. 바로 그리스도 예수의 마음입니다.

너희 안에 이 마음을 품으라 곧 그리스도 예수의 마음이니 _5절

그런데 바울은 그리스도 예수의 마음을 백 마디 말로 설명하지 않습니다. 대신 그리스도 예수의 마음이 무엇인지를 우리 눈

앞에 펼쳐놓습니다. 바로 초대 교회 성도들이 불렀던 찬송시를 통해서입니다.

많은 신학자들이 본문을 초대 교회 성도들이 불렀던 찬송시, 즉 찬송가 가사라고 주장합니다. 초대 교회 성도들은 과연 무슨 찬송가를 불렀을까요? 본문에 초대 교회 성도들이 불렀던 찬송가 가사가 나와 있습니다. 바울은 초대 교회 성도들이 불렀던 찬송시를 통해 모든 성도를 하나로 만드는 그리스도 예수의 마음이 무엇인지를 보여 줍니다. 사실 이 찬송시를 누가 썼는지 정확히 아는 사람은 없습니다. 많은 학자들은 바울이 썼을 것이라고 생각합니다. 그가 예수님과 관련하여 강조하는 내용이 찬송시에 정확하게 들어 있기 때문입니다. 하지만 여기에서 이 찬송시를 누가 썼느냐는 중요한 문제가 아닙니다. 이 찬송시를 통해 그리스도 예수의 마음을 알고, 그 마음을 우리 또한 품어서 모든 성도가 하나 되는 것이 중요합니다.

그는 근본 하나님의 본체시나 하나님과 동등 됨을 취할 것으로 여기지 아니하시고 _6절

예수님이 하나님의 본체셨다고 고백합니다. 여기서 '하나님의 본체'는 하나님과 본질적으로 똑같은 존재라는 뜻입니다. 쉽게 말해서 예수님은 하나님이십니다. 하지만 예수님은 하나님과 동

등 됨을 취할 것으로 여기지 아니하셨습니다. 다시 말해서 예수님은 분명 하나님이신데, 하나님으로 계속 계시지 않았다는 것입니다. 그러면 하나님이신 예수님께서 무엇이 되셨습니까?

오히려 자기를 비워 종의 형체를 가지사 사람들과 같이 되셨고 _7절

하나님이신 예수님께서 자신을 비워서 종의 형체를 가지셨습니다. 여기서 '형체'는 6절에 나오는 '본체'라는 말과 똑같은 단어입니다. 즉 예수님은 원래 하나님의 본체시지만, 종의 본체가 되셨다는 것입니다. 종의 본체가 되셨다는 것은 우리와 같은 사람이 되셨다는 뜻입니다. 물론 그렇다고 예수님께서 우리처럼 죄인이 되셨다는 뜻은 아닙니다.

모든 일에 우리와 똑같이 시험을 받으신 이로되 죄는 없으시니라 _
히 4:15

죄가 없는 것을 빼고 예수님은 우리와 똑같은 사람이 되셨습니다. 연약한 육체를 가지셨고, 시간과 공간의 제한을 받으셨고, 슬픔과 고통과 괴로움을 경험하셔야 했습니다. 사실 우리에게는 너무나 당연한 것입니다. 하지만 하나님의 본체를 가지신 예수님께는 전혀 어울리지 않는 모습입니다. 온 세상을 창조하시고

시간과 공간을 만드신 예수님께서 연약한 육체를 가지시고, 시간과 공간의 제한을 받으시는 것을 상상할 수 있겠습니까? 당신의 뜻대로 무엇이든 하실 수 있는 전지전능하신 분이 슬픔을 당하여 눈물 흘리시는 것을 생각할 수 있겠습니까? 예수님께서 종이 되셨다는 것은 바로 이런 일이 실제로 일어났다는 뜻입니다. 지극히 높으신 하나님께서 지극히 낮은 우리와 같이 되셨습니다.

그런데 예수님의 이러한 낮아지심은 여기서 끝나지 않았습니다.

사람의 모양으로 나타나사 자기를 낮추시고 죽기까지 복종하셨으니 곧 십자가에 죽으심이라 _8절

하나님께서 우리처럼 죽으시는 것을 상상할 수 있습니까? 영원한 생명을 갖고 계신 하나님께서 어떻게 우리처럼 죽으실 수 있을까요? 사실 하나님은 죽으실 수 없습니다. 죽는 존재라면 하나님이 아닙니다. 하지만 예수님은 하나님의 본체를 갖고 계시면서도 죽으셨습니다. 어떻게 가능한 일입니까? 하나님의 본체를 취하시지 않고 우리와 같은 종의 형체를 취하셨기 때문입니다.

게다가 예수님의 죽음은 평범한 죽음이 아니었습니다. 예수님은 가장 악랄한 범죄자에게만 주어지는 십자가 처형을 당하셨습

니다. 지극히 높으신 하나님께서 우리와 같은 종의 형체로 낮아지신 것도 부족하여 사람 취급을 받지 못하는 십자가 처형을 당하신 것입니다. 예수님은 그야말로 끝도 없이 낮아지셨습니다.

그런데 여기에서 정말 중요한 것은 이것입니다. '왜 예수님께서 이렇게 낮아지셨는가?'입니다. 아버지 하나님께 벌을 받은 것입니까? 아니면 하나님 노릇이 싫증 나서 심심풀이로 우리처럼 되셨을까요? 마치 왕이 평민처럼 변장하여 평민의 삶을 경험하는 것처럼 말입니다. 전혀 그렇지 않습니다. 본문을 보면 하나님이신 예수님께서 이처럼 스스로 낮아지신 이유를 밝히고 있습니다. 예수님은 죽기까지 복종하셨습니다. 복종 혹은 순종에는 반드시 대상이 있습니다. 예수님께서 낮아지신 것은 누군가에게 복종, 순종하시기 위해서였습니다. 바로 아버지 하나님입니다.

아버지 하나님은 아담이 타락한 이후 인류를 구원하실 계획을 가지고 계셨습니다. 그 계획은 당신의 아들을 세상에 보내셔서 사람들의 죄를 대신하는 속죄 제물이 되게 하시는 것이었습니다. 모든 사람이 죄를 지었기 때문에 사람 중에서는 구원자를 찾을 수 없었습니다. 혹 죄 없는 사람이 있다 하더라도 그 사람이 모든 사람의 죄 짐을 대신 감당할 수는 없습니다. 그렇기에 죄인을 구원하기 위해서는 죄가 없는 사람일 뿐만 아니라 모든 사람의 죄 짐을 능히 감당할 수 있는 사람이 필요했습니다. 문제는 이런 사람이 이 세상에 없다는 것입니다.

방법은 단 하나밖에 없었습니다. 하나님의 아들께서 친히 죄 없는 사람이 되셔서 모든 사람의 죄를 대신 짊어지시는 것입니다. 하나님의 아들은 죄가 없는 사람이 되실 수 있습니다. 또 모든 사람의 죄를 능히 짊어지실 수 있습니다. 하나님께서 세우신 구원 계획의 성공 여부는 전적으로 그분의 아들 예수님께 달려 있었습니다.

하지만 예수님께서 하나님의 구원 계획대로 순종하는 것은 결코 쉬운 일이 아니었습니다. 하나님의 본체를 가지신 분이 종의 본체를 가지신다는 것은 말이 안 됩니다. 조선 시대에는 왕족이 무슨 잘못을 해서 평민으로 떨어지면 차라리 죽는 것이 낫다고 할 정도로 수치스러워 했습니다. 그러나 이것은 하나님께서 사람이 되신 것에 비하면 그야말로 아무것도 아닙니다. 모든 영광과 권세를 가지고 계신 전지전능하신 하나님께서 우는 것밖에는 할 수 없는 갓난아기로 이 세상에 들어오신다는 것은 도저히 상상하기 어려운 일입니다.

제가 청년들을 지도할 때 청년들과 함께 네팔로 선교 여행을 갔었습니다. 수도인 카트만두에서 약 20km 떨어진 마을로 가서 일주일을 지냈습니다. 우리나라에서는 차를 타고 1시간이면 충분히 갈 수 있는 가까운 거리입니다. 그런데 얼마나 걸린 지 아십니까? 정확히 12시간 걸렸습니다. 아침 8시에 출발했는데, 밤 8시에 도착했습니다. 도로 사정이 얼마나 안 좋은지 모릅니다. 게다가 비까지 많이 와서 도로가 끊겼습니다. 그래서 6시간은 차를 탔고, 6시간은 걸어서 도착했습니다.

그런데 도착한 마을의 환경이 얼마나 열악했는지 모릅니다. 마을 전체를 통틀어 화장실이 2개 있었습니다. 수도 시설은 아예 없었고 땅에 파이프를 박아 산에서 내려오는 물을 쓸 수 있게 했습니다. 그나마도 파이프가 한 개밖에 없었습니다. 전기 시설이 있기는 했는데, 워낙 사정이 좋지 않아서 우리가 간 날에 전기가 나가더니 5일 후 우리가 떠날 때 다시 들어왔습니다. 밤마다 촛불만 켜고 지냈습니다. 밥은 현지인 집에서 같이 먹었는데, 접시 하나에 카레가 전부였고, 손으로 먹어야 했습니다. 같이 간 청년들이 충격을 받았습니다. 서울 아이들이 이런 환경을 상상이나 해 봤겠습니까? 어느 여학생은 첫날부터 집에 가겠다고 울기 시작했습니다. 참 난감했습니다.

우리도 이처럼 지금보다 조금 못한 환경에 처하게 되면 충격을 받고 너무나 불편해합니다. 하지만 하나님이신 예수님께서 우리와 같은 사람이 된 것에 비하면 정말 아무것도 아닙니다. 무슨 말로도 제대로 표현하기 힘듭니다. 그런데 그냥 사람만 되신 것에 그치지 않고, 끔찍한 십자가에 매달려 죽기까지 하셨으니 예수님께서 이처럼 낮아지신 것을 그 무엇으로 설명해도 절대 충분하지 않을 것입니다.

그러니 예수님께서 아무리 아버지 하나님의 뜻이라고 해도 순종하시는 것은 결코 쉽지 않았을 것입니다. 예수님께서 하나님의 아들이시니 순종하시는 것이 뭐 그리 어려웠겠나라고 쉽게 생각하면 안 됩니다. 예수님께는 그러실 이유도, 그러실 필요도 전혀 없었습니다. 하지만 그럼에도 불구하고 예수님은 순종하셨습니다. 아버지 하나님의 구원 계획을 이루시기 위해 기꺼이 하나님의 본체를 취하시지 않고, 오히려 종의 본체를 취하셨고, 십자가에 죽기까지 순종하셨습니다.

바울이 빌립보교회 성도들에게 정말로 하고 싶은 말이 바로 여기에 있습니다. 모든 성도가 하나 되기 위해 반드시 가져야 할 그리스도 예수의 마음이란 무엇입니까? 하나님의 뜻을 위해 기꺼이 자신의 모든 것을 내려놓고 포기하는 것입니다.

예수님은 그야말로 모든 것을 포기하셨습니다. 당연히 가지고 계셔야 할 하나님의 본체를 포기하시고, 대신 도저히 받아들일 수 없는 종의 본체를 받으셨습니다. 당연히 가지고 계셔야 할 영원한 생명을 포기하시고, 대신 도저히 받아들일 수 없는 십자가 죽음을 받으셨습니다. 무엇 때문입니까? 바로 단 하나, 하나님의 뜻입니다. 이 모든 일이 하나님의 뜻이기 때문에 예수님은 모든 것을 포기하고 순종하셨습니다.

우리는 교회에서 어떻게 하나가 될 수 있습니까? 교회에서 하나 되지 못하고 서로 시기하고 다투는 근본적인 이유가 어디에 있습니까? 바로 나 자신에게 있습니다. 이것은 아무리 부인하려고 해도 부인할 수 없는 사실입니다. 우리는 시기와 다툼의 원인이 다른 사람에게 있다고 생각합니다. 물론 다른 사람에게도 문제가 있습니다. 하지만 근본적인 문제는 내게 있습니다. '네 이웃을 네 몸과 같이 사랑하라'고 하신 하나님의 뜻에 도저히 순종하지 못하는 나에게 근본적인 문제가 있습니다.

우리가 예수님처럼 하나님의 뜻을 위해 자신의 것을 포기하면 어떤 일이 일어날까요? 하나님의 뜻을 이루기 위해 내 자존심, 내 감정, 내 소유, 내 시간, 내 권리를 기꺼이 내려놓거나 포기할 수 있다면, 다른 성도들과의 관계에서 어떤 일이 발생할까요? 그 안에 시기와 다툼, 허영 같은 것이 끼어들 틈이 있을까요?

이렇게 말씀드리면 우리 마음에서 이런 소리가 나옵니다. '왜 내게만 그렇게 말합니까? 저 꼴 보기 싫은 사람에게 먼저 말해 보세요. 저 사람이 제대로 하면 저도 제대로 하겠습니다.' 그런데 만약 예수님께서 하나님께 이렇게 말씀하셨다면 어떻게 되었을까요? 우리 모두는 지옥에 떨어질 수밖에 없었을 것입니다. 뿐만 아니라 이 땅에 사는 동안에도 생지옥을 늘 맛보게 될 것입니다.

하지만 예수님은 그렇게 하시지 않았습니다. 예수님은 당신의 자존심, 감정, 소유, 권리를 내세우시지 않았습니다. 예수님은 기꺼이 포기하셨습니다. 하나님의 형체를 마땅히 계속해서 취하실 수 있었지만, 그것을 포기하시고 종의 형체를 취하셨습니다. 죽음과 상관없이 영원히 사실 수 있었지만, 그것을 포기하시고 십자가에서 죽으셨습니다. 왜 그렇게 하셨습니까? 하나님의 뜻이기 때문입니다. 하나님의 뜻에 당신의 모든 것을 맡기셨습니다. 하나님의 뜻이기에 당신의 모든 것을 기꺼이 포기하셨습니다.

이것이 그리스도 예수의 마음입니다. 우리가 이 마음을 가진다면, 어찌 다른 성도와 하나가 될 수 없겠습니까? 아무리 내 마음에 밉고 나를 힘들게 하는 성도라 할지라도 내가 자존심, 감정, 미움, 권리를 기꺼이 내려놓는다면 그를 품어 주고 사랑할 수 있을 것입니다. 바울은 교회가 하나 되는 유일한 길은 이처럼 하나님의 뜻 때문에 자신의 모든 것을 내려놓고 포기하는 그리스도 예수의 마음을 가지는 것이라고 말합니다.

하나님과 이웃을 사랑하는 것이 하나님의 뜻입니다. 이 뜻에 순종할 때에만 교회는 하나가 될 수 있습니다. 그런데 어떻게 순종할 수 있을까요? 그리스도 예수의 마음을 품어야 합니다. 예수님처럼 하나님의 뜻이라면 자신의 모든 것을 내려놓고 포기할 수 있어야 합니다. 예수님처럼 자신의 정당한 권리를 포기할 수 있어야 합니다. 예수님처럼 내가 받지 않아야 할 고통도 기꺼이 받을 수 있어야 합니다. 그럴 때 모든 성도와 하나가 될 수 있습니다.

물론 이렇게 말하면 우리 마음이 너무나 무겁습니다. 그리고 우리 마음속에 이런 생각이 들 것입니다. '나는 예수님이 아닌데 내가 과연 그렇게 할 수 있을까? 내가 그렇게 한다고 해서 무슨 유익이 있나? 그냥 나만 바보가 되는 것이 아닌가?' 이런 생각을 하는 우리에게 바울은 예수님의 결말을 보여 줍니다.

이러므로 하나님이 그를 지극히 높여 모든 이름 위에 뛰어난 이름을 주사 하늘에 있는 자들과 땅에 있는 자들과 땅 아래에 있는 자들로 모든 무릎을 예수의 이름에 꿇게 하시고 모든 입으로 예수 그리스도를 주라 시인하여 하나님 아버지께 영광을 돌리게 하셨느니라 _9-11절

하나님의 뜻을 위해 당신의 모든 것을 내려놓고 포기하신 예수님께 하나님께서 어떻게 하셨습니까? 예수님을 지극히 높여 모든 이름 위에 뛰어난 이름을 주셨습니다. 하나님 당신의 이름을 주셨다는 뜻입니다. 그래서 하늘에 있는 자들과 땅 위에 있는 자, 심지어 땅 아래에 있는 자들도 예수님 앞에 무릎을 꿇게 하시고, 그분을 향하여 주님이라고 외치게 하셨습니다.

하나님의 뜻을 위해 모든 것을 포기하셨던 예수님께 하나님은 그야말로 모든 것을 주셨습니다. 그런데 이것이 예수님께만 해당되는 것은 아닙니다. 예수님의 마음을 품고 똑같이 따라 하는 우리에게도 동일하게 주어질 것입니다. 우리는 예수님 옆에 앉아서 함께 왕 노릇을 하게 될 것입니다. 예수님께서 받으신 영광을 우리도 누리게 될 것입니다. 하나님의 뜻을 위해 자신의 모든 것을 포기한 사람에게 하나님은 그야말로 모든 것을 주실 것입니

다. 그러므로 하나님을 위해 자신의 모든 것을 포기하는 사람은 절대 어리석은 사람이 아닙니다. 불쌍한 사람이 아닙니다. 가장 복된 사람입니다. 가장 행복한 사람입니다. 가장 영광스러운 사람입니다.

우리 모두가 그리스도 예수의 마음을 품을 수 있기를 바랍니다. 하나님의 뜻을 위해 기꺼이 자신을 내려놓고 포기할 수 있기를 바랍니다. 그래서 모든 성도와 하나가 될 수 있기를 바랍니다. 그럴 때 예수님께서 받으셨던 영광을 우리 또한 받게 될 것입니다. 우리가 내려놓고 포기한 것과는 비교할 수 없는 풍성함을 하나님께서 누리게 하실 것입니다.

11 너희 구원을 이루라

빌 2:12-13

백인 우월주의가 가득했던 남아프리카 공화국에서 모두가 평등한 나라를 세우기 위해 자신의 생애를 바친 전 남아프리카 공화국 대통령 넬슨 만델라가 자주 말했던 유명한 단어가 있습니다. '우분트'(Ubunt)입니다. 우분트는 아프리카 반투족의 말인데 '우리가 함께 있기에 내가 있다'라는 뜻입니다. 나만 중요하다고 생각하는 개인주의가 가득한 이 세상에서 '나'보다 '우리'가 더 중요하다는 사실을 일깨워 주는 단어입니다.

아프리카 부족을 연구하는 어느 인류학자가 아이들을 모아 놓고는 게임 하나를 제안했습니다. 그들 앞에 있는 나무에 맛있는 과일이 담긴 바구니가 있는데, 제일 먼저 도착한 아이에게 모두 주겠다는 것이었습니다. 인류학자는 아이들이 어떻게 행동할지 몹시 궁금했습니다. 보통의 아이들이라면 평소 먹어 보지 못한 과일을 혼자서 다 차지할 수 있는 절호의 기회를 잡기 위해 숨도 쉬지 않고 뛸 것이 분명했습니다. 그런데 곧 놀라운 일이 일어났습니다. 인류학자의 생각과는 달리 어느 누구도 과일 바구니를 향해 뛰어가지 않았습니다. 대신 모두가 손을 잡고 같이 바구니를 향해 걸어갔습니다. 그리고 과일 바구니에 있는 과일을 모두 똑같이 나누고는 정말 행복한 표정으로 맛있게 먹었습니다. 인류학자는 너무 신기해서 아이들에게 물었습니다. "먼저 뛰어가면 과일 바구니에 있는 것을 혼자 다 먹을 수 있는데, 왜 그렇게 하지 않고 다 같이 손잡고 갔니?" 그러자 아이들이 한목소리로 외쳤습니다. "우분트!" 그리고 한 아이가 이렇게 말했다고 합니다. "나 혼자 과일 바구니를 다 차지하면 나머지 아이들은 슬픈데 어떻게 나만 좋을 수가 있는 거죠?" 이 아프리카 아이들은 진짜 행복이 뭔지를 알았습니다. 우분트. '우리가 함께 있기에 내가 있다.' '모두가 행복해야 내가 행복할 수 있다.' 이 행복이야말로 참 행복이 아닐까요?

시간이 갈수록 개인주의가 점점 더 심해지고 있습니다. 아이들은 친구들과 함께 어울리기보다 방구석에서 스마트폰 게임하는 것을 더 좋아합니다. 많은 청년이 결혼을 기피하고, 결혼을 했다 하더라도 아이 갖기를 원치 않는데, 사회적, 경제적 환경이 좋지 않아서 그런 것도 분명 있지만, 다른 사람과 엮이는 것을 싫어하고 혼자 편하게 사는 것을 선호하기 때문이기도 합니다. 게다가 우리나라 이혼율이 세계적으로 가장 높은 수준이라는 것도 더 이상 놀라운 소식이 아닙니다. 황혼 이혼이나 결혼에서 졸업한다는 뜻의 졸혼도 점점 더 늘어나는 추세입니다. 그 결과 혼자

살다가 죽었을 때 몇 달이 지나서야 알려지는 고독사도 이제 드문 일이 아닙니다. 아이들부터 어르신에 이르기까지 모든 세대에 개인주의가 점점 더 심해지고 있습니다.

그런데 이런 개인주의 문제가 교회라고 해서 예외는 아닙니다. 교회 안에도 개인주의 문제는 심각합니다. 가나안 성도가 점점 더 늘어나고 있습니다. 가나안을 거꾸로 하면 안나가, 즉 교회 안 나가는 성도를 가나안 성도라고 합니다. 하나님을 믿고, 예수님은 좋아하지만, 교회는 싫어서 혼자 신앙생활하는 사람을 가나안 성도라고 부릅니다. 이러한 가나안 성도 숫자가 점점 더 늘어나고 있습니다. 여러 가지 사정으로 교회를 옮길 때도 몇 천 명, 몇 만 명이 모이는 대형교회를 선호합니다. 대형교회에 누릴 수 있는 혜택이 많기도 하지만, 대형교회를 선호하는 가장 큰 이유는 혼자 몰래 신앙생활할 수 있기 때문입니다. 사람이 워낙 많으니까 그 속에 숨을 수가 있습니다.

하지만 성경은 이런 개인주의에 대해 과연 무엇이라 말할까요? 물론 우리는 하나님 앞에 단독자로 섭니다. 우리 각자가 하나님 앞에 서서 각각 심판을 받게 될 것입니다.

이러므로 우리 각 사람이 자기 일을 하나님께 직고하리라 _롬 14:12

그래서 어떤 분들의 말처럼 아내 치맛자락 붙잡고 천국에 가는 경우는 결코 없습니다. 우리 조상 중에 위대한 성인이 있다고 해도 그 사람의 공로로 천국에 들어갈 수 없습니다. 우리는 하나님 앞에 단독자로 서야 합니다. 누구도 나를 대신할 수 없고, 도울 수 없습니다.

하지만 성경은 우리가 하나님 앞에 단독자로 서는 것만 말하지 않습니다. 사실 성경은 자기 혼자 하나님 앞에 서는 것을 말하는 것보다 우리가 함께 하나님 앞에 서는 것을 더 많이 말합니다. 가령 사도 요한은 다음과 같이 말합니다.

이 일 후에 내가 보니 각 나라와 족속과 백성과 방언에서 아무도 능히 셀 수 없는 큰 무리가 나와 흰옷을 입고 손에 종려 가지를 들고 보좌 앞과 어린양 앞에 서서 _계 7:9

마지막 날에 모든 나라에서 구원받은 성도들이 흰옷을 입고 손에 종려 가지를 들고 하나님의 보좌 앞과 어린양이신 예수님 앞에 서게 될 것입니다.

하나님은 구원받은 성도가 각자 알아서 신앙생활하도록 하시지 않고, 함께 모여 신앙생활하도록 하셨습니다. 그것이 교회입니다. 그런데 교회는 성도들이 모여 있는 단순한 모임이 아닙니다. 교회는 예수님을 머리로 하고 성도를 몸으로 하는 살아 있는 공동체입니다. 모든 성도는 교회를 통해 머리이신 예수님과 연결이 됩니다. 이런 점에서 교회의 중요성은 아무리 강조해도 지나치지 않습니다. 왜냐하면 교회 없이 예수님과 연결될 수 없기 때문입니다. 교회 없이 성도는 영적인 생명을 유지할 수 없습니다.

이 사실을 알아야 지금 우리가 살펴보고 있는 내용을 제대로 이해할 수 있습니다. 이미 몇 번 언급한 것처럼 바울은 이 편지를 통해 가장 중요한 명령을 합니다.

오직 너희는 그리스도의 복음에 합당하게 생활하라 _빌 1:27

로마 시민이 로마법을 지킴으로 로마 제국의 위대함을 드러내듯이 하나님 나라 시민인 성도는 하나님 나라의 법인 그리스도의 복음을 따름으로 하나님 나라의 위대함을 드러낼 수 있습니다.

그런데 그리스도의 복음을 따라 사는 일은 혼자서 할 수 없습니다. 이 세상이 예수님을 미워하고 핍박했듯이 성도인 우리 또한 미워하고 핍박하기 때문입니다. 그래서 우리가 그리스도의 복음에 합당하게 살기 위해서는 반드시 모든 성도가 하나 된 교회를 이루어야 합니다. 모든 성도가 하나로 똘똘 뭉칠 때 복음에 합당한 삶을 살 수 있습니다.

하지만 모든 성도가 하나 되는 것이 가장 중요하다는 사실을 아는 것만으로는 부족합니다. 실제로 하나 되어야 합니다. 그런데 모든 성도가 하나 되는 것은 말처럼 쉬운 일이 아닙니다. 오늘날 얼마나 많은 교회가 다툼과 분열로 상처투성이가 되었는지 모릅니다. 우리는 주님 안에서 한 형제와 한 자매라고 말은 잘하지만, 실제로 모든 성도가 한 형제자매로 지내는 교회는 결코 많지 않습니다. 그만큼 어려운 일입니다. 그렇다면 우리는 어떻게 모든 성도가 하나 된 교회를 이룰 수 있을까요?

바울은 우리가 그리스도 예수의 마음을 품을 때 하나 될 수 있다고 말합니다. 그리스도 예수의 마음이 무엇입니까? 하나님의 뜻을 위해 자신의 모든 것을 포기하고 내려놓는 것입니다. 이웃을 내 몸과 같이 사랑하는 것이 하나님의 뜻입니다. 이것은 우리가 오랫동안 성경을 묵상하거나 기도해야만 알 수 있는 하나님의 뜻이 아닙니다. 성경 어디를 펼쳐도 명백하게 나오는 분명한 하나님의 뜻입니다.

바로 이 하나님의 뜻을 이루기 위해 우리의 모든 것, 즉 우리의 자존심, 우리의 명예, 우리의 이익, 우리의 시간, 우리의 물질 등을 기꺼이 포기하고 내려놓을 수 있다면, 왜 우리가 하나 될 수 없겠습니까? 예수님은 죄인을 구원하시려는 하나님의 뜻에 순종하기 위해 그야말로 모든 것을 포기하고 내려놓으셨습니다. 예수님은 하나님의 본체를 가진 분이셨지만, 그것을 취하시지 않고 대신 종의 본체를 취하셔서 우리와 같은 사람이 되셨습니다. 그리고 우리 죄인들의 모든 죄를 대신 짊어지시고 십자가에서 죽으셨습니다.

예수님은 하나님의 뜻을 이루시기 위해 그야말로 자신의 모든 것을 포기하고 내려놓으셨습니다. 그 결과 하나님의 구원 계획이 이루어졌고, 지옥에 던져져야 마땅한 우리 죄인들이 구원을 받아 하나님의 자녀가 되었습니다. 이것이 그리스도 예수의 마음입니다. 바울은 이 마음을 우리가 품어야 한다고 말합니다. 그러면 모든 성도가 하나 된 교회를 세울 수 있습니다.

바울은 이처럼 우리가 그리스도 예수의 마음을 품을 때 하나가 될 수 있고, 성도를 미워하고 핍박하는 세상 속에서 그리스도의 복음에 합당한 삶을 살 수 있다고 말합니다. 하나님 나라 시민이 된 우리가 살아야 할 마땅한 삶입니다. 그런데 이러한 삶을 신앙심이 깊고, 열심이 특별한 몇몇 성도들만이 아니라 모든 성도가 똑같이 살아야 합니다.

벽돌을 쌓아 지은 예배당을 상상해 보십시오. 수천, 수만 장의 벽돌로 교회를 지었는데, 그중에 벽돌 10개를 빼낸다고 무슨 문제가 생길까요? 한 번 실험해 볼까요? 수천 개의 벽돌 중에 10개는 숫자로 보면 사실 아무것도 아닙니다. 하지만 실제로 중간에 있는 10개의 벽돌을 빼낸다고 생각해 보십시오. 어떻게 될까요? 숫자 10개는 별것 아니지만, 하나로 붙어 있는 벽돌 중에 10개를 빼내면 그 건물은 절대 안전하지 못합니다. 곧 옆에 붙어 있는 벽돌도 영향을 받아 무너지기 시작할 것이기 때문입니다. 교회가 그렇습니다. 우리 한 사람 한 사람은 사실 숫자로는 별것 아닙니다. 하지만 한 사람이 빠지면 연결된 모든 사람에게 영향을 줘서 결국 다 무너지게 됩니다.

우리 몸 중에 새끼발가락은 정말 아무것도 아닌 것처럼 보입니다. 크기도 작고 쓰임새도 크게 없는 것처럼 보입니다. 하지만 잘린다면 어떤 일이 일어날까요? 그 작은 것이 온몸을 고통스럽게 만듭니다. 그 작은 것 때문에 제대로 걷기가 쉽지 않습니다. 왜 그럴까요? 내 몸의 한 부분이기 때문입니다. 교회가 바로 그렇습니다. 성도 한 사람 한 사람은 작게 보이지만, 그 성도가 넘어지면 교회 전체가 무너지게 됩니다.

바울은 몇몇 특별한 성도들에게만 그리스도의 마음을 품고 하나가 되라고 말하지 않았습니다. 모든 성도에게 하나가 되어야 한다고 말합니다. 모두가 하나 되어 그리스도의 복음에 합당하게 살아야 합니다. 그래야 교회가 세상 사람들에게 하나님 나라의 아름다움과 위대함을 보여 줄 수 있고, 복음을 확신 있게 전할 수 있습니다. 그래서 바울은 모든 빌립보교회 성도를 향해 "나의 사랑하는 자들아"라고 친근하게 부르면서 하나 될 것을 간절히 권면합니다.

> 그러므로 나의 사랑하는 자들아 너희가 나 있을 때뿐 아니라 더욱 지금 나 없을 때에도 항상 복종하여 두렵고 떨림으로 너희 구원을 이루라 _12절

바울은 빌립보교회 성도들에게 자신이 있을 때뿐 아니라, 더욱 지금 자신이 없을 때에도 그들의 구원을 이루라고 말합니다. 바울이 빌립보교회 성도들과 함께 있을 때 가르쳤던 것을 지금처럼 바울이 없을 때에도 힘써서 지켜야 한다는 것입니다. 그런데 바울이 무엇을 가르쳤겠습니까? 우리가 지금까지 살펴본 내용입니다. 그리스도의 복음에 합당하게 생활하기 위해 그리스도의 예수의 마음을 품어 모든 성도가 하나 되는 것입니다.

그런데 바울은 그리스도 예수의 마음을 품어서 모든 성도가 하나 되어 그리스도의 복음에 합당하게 생활하는 것을 '너희 구원을 이루는 것'이라고 말합니다. 우리는 구원이라고 하면 예수님을 믿음으로 영접하여 죄 사함을 받고 천국에 가는 것이라고 생각합니다. 하지만 바울은 그리스도 예수의 마음을 품고 하나가 되어 그리스도의 복음에 합당하게 사는 것 또한 구원이라고 말합니다. 여기서 우리는 구원이라는 말이 우리가 생각하는 것보다 더 폭넓은 의미로 사용됨을 알 수 있습니다.

사실 성경은 구원을 다양한 의미로 사용합니다. 가령 마태복음 9장에는 열두 해 동안 혈루증, 즉 피가 몸에서 계속 흐르는 병을 앓던 여자가 예수님의 옷을 만지고 고침을 받는 이야기가 나옵니다. 이때 예수님께서 여자에게 이렇게 말씀하셨습니다.

예수께서 돌이켜 그를 보시며 이르시되 딸아 안심하라 네 믿음이

너를 구원하였다 하시니 여자가 그 즉시 구원을 받으니라 _마 9:22

여기서의 구원을 여자가 예수님을 믿음으로 천국에 가게 되었다는 뜻으로도 볼 수 있겠지만, 더 분명한 것은 여자가 혈루증에서 나았다는 뜻입니다. 성경은 병에서 낫는 것을 구원이라고 부릅니다. 또 우리는 빌립보서 안에서도 구원이 다른 의미로 사용된 예를 찾을 수 있습니다.

이것이 너희의 간구와 예수 그리스도의 성령의 도우심으로 나를 구원에 이르게 할 줄 아는 고로 _빌 1:19

여기에서 구원은 바울이 감옥에서 나오는 것을 뜻합니다. 만약 여기 나오는 구원을 예수님 믿고 천국에 가는 것으로 본다면, 그들의 간구와 예수 그리스도의 성령의 도우심으로 천국 간다는 뜻이 되기 때문에 자연스럽지 않습니다. 이처럼 구원은 천국에 들어가는 것뿐만 아니라 병을 치료받거나 감옥에서 나오게 될 때도 사용되는 단어입니다.

본문에서의 구원도 마찬가지입니다. 바울이 빌립보교회 성도들에게 "너희 구원을 이루라"고 말한 것은 '너희가 천국에 들어가는 일에 힘쓰라'를 의미하기보다는 앞에서 언급한 대로 '모든 성도가 예수 그리스도의 마음을 품고 하나가 되어 그리스도의 복음에 합당하게 사는 것'을 의미합니다. 이렇게 살아가는 것이 구원을 이루는 삶입니다.

그런데 바울은 그냥 구원을 이루라고 하지 않고, 너희 구원을 이루라고 말합니다. '너'가 아니라 '너희'입니다. '내'가 아니라 '우리'입니다. 여기에는 개인주의가 들어올 틈이 없습니다. 모든 성도가 함께 구원을 이루어 가는 일에 힘써야 합니다. 어떻게 힘써야 할까요? 바울은 "두렵고 떨림으로 너희 구원을 이루라"고 말합니다. 사실 두려움과 떨림은 우리가 하나님 앞에 섰을 때 가지게 되는 모습입니다.

> 내 육체가 주를 두려워함으로 떨며 내가 또 주의 심판을 두려워하나이다 _시 119:120

출애굽한 이스라엘 백성이 시내산에 도착했을 때, 하나님께서 친히 그 산에 임하셨습니다. 성경은 그 당시 이스라엘 백성의 반응을 이렇게 말합니다.

> 셋째 날 아침에 우레와 번개와 빽빽한 구름이 산 위에 있고 나팔 소리가 매우 크게 들리니 진중에 있는 모든 백성이 다 떨더라 _출 19:16

이처럼 두려움과 떨림은 우리가 하나님 앞에 설 때 보이는 반응입니다. 그런데 바울이 여기서 "두렵고 떨림으로 너희 구원을 이루라"고 할 때, 이 두려움과 떨림은 하나님을 향한 것이 아니라 바로 우리 서로를 향한 것임을 알아야 합니다. 우리는 하나님 앞에서도 두려워하고 떨어야 하지만, 서로를 향해서도 두려워하고 떨어야 합니다. 그럴 때 우리는 구원을 이루어 갈 수 있습니다.

물론 정말 끔찍하고 무섭기 때문에 이 두려움과 떨림을 갖는 것은 아닙니다. 우리가 하나님 앞에 설 때 갖는 두려움과 떨림을 다른 말로 '경외'라고 하는데, 경외는 두려움과 사랑이 함께 있는 상태입니다. 상대방이 너무나 위대할 때 우리는 두려움과 사랑이 함께 있는 경외의 마음을 가지게 됩니다. 강도를 만났을 때 느끼는 공포와 두려움과는 차원이 다릅니다. 이것은 마치 베드로가 자기 앞에 계신 예수님이 하나님의 아들이시라는 사실을 깨달았을 때 했던 고백과 같습니다.

나를 떠나소서 나는 죄인이로소이다 _눅 5:8

베드로는 예수님이 싫거나 무서워서 떠나시라고 말하는 것이 아니었습니다. 흠이 전혀 없는 하나님의 아들 예수님의 완전한 의로우심을 보고, 자신과 같은 죄인이 그분과 도저히 함께 있을 수 없기에 떠나 달라고 한 것입니다. 너무나 사랑스럽지만, 그렇기에 자신같이 더러운 사람이 함께할 수 없다는 것을 깨달은 것입니다.

그런데 본문에서 바울은 바로 이런 두려움과 떨림을 하나님만이 아닌 서로를 향해서도 가져야 한다고 말합니다. 우리가 서로를 대할 때 마치 하나님을 보듯이 사랑의 마음으로 두려워하고 떤다면 어떤 일이 일어날까요? 서로를 무시하고, 그래서 함부로 말하고 행동하는 일이 사라지게 될 것입니다. 서로를 존중하게 되고, 자기보다 더 낮게 여길 것이고, 기꺼이 서로를 도우려고 힘쓸 것입니다. 그 결과는 모두가 하나 되는 것이고, 모두가 그리스도의 복음에 합당하게 생활하여 결국 구원에 이르는 것입니다.

교회 안에서 서로 사랑하되 두려움과 떨림으로 사랑하시기 바랍니다. 친하다고 함부로 말하는 것은 진정한 사랑이 아닙니다. 나이가 어리다고, 자신보다 신앙생활을 많이 하지 않았다고 해서 함부로 말하고 대한다면 교회는 하나 될 수 없습니다. 사랑하기 때문에 상대방 앞에서 두려워하고 떨어야 합니다. 부부 관계나 자녀 관계에서도 마찬가지입니다. 서로 성격이 안 맞아서 힘든 것이 아닙니다. 그렇다면 이 세상에 온전한 관계는 존재하지 않을 것입니다. 서로 잘 안다고, 친하다고, 가족이라고, 내 자녀라고 해서 함부로 말하고 행동하기 때문에 관계가 깨지는 것입니다.

부부가 서로 사랑하는 가운데 두려움과 떨림으로 말하고 행동한다면 그 관계는 절대 깨지는 법이 없습니다. 자녀를 너무나 사랑하기에 두려움과 떨림으로 대한다면 자녀 또한 부모를 사랑으로, 두려움과 떨림으로 존경하게 될 것입니다. 서로 사랑하는 가운데 두려움과 떨림으로 서로를 대하는 것이 교회를 하나 되게 하는 것이고, 가정과 사회를 하나 되게 하는 길입니다.

하지만 문제는 여전히 남아 있습니다. 우리는 그리스도의 복음에 합당하게 살아야 한다는 것을 알게 되었습니다. 그러기 위해 하나가 되어야 한다는 것도 알았습니다. 또 하나가 되기 위해 그리스도 예수의 마음을 품어야 한다는 것도, 그것이 우리가 이루어야 할 구원이고, 서로를 사랑하며 두려움과 떨림으로 대할 때 이룰 수 있다는 것도 알게 되었습니다. 하지만 진짜 문제는 이 모든 것을 안다고 해도 아는 대로 저절로 살 수 있는 것은 아니라는 사실입니다.

우리는 정치가 깨끗해지려면 어떻게 해야 할지 잘 알고 있습니다. 정치인 스스로 깨끗해지도록 노력해야 하고, 정치인이 부정을 저지르지 못하도록 법과 제도를 고쳐야 하고, 무엇보다 우리가 깨끗하고 유능한 정치인을 투표로 선출해야 합니다. 우리는 정치가 깨끗해지는 길을 너무나 잘 알고 있습니다. 하지만 문제는 무엇입니까? 안다고 저절로 해결되는 것은 아니라는 점입니다. 수많은 전문가가 좋은 말을 많이 하고, 기가 막힌 해법을 제시하지만, 여전히 정치는 혼탁합니다. 왜 그렇습니까? 아는 것과 행동하는 것이 다르기 때문입니다. 아는 대로 행동하면 되는데, 그것이 쉽지 않습니다. 이것이 우리가 갖고 있는 문제입니다.

　우리가 우리의 구원을 이루는 것도 마찬가지입니다. 우리는 구원을 이루기 위해 무엇을 해야 할지 이제 잘 알게 되었습니다. 그리스도 예수의 마음을 품고 하나가 되어야 합니다. 서로를 사랑하며 두려움과 떨림으로 대해야 합니다. 그래서 그리스도의 복음에 합당하게 살아야 합니다. 잘 압니다. 하지만 문제는 우리에게 그것을 행할 능력이 있느냐는 것입니다. 만약 우리에게 행할 능력이 없다면, 지금까지 우리가 살펴본 내용은 우리에게 아무 유익이 될 수 없습니다. 그저 머리만 만족시키는 내용이 될 뿐 실제로 우리의 구원을 이루는 일에 아무 소용이 없을 것입니다. 이런 점에서 다음 말씀이 중요합니다.

> 너희 안에서 행하시는 이는 하나님이시니 자기의 기쁘신 뜻을 위하여 너희에게 소원을 두고 행하게 하시나니 _13절

여기에 정말 기쁜 소식이 있습니다. 우리가 아는 모든 것이 헛되지 않을 뿐만 아니라 우리는 결국 우리의 구원을 이루게 될 것입니다. 다시 말해 우리가 그리스도 예수의 마음을 품고 하나가 되어 그리스도의 복음에 합당하게 사는 삶을 살게 될 것입니다.

　이 일이 어떻게 가능합니까? 우리 안에 계시는 하나님께서 친

히 일하시기 때문에 가능합니다. 13절의 말씀을 이렇게 번역할
수 있습니다.

왜냐하면 하나님은 우리 안에서 일하시는 분이기 때문입니다. 하
나님은 당신이 기뻐하시는 목적을 이루시기 위해 우리에게 의지를
주셔서 우리가 행동하게 하십니다.

우리 자신의 힘으로는 그리스도 예수의 마음을 품을 수 없습
니다. 우리의 능력으로는 모두가 하나 될 수 없습니다. 서로를
사랑으로, 그리고 두려움과 떨림으로 대할 수 없습니다. 우리에
게는 그럴 의지도, 능력도 없습니다.

하지만 우리 안에 계신 하나님께서 우리에게 의지를 주십니
다. 능력을 주십니다. 그리스도 예수의 마음을 품고 하나가 되어
그리스도의 복음에 합당하게 살 의지와 능력을 주십니다. 하나
님께서 이 일을 위해 지금도 우리 안에서 계속해서 일하고 계십
니다. 하나님께서 우리 안에서 일을 멈추시지 않는 이상, 하나님
은 반드시 우리를 향한 당신의 선한 뜻을 이루실 것입니다. 즉,
우리가 그리스도 예수의 마음을 품고 하나가 되어 서로를 두려움
과 떨림으로 대함으로 그리스도의 복음에 합당하게 사는 구원을
이루게 하실 것입니다.

12 세상에 빛을 비추는 하나님의 자녀

빌 2:14-16

2020년 2월 코로나 바이러스 전염병이 발병했습니다. 코로나 바이러스는 중국에서 시작해 지난 3년간 전 세계를 혼란에 빠뜨렸습니다. 우리나라는 전 세계로부터 코로나 바이러스에 잘 대처했다고 평가를 받을 정도지만, 그럼에도 초기에 마스크 대란도 있었고, 집단 감염 사태 등 여러 어려움도 존재했습니다. 지금은 코로나 바이러스와 관련한 뉴스를 보기가 힘들고, 그 위세 또한 많이 감소한 것 같지만 지금도 우리 주위에 존재하고 있습니다. 그래도 온 국민이 힘을 합해 이 어려움을 잘 극복했습니다.

신명기를 보면, 이스라엘 백성이 하나님의 말씀에 불순종하여 우상을 숭배하고 불의한 삶을 살 때 하나님께서 내리시는 심판 중에 하나가 바로 전염병이었습니다. 물론 지금의 전염병이 우리가 지은 어떤 죄 때문에 발생했다고 말할 수는 없습니다. 그럼에도 불구하고 이런 재앙 앞에서 우리는 개인의 죄뿐만 아니라 우리 사회에 만연한 죄를 회개하며 하나님의 은혜를 구하는 것은 꼭 필요합니다.

혹 내가 하늘을 닫고 비를 내리지 아니하거나 혹 메뚜기들에게 토
산을 먹게 하거나 혹 전염병이 내 백성 가운데에 유행하게 할 때에
내 이름으로 일컫는 내 백성이 그들의 악한 길에서 떠나 스스로 낮
추고 기도하여 내 얼굴을 찾으면 내가 하늘에서 듣고 그들의 죄를
사하고 그들의 땅을 고칠지라 _대하 7:13-14

성도는 계속해서 발생하는 신종 전염병을 보면서 이것을 단순
히 의학적인 문제로만 봐서는 안 되고, 하나님 앞에서 우리 자신
과 우리 사회를 돌아보는 계기로 삼아야 합니다. 우리 자신과 사
회의 죄악을 회개하며 하나님의 도우심을 구하는 기회로 여겨야
합니다. 그럴 때 우리의 죄를 사하시고 우리의 땅을 고쳐 주시는
하나님의 은혜를 경험하게 될 것입니다.

우리 모두가 최선을 다해 이번 코로나 재난 안에 담겨 있는 하
나님의 뜻이 무엇인지를 생각할 수 있기를 바랍니다. 그래서 우
리 자신과 우리 사회를 돌아보고, 죄를 회개하며, 하나님의 도우
심을 구하는 계기로 삼을 수 있기를 바랍니다. 우리가 그렇게 할
때 지금 당하는 어려움 또한 하나님의 뜻 안에서 결국은 우리를
유익하게 하는 일이 될 것입니다.

그런데 이번 재난과 관련해서 전에 읽었던 어떤 신문 기사가
생각났습니다. 코로나 발생 초기에 보았던 기독교 신문의 기사
였습니다. 당시 코로나 바이러스는 중국 우한 지역에서 발생했

고, 정부는 그 지역에 살고 있는 우리나라 사람들을 전용기로 데리고 왔습니다. 정부는 그들을 2주 동안 격리해야 했는데, 이를 위해 정부에서 두 도시를 지정했습니다. 알다시피 지정된 두 도시에서 처음에는 격렬한 반대 여론이 있었습니다. 그런데 기사 내용은 '이때 이 지역에 있는 교회와 성도들은 어떤 반응을 보였는가'와 관련한 것이었습니다.

두 도시가 우한 교민들을 격리 수용하는 것은 똑같았는데, 그것에 대한 두 도시 안에 있는 교회의 반응은 완전히 달랐습니다. 신문 기사에 따르면 한 도시의 교회와 목회자들은 자기 지역에 그 교민들을 수용하는 것에 적극 반대했습니다. 수용하는 장소 근처에 아파트도 많고 초등학교도 많다는 이유였습니다. 어떤 목사는 그 지역 기독교 연합에 속한 목회자들과 모여서 이야기를 나누었는데 모두가 반대했다고 인터뷰를 하기도 했습니다.

반면 다른 도시의 교회와 목회자들은 전혀 다른 반응을 보였습니다. 그 도시 기독교 연합회 회장인 어느 목사는 인터뷰에서 "그래도 같은 민족이고 동포인데, 어떻게 하면 잘 맞이할 수 있을까를 고민해야 하지 않겠나. 교회 입장에서는 반대할 것이 아니라 세계적 재앙이 빨리 해결될 수 있게 기도해야 한다"고 말했습니다. 그 지역 다른 목사도 "우한 교민이 오는 것을 개인적으로 환영한다. 교회는 우한 지역에서 마음고생했을 교민을 품어 줘야 한다"고 말했습니다.

물론 이 신문 기사가 두 도시의 전체 목회자와 성도의 입장을 정확히 반영했다고 말할 수는 없을 것입니다. 양쪽 도시 모두에 찬성하는 분들과 반대하는 분들이 분명 있었을 것입니다. 하지만 신문 기사만 놓고 보면 이렇게 대조적일 수 없습니다. 한 도시에서는 교회가 앞장서서 교민 수용을 반대하고, 다른 한 도시에서는 교회가 앞장서서 교민 수용을 찬성했습니다.

만약 세상 사람들이 이 기사를 읽었다면, 과연 어느 지역의 교회가 교회답다고 생각했을까요? 물론 이 문제를 너무 단순하게 생각하면 안 되겠지만, 적어도 신문 기사에 난 것만 읽고 판단한다면 과연 어느 교회가 진짜 교회라고 사람들은 생각했을까요? 당신의 생각은 어떻습니까?

오늘날 교회의 가장 큰 적 중에 하나는 세속화입니다. 세속화를 쉽게 설명하면 세상이 교회 안에 들어오는 것입니다. 다른 말로 교회가 세상을 닮는 것입니다. 교회 울타리 안이나 밖이나 차이가 없습니다. 물론 겉으로는 차이가 있습니다. 교회에는 십자가가 달린 예배당이 있고, 성도들은 일주일에 한 번씩 교회로 와서 예배를 드립니다. 말투도 세상 사람들과 달리 아주 부드럽습니다.

하지만 세속화된 교회는 이렇게 눈에 보이는 것에서만 차이가 있을 뿐 실상은 세상과 다르지 않습니다. 세상에서 가장 중요한 것이 교회 안에서도 똑같이 중요합니다. 가령 세상에서 가장 중요한 것이 무엇입니까? 돈입니다. 그런데 세속화된 교회에서도 마찬가지로 돈이 가장 중요합니다. 하나님의 말씀에 따라 교회가 운영되지 않고 돈에 따라 운영됩니다. 세상에서는 돈 있고, 힘 있고, 잘 배운 사람을 높게 생각합니다. 그런데 세속화된 교회도 마찬가지입니다. 돈 있고, 힘 있고, 잘 배운 사람이 교회에서도 중요한 자리를 차지합니다.

세상 사람들은 우한 교민이 자기 동네에 들어오는 것을 반대했습니다. 당연합니다. 자신의 이익을 침해하는 일이기 때문입니다. 세상 사람들은 당연히 그럴 수 있습니다. 그런데 교회도 똑같이 반대합니다. 왜 그럴까요? 세속화되었기 때문입니다. 자신의 이익을 최고로 여기는 세상의 가치가 교회 안에 들어온 것입니다. 그래서 교회도 세상처럼 똑같이 주장합니다. 내 이익을 최고로 여기며 행동합니다.

하지만 교회가 이처럼 세속화되면, 세상을 닮아 버리면 결국 교회는 무너지게 됩니다. 왜냐하면 교회의 존재 가치가 사라지기 때문입니다. 예수님께서 말씀하셨습니다.

너희는 세상의 소금이니 소금이 만일 그 맛을 잃으면 무엇으로 짜게 하리요 후에는 아무 쓸데없어 다만 밖에 버려져 사람에게 밟힐 뿐이니라 _마 5:13

예수님은 세속화된 교회, 세상을 닮아 버린 성도를 맛을 잃은 소금에 비유하셨습니다. 음식을 만들 때 소금이 얼마나 중요합니까? 밍밍한 맛을 내는 요리를 맛깔스럽게 만드는 것이 소금입니다. 그런데 소금이 그 맛을 잃었다고 생각해 보십시오. 맛을 잃은 소금을 어디에 쓸 수 있을까요? 예수님의 말씀처럼 아무 쓸데없어 버려질 수밖에 없습니다. 세상을 닮아 버린 세속화된 교회가 바로 맛을 잃은 소금과 같습니다. 아무 쓸데없어 결국 버림을 당할 수밖에 없습니다. 세상은 처음에는 세속화된 교회를 좋아합니다. 환영합니다. 자신과 다르지 않기 때문입니다. 하지만 생각해 보십시오. 자신과 다르지 않은 것이 무슨 쓸모가 있겠습니까? 결국 세상은 세속화된 교회를 버리게 됩니다.

요즘에는 그런 경우가 많지 않지만, 전에는 사회생활을 할 때 술, 담배를 하지 않는 성도에게 짓궂게 구는 사람들이 많았습니다. 일부러 술집에 데려가서 술 한 잔, 담배 한 모금을 권하는 것입니다. 딱 한 번만 해 달라고 합니다. 그래서 마지못해 술 한 잔, 담배 한 모금을 하면 그렇게 좋아했습니다. 융통성 있다고 하고, 열려 있는 신앙을 가졌다고 하면서 좋아하는 것처럼 보였습니다. 하지만 나중에는 태도가 완전히 변합니다. 술과 담배를 권할 때 만약 거절하면 전에도 했는데 왜 지금은 못하느냐며 당연하게 요구합니다. 그리고 자기와 별다를 바 없는 사람으로 대합니다. 아이러니하게도 세상 사람들은 술, 담배 하는 사람들을 진정한 성도로 보지 않습니다. 자기와 똑같이 여깁니다. 맛을 잃은 소금처럼 대하는 것입니다.

교회가 세상을 닮아 갈 때 세상은 교회를 좋아하지 않습니다. 세상은 세속화된 교회를 무가치하게 여깁니다. 교회 역사를 보면 참된 교회는 세상의 미움과 핍박을 받았을지언정 무시를 당하지는 않았습니다. 참된 교회는 세상 사람들에게 눈엣가시처럼 여겨질지언정 함부로 대할 상대로 취급된 적은 없습니다. 세상 사람들은 참된 교회를 보면 가까이 가지는 않을지언정 존경하고 높이 평가했습니다. 이것이 예루살렘 초대 교회를 향한 당시 믿지 않는 유대인들의 태도였습니다.

그 나머지는 감히 그들과 상종하는 사람이 없으나 백성이 칭송하더라 _행 5:13

유대인들은 감히 초대 교회 성도들과 함께할 생각을 하지 못했습니다. 그들처럼 살 엄두를 내지 못한 것입니다. 그럼에도 불구하고 그들은 초대 교회 성도들을 칭찬하였습니다. 그들은 초대 교회 성도들이 자기들과 다르다는 것을 분명히 인식하고 높이 평가했던 것입니다.

그러므로 교회는 세상을 닮아 가면 안 됩니다. 그것은 세상에 가까이 가는 것이 아니라 오히려 죽는 것입니다. 존재 가치를 잃어버리게 되어 버림을 당하게 됩니다. 교회가 맛을 잃어 쓸데없는 소금처럼 되지 않으려면 무엇보다 자신의 정체성을 잘 지키고 나타내야 합니다. 다르게 말하면 교회가 교회답게 되어야 합니다. 그런데 교회가 교회답게 되려면 어떻게 해야 할까요?

이것이 본문이 다루는 주제입니다. 바울은 교회의 정체성을 이야기하면서 그 정체성을 세상 가운데 나타내야 한다고 말합니다. 본문은 어디에서 갑자기 튀어나온 것이 아닙니다. 우리가 이미 살펴본 내용과 연결되어 있습니다.

로마 시민이었던 빌립보 사람들이 로마법에 따라 살아감으로 로마 제국의 위대함을 드러내는 것과 같이, 성도는 하나님 나라의 법인 그리스도의 복음에 따라 살아감으로 하나님 나라의 위대함을 드러내야 합니다. 그런데 혼자 힘으로는 그리스도의 복음에 따라 살 수 없습니다. 왜냐하면 세상이 우리를 가만두지 않기 때문입니다. 예수님을 십자가에 못 박아 죽인 세상은 그분을 따르는 우리들도 미워하고 핍박합니다.

그렇기에 우리가 그리스도의 복음에 합당하게 살기 위해서는 무엇보다 하나로 똘똘 뭉쳐야 합니다. 서로를 붙들어 주고, 격려하고, 일으켜 주어야 합니다. 그러기 위해 한마음을 품어야 합니다. 다툼이나 허영을 멀리하고 겸손한 마음으로 나보다 남을 더 낮게 여겨야 합니다. 그래야 하나가 될 수 있습니다. 하지만 이것이 쉬운 일은 아닙니다. 우리 모두가 죄의 본성을 따라 이기적이기 때문에 서로 하나 되는 것이 참으로 어렵습니다.

그래서 바울은 우리가 하나 되기 위해 반드시 가져야 할 마음이 있다고 말합니다. 바로 그리스도 예수의 마음입니다. 하나님의 뜻에 순종하기 위해 자기의 모든 것을 포기하고 내려놓는 것입니다. 예수님께서 이것을 잘 보여 주셨습니다. 예수님은 하나님의 구원 계획을 이루기 위해 당신께서 마땅히 취할 수 있는 하나님의 본체를 취하지 않으시고, 우리와 같은 사람이 되어 십자가에서 죽으셨습니다. 그야말로 예수님은 하나님의 뜻을 위해 자기의 모든 것을 버리고 내려놓으셨습니다.

이것이 바로 그리스도 예수의 마음입니다. 우리가 이 마음을 품는다면 우리는 반드시 하나가 될 수 있습니다. '네 이웃을 네 몸과 같이 사랑하라'고 하신 하나님의 명령에 순종하기 위해 자기의 모든 것을 내려놓는다면 어떻게 하나 될 수 없겠습니까? 이웃을 사랑하기 위해 자기의 모든 것을 내려놓은 성도들 사이에 어떻게 다툼이 있고, 시기와 질투가 있을 수 있겠습니까? 우리 안에 있는 다툼과 시기, 질투는 내 것을 포기하지 못하고 끝까지 내려놓지 못하기 때문에 발생하는 것입니다. 그렇기에 우리가 그리스도 예수의 마음을 품으면 하나가 될 수 있습니다.

하지만 우리가 그리스도 예수의 마음을 가져야 한다는 사실을 안다고 해서 그 마음을 가질 수 있는 것은 아닙니다. 우리가 착한 생각을 한다고 해서 착한 사람이 아닙니다. 착한 행동을 해야 착한 사람입니다. 생각을 가지고 있다고 해서 그 생각이 곧 우리는 아닙니다. 마찬가지로 그리스도 예수의 마음이 무엇인지 안다고 해서 우리가 그 마음을 가진 것은 아닙니다.

그래서 바울은 "두렵고 떨림으로 너희 구원을 이루라"고 말합니다. 여기에서 구원은 천국에 들어감을 말하는 것이 아니라 모든 성도가 하나가 되어 그리스도의 복음에 합당하게 사는 것을 말합니다. 즉, 모든 성도가 그리스도 예수의 마음을 가지는 것을 뜻합니다. 그러기 위해서는 어떻게 해야 합니까? 다른 사람을 대할 때 두려움과 떨림을 가져야 합니다. 여기서 두려움과 떨림은 경외를 말하는데, 경외는 상대방을 너무나 사랑해서 두려워하는 것입니다. 우리가 서로를 경외하는 마음으로 대한다면 다툼과 분열은 사라지고, 일치와 연합이 이루어져 한마음이 될 수 있습니다.

그리고 하나님은 이처럼 서로를 경외함으로 대하여 하나 되기를 힘쓰는 우리 가운데 역사해 주십니다. 사실 우리의 노력만으로는 하나가 될 수 없습니다. 하지만 우리가 하나 되는 것이 하나님의 뜻이기 때문에 우리가 힘써 노력할 때 하나님은 우리가 하나 될 수 있도록 만들어 주실 것입니다.

너희 안에서 행하시는 이는 하나님이시니 자기의 기쁘신 뜻을 위하여 너희에게 소원을 두고 행하게 하시나니 _13절

본문은 바로 이러한 내용을 바탕으로 주어진 말씀입니다. 성도는 누구이고, 교회는 무엇입니까? 성도는 그리스도의 복음에 합당하게 사는 사람이고, 교회는 그런 사람들이 한마음으로 똘똘 뭉쳐 있는 공동체입니다. 그렇기에 성도와 교회는 이 세상과 구별될 수밖에 없고, 반드시 구별되어야 합니다. 절대로 교회는 이 세상을 닮을 수 없습니다. 바울은 이 사실을 특별히 출애굽한 이스라엘 백성과 비교하면서 설명합니다.

> 모든 일을 원망과 시비가 없이 하라 이는 너희가 흠이 없고 순전하
> 여 어그러지고 거스르는 세대 가운데서 하나님의 흠 없는 자녀로
> 세상에서 그들 가운데 빛들로 나타내며 _14-15절

바울은 빌립보교회 성도들에게 모든 일을 원망과 시비가 없이 하라고 하면서 너희는 어그러지고 거스르는 세대 가운데 흠이 없고 순전하여 하나님의 흠 없는 자녀가 되어야 한다고 말합니다.

이 말씀은 출애굽한 이스라엘 백성과 관련이 있습니다. 왜냐하면 출애굽한 이스라엘 백성은 모든 일에 원망하고 시비하는 사람들이었고, 어그러지고 거스르는 세대 사람으로서 흠이 있고 삐뚤어져 하나님 자녀답지 않게 살았기 때문입니다. 출애굽기 16장에는 이스라엘 백성이 광야에서 제대로 된 밥을 먹지 못하는 것 때문에 원망하는 이야기가 나옵니다.

이스라엘 자손 온 회중이 그 광야에서 모세와 아론을 원망하여 _
출 16:2

또 이어지는 출애굽기 17장에서는 물이 없는 것 때문에 백성이 모세와 다툽니다. 모세에게 시비를 건 것입니다. 이처럼 출애굽한 이스라엘 백성은 원망과 시비의 사람들이었습니다.

그런데 지금 바울이 출애굽한 이스라엘 백성을 생각하면서 말하고 있다는 사실을 더욱 분명히 보여 주는 구절이 있습니다.

그들이 여호와를 향하여 악을 행하니 하나님의 자녀가 아니요 흠
이 있고 비뚤어진 세대로다 _신 32:5

이 말씀에 본문에 나오는 단어가 똑같이 나옵니다. '흠이 있고', '비뚤어진 세대', '하나님의 자녀'라는 단어입니다. 지금 바울의 머릿속에 출애굽한 이스라엘 백성이 있음을 알 수 있습니다.

바울은 빌립보교회 성도들에게 그들이 출애굽한 이스라엘 백성처럼 되어서는 안 된다고 말합니다. 이스라엘 백성처럼 모든 일에 원망과 시비가 있으면 안 되고, 흠이 있고 삐뚤어져 하나님의 자녀라고 도저히 말할 수 없는 그런 상태가 되면 안 된다는 것입니다.

그렇다면 출애굽한 이스라엘 백성은 왜 그렇게 되었을까요?

그들이 정체성을 잊었고, 또한 잃었기 때문입니다. 하나님은 애굽에서 종살이하던 이스라엘 백성을 구원하여 당신의 백성으로 삼으셨습니다. 그렇다면 그들은 하나님 백성답게 살아야 마땅합니다. 하지만 이스라엘 백성은 허구한 날 애굽에서 살던 때를 그리워했습니다. 거기서 먹던 고기와 거기서 누렸던 안정된 삶을 그리워했습니다. 참으로 어리석은 일이 아닐 수 없습니다. 왜냐하면 그때 그들은 애굽 사람의 노예였기 때문입니다. 애굽 사람의 지배를 받으며 온갖 고통을 다 당했습니다. 하나님께서 그런 이스라엘 백성을 불쌍히 여기셔서 구원해 주셨습니다.

그런데 광야에서 조금 고생을 하니까 자신들이 얼마나 큰 은혜를 받았는지를 다 잊어버리고 옛날 노예 상태로 돌아가려고 했던 것입니다. 참으로 어리석은 일입니다. 고기 맛을 잊지 못해 다시 노예가 되고자 했으니 얼마나 어리석은 일입니까? 이스라엘 백성은 하나님께 구원받아 하나님의 백성, 자녀가 되었다는 정체성을 잊어버림으로 이처럼 어리석은 생각을 품었던 것입니다.

바울은 우리 또한 그들처럼 어리석어서는 안 된다고 말하고 있습니다. 우리의 정체성을 잊지 말라는 것입니다. 우리가 받은 구원이 얼마나 큰 은혜이며, 우리가 하나님의 자녀 된 것이 얼마나 엄청난 일인지를 잊지 말라는 것입니다. 그것을 잊어버리고 예수 믿기 전에 즐겼던 세상의 것들을 그리워하며 돌아간다면, 세속화된다면 그것이야말로 어리석은 일입니다.

바울은 우리에게 출애굽한 이스라엘 백성처럼 되어서는 안 되고, 어그러지고 거스르는 세대 가운데 하나님의 흠 없는 자녀로서 세상에서 그들 가운데 빛들로 나타나라고 말합니다. 여기에 하나님의 자녀가 된 우리의 새로운 정체성이 나옵니다. 바로 '빛'입니다. 우리는 빛을 비추는 사람들입니다. 물론 너무나 당연한 것입니다. 왜냐하면 우리를 구원하셔서 우리의 아버지가 되시는 하나님께서 빛이시기 때문입니다(요일 1:5). 하나님께서 빛이시기에 그분의 자녀인 우리가 빛인 것은 너무나 당연합니다.

그러면 우리가 빛으로서 세상을 비추는 것은 구체적으로 무엇을 말할까요?

생명의 말씀을 밝혀 나의 달음질이 헛되지 아니하고 수고도 헛되지 아니함으로 그리스도의 날에 내가 자랑할 것이 있게 하려 함이라 _16절

우리가 빛으로 세상에 비춘다는 것은 생명의 말씀을 밝히는 것입니다. 여기서 생명의 말씀은 우리에게 생명을 주는 그리스도의 복음입니다. 그리고 생명의 말씀을 밝힌다고 할 때, '밝힌다'에는 두 가지 뜻이 있는데, 하나는 '굳게 붙잡는다'이고, 다른 하나는 '앞으로 손을 뻗어서 비춘다'입니다. 마치 사람이 횃불을 든 손을 앞으로 뻗어서 빛을 비추는 것과 같습니다.

우리는 하나님의 자녀로서 세상에 빛을 비추는 사람들입니다. 이것이 우리의 정체성입니다. 어떻게 빛을 비출 수 있을까요? 그리스도의 복음을 굳게 붙잡아야 합니다. 이 세상의 지혜와 주장, 철학이 아닌 오직 그리스도의 복음을 붙잡아야 합니다. 그럴 때 성도는 성도답게 되고, 교회는 교회답게 됩니다. 그러나 거기서 머물면 안 됩니다. 우리가 굳게 붙잡고 있는 그리스도의 복음을 앞으로 뻗어서 모든 사람들이 볼 수 있게 해야 합니다. 즉 우리는 그리스도의 복음을 우리 안에 붙잡고 있기만 해서는 안 되고, 세상 사람들이 모두 볼 수 있도록 그리스도의 복음을 실천하며 살아야 합니다. 그럴 때 성도는 성도답게 되고, 교회는 교회답게 됩니다.

이것이 바로 성도다움, 교회다움입니다. 교회가 교회답기 위해서 모든 성도가 그리스도의 복음을 굳게 붙잡을 뿐만 아니라 그 복음을 모든 사람들이 볼 수 있도록 세상 가운데 실천하는 삶을 살아야 합니다. 그럴 때 세상은 우리를 통해 하나님 나라의 영광과 아름다움을 보게 됩니다. 이것이 바로 하나님께서 우리 모두와 교회에게 주신 선교의 사명입니다.

우리는 어떻게 해야 선교를 잘할 수 있을까요? 세상에 더 가까이 가야 할까요? 세상이 편하게 생각할 수 있도록 우리를 꾸며야 할까요? 착각하면 안 됩니다. 교회가 선교를 잘하기 위해 무엇보다 필요한 것은 교회가 교회다워지는 것입니다. 그리스도의 복음을 굳게 붙잡고, 그 복음에 합당한 삶을 살아야 합니다. 그럴 때 세상 사람들이 자기에게 없는 것을 보게 되고, 복음 앞으로 나오게 됩니다.

결론적으로 그리스도의 복음에 합당하게 생활하라는 명령은 우리만을 위해 주신 명령이 아닙니다. 우리를 비롯하여 세상을 위해 주신 명령입니다. 우리가 성도다울 때, 우리가 교회다울 때, 우리가 그리스도의 복음을 굳게 붙잡고 그 복음을 실천하며 세상 가운데 살아갈 때, 우리는 세상에 빛을 비출 수 있고 세상 사람들에게 하나님의 나라를 선전할 수 있습니다.

우리 모두가 성도다운 성도가 되어 교회다운 교회를 세워갈 수 있기를 바랍니다. 그래서 어그러지고 거스르는 세상 속에서 생명의 복음을 환하게 비추는 사명을 잘 감당할 수 있기를 바랍니다. 우리가 성도답게 사는 것이, 교회답게 세워지는 것이 이 세상 사람들을 위한 선교의 사명임을 분명히 알고, 그리스도의 복음에 항상 순종하기를 힘쓰는 우리 모두가 될 수 있기를 바랍니다.

13 모범생 바울과 디모데

빌 2:17-24

요즘 젊은 세대를 MZ세대라고 하는데, 그들은 줄임말을 즐겨 사용합니다. '갑통알'이 무슨 뜻인지 아십니까? 무슨 말인지 통 모르실 것입니다. MZ세대가 즐겨 쓰는 줄임말로 '갑자기 통장 잔고를 보니 알바를 해야 되겠다'는 뜻이랍니다. '스불재'는 아시 겠습니까? '스불재'는 '스스로 불러온 재앙'이라는 뜻의 줄임말입 니다. 참 어렵지 않습니까?

그런데 이런 줄임말이 과거에도 있었습니다. 그중에 요즘에 는 잘 쓰지 않지만, 예전부터 잘 알려진 줄임말 중에 '엄친아', '엄 친딸'이 있습니다. 엄친아는 엄마 친구 아들, 엄친딸은 엄마 친구 딸입니다. 우리가 자녀들에게 좀 더 분발하라고 말할 때, "내 친 구 아들은 이렇고, 내 친구 딸은 이렇대"라고 말하지 않습니까? 여기서 나온 말이 엄친아, 엄친딸입니다. 쉽게 말해서 엄친아, 엄친딸은 모범생입니다. 부모가 꿈꾸는 이상적인 자녀입니다. 하지만 자녀 입장에서 엄친아, 엄친딸은 어떤 존재일까요? 재수 없는 존재일 것입니다. 자신을 피곤하게 하는 존재입니다.

사실 우리 사회에서 모범생은 존경받거나 선망의 대상이 되기보다 재수 없는 존재로 여겨질 때가 많습니다. 그들을 무시해서 그런 것이 아니라 흠과 약점이 많은 우리 같은 사람과는 너무 다르다고 생각하기 때문입니다. 우리는 우리와 다른 사람을 있는 그대로 받아들이기가 쉽지 않습니다. 그래서 어떻게든 흠을 찾아내고, 약점을 들춰내서 깎아내리려 합니다. 우리 사회에서 좋은 지도자 찾기가 어렵다는 말을 하는데, 어쩌면 모범생을 받아들이지 못하고, 어떻게든 우리와 비슷하게 만들려고 깎아내리는 일을 우리가 잘하기 때문인지도 모릅니다.

하지만 모범생은 그저 재수 없는 존재가 아닙니다. 사실 모범생이 있다는 그 자체가 우리에게 큰 축복입니다. 왜냐하면 모범생은 그 삶을 통해 우리가 어떻게 살아야 하는지를 보여 주기 때문입니다. 도덕책이나 자기 계발서, 혹은 위인전 100권을 읽는 것보다 우리 옆에 사는 모범생의 삶을 한 번 보는 것이 우리에게 훨씬 유익합니다. 사람은 읽고 듣는 것보다 직접 보고 경험하는 것을 통해 더욱 확실하게 배우기 때문입니다.

이것이 예수님께서 세례와 성찬과 같은 성례를 우리에게 주신 이유입니다. 세례는 우리 몸에 물을 뿌림으로 우리가 죄 사함을 받고 하나님의 백성이 되었음을 보여 주는 예식입니다. 사실 세례 그 자체에 어떤 효력이 있는 것은 아닙니다. 사실 세례를 받아야 구원받는 것이 아닙니다. 정확히 말하면 구원받은 사람이 세례를 받습니다. 다시 말해 구원을 받기 위해 반드시 세례를 받아야 하는 것은 아닙니다. 하지만 예수님은 꼭 세례를 받도록 하셨습니다. 왜 그럴까요? 물을 뿌림으로 우리의 죄가 씻겼음을 눈으로 보고, 그래서 우리가 하나님의 백성이 되었음을 몸으로 경험하게 하시기 위해서입니다.

예수님의 십자가 죽음을 기념하는 성찬도 마찬가지입니다. 우리가 성찬할 때 떡과 포도주를 먹고 마시는데, 그것 자체에 은혜가 들어 있는 것이 아닙니다. 우리가 믿음으로 성찬을 받지 않으면 아무 소용이 없습니다. 그럼에도 불구하고 예수님께서 우리에게 떡과 포도주를 먹고 마시는 성찬을 계속하라고 명령하시는 이유는 떡과 포도주를 먹고 마심으로 예수님의 몸과 피가 우리의 모든 죄를 사하고 우리에게 생명을 준다는 사실을 몸으로 경험하게 하시기 위해서입니다. 예수님은 단지 말과 글로만이 아니라 우리가 눈, 코, 귀, 몸으로 경험하여 확실히 알기를 원하셨습니다.

본문에서 바울이 하고자 하는 일도 바로 이것입니다. 바울은 빌립보교회 성도들에게 "오직 너희는 그리스도의 복음에 합당하게 살라"고 명령하였습니다. 세상의 가치관, 탐욕, 이기심, 성공을 따라 살지 말고, 예수님처럼 희생과 겸손, 자기 부인의 길인 십자가 길을 따라 살라는 것입니다. 예수님처럼 십자가의 길을 묵묵히 걷는 것이 그리스도의 복음에 합당하게 사는 것이고, 우리가 그렇게 살 때 이 세상 사람들에게 하나님 나라의 아름다움과 위대함을 보여 줄 수 있습니다. 그러면서 모든 성도가 이 명령을 따라 사는 것이 자신들의 구원을 이루는 것이라고 말했습니다. 하나님께서 원하시는 교회를 온전히 세우는 일이라는 뜻입니다.

하지만 이 일은 저절로 이루어지지 않습니다. 그래서 바울은 빌립보교회 성도들에게 한마음으로 똘똘 뭉쳐야 한다고 말했습니다. 무슨 일이든 다툼과 허영으로 하지 말고 겸손한 마음으로 각각 자기보다 남을 낮게 여겨야 한다고 권면했습니다. 그리고 이렇게 하기 위해 무엇보다 그리스도 예수의 마음을 품어야 한다고 했습니다. 또 서로를 대할 때 두렵고 떨림으로 대해야 한다고 말했습니다.

바울은 빌립보교회 성도들이 그리스도의 복음에 합당하게 살기 위해 필요한 것을 이론적으로 다 설명했습니다. 하지만 앞에서 언급한 것처럼 사람은 이론으로 알 때보다 몸으로 경험할 때 더욱 확실하게 배울 수 있습니다. 바울은 이 사실을 너무나 잘 알고 있었습니다. 그래서 바울은 자기가 지금까지 말한 모든 내용을 삶을 통해 실제로 보여 주고 있는 사람들의 예를 듭니다. 바울은 세 사람을 예로 들었습니다. 바울 자신, 디모데, 에바브로디도입니다. 이번 장에서는 바울 자신과 디모데를 살펴보고, 다음 장에서는 에바브로디도를 살펴보겠습니다.

바울은 본문의 두 모범생, 바울 자신과 디모데를 통해 빌립보 교회 성도들과 오늘 우리에게 복음에 합당하게 사는 것이 무엇인지를 보여 주고 있습니다.

만일 너희 믿음의 제물과 섬김 위에 내가 나를 전제로 드릴지라도 나는 기뻐하고 너희 무리와 함께 기뻐하리니 _17절

바울은 여기에서 그리스도의 복음에 합당하는 사는 삶을 제사 때 바치는 제물로 표현하고 있습니다. 여기에 나오는 제물과 섬김은 구약 시대에 이스라엘 백성이 하나님께 바쳤던 제사용 제물을 뜻합니다. 그런데 예수님께서 십자가에서 우리 죄를 위한 영원한 제물이 되신 이후로 우리는 더 이상 제사를 드리지 않게 되었습니다. 오늘날 우리 중에 교회 오면서 자신의 죄를 사함 받기 위해 양이나 염소를 가지고 오시는 분은 한 분도 없을 것입니다.

왜 우리는 이스라엘 백성처럼 하나님 앞에 나올 때 제물을 가지고 오지 않습니까? 예수님께서 직접 우리 죄를 위한 완전한 제물이 되어 주셨기 때문입니다. 그래서 우리는 더 이상 죄를 위한 제사를 드리지 않습니다. 그러므로 예배당 안에는 더 이상 제단이 없습니다. 설교자가 서 있는 곳은 제단이 아닙니다. 제물을 드릴 필요가 없기 때문에 제단이 있을 필요도 없습니다. 설교자가 서 있는 곳은 제단이 아니라 강단입니다. 제물을 드리는 곳이

아니라 하나님의 말씀을 선포하는 자리입니다. 예배당은 제사를 드리는 곳이 아니라 예수님의 십자가 죽음과 부활을 통해 우리에게 죄 사함과 구원이 주어졌음을 선포하는 곳입니다.

바울이 이 사실을 모를 리 없습니다. 그래서 바울은 '너희의 제물과 섬김'이라고 하지 않고, '너희 믿음의 제물과 섬김'이라고 했습니다. 믿음이라는 말을 붙여서 여기서 말하는 제물과 섬김, 즉 제사 제물이 구약 시대의 짐승 제물이 아니라 빌립보교회 성도들의 믿음의 삶임을 알려 주고 있습니다.

우리는 더 이상 짐승을 제물로 드릴 필요가 없습니다. 대신 우리는 우리 믿음의 삶을 제물로 하나님께 드려야 합니다. 성경은 이것을 하나님께서 기뻐하시는 살아 있는 제사라고 말합니다.

그러므로 형제들아 내가 하나님의 모든 자비하심으로 너희를 권하노니 너희 몸을 하나님이 기뻐하시는 거룩한 산 제물로 드리라 이는 너희가 드릴 영적 예배니라 _롬 12:1

하나님께서 기뻐하시는 제물은 짐승 제물이 아니라 우리의 몸으로 드리는 산 제물입니다. 우리의 몸으로 드리는 산 제물은 곧 믿음의 삶을 뜻합니다. 우리가 믿음으로 사는 것 자체가 하나님께서 받으시는 산 제물이 되는 것입니다. 이렇게 보면 우리는 예배당 안에서만 예배를 드리는 것이 아닙니다. 우리가 몸으로 활동하는 모든 곳, 즉 교회를 비롯하여 가정과 일터, 우리가 있는 모든 곳에서 우리는 예배를 드립니다. 어떤 분은 이것을 생활 예배라고 불렀습니다. 우리의 삶 자체가 하나님께 드리는 제사, 예배가 되는 것입니다.

그러므로 우리는 교회 안과 교회 밖의 삶이 달라서는 안 됩니다. 교회 안에서는 천사인데, 교회 밖에 나가면 악마가 되는 일이 있어서는 안 됩니다. 하나님은 예배당에서만 예배를 받으시지 않고, 우리가 있는 모든 곳에서 예배를 받으십니다. 우리는 어디에 있든지, 무엇을 하든지, 믿음을 따라 삶으로 하나님께서 기뻐하시는 영적 예배를 드려야 합니다.

이처럼 성도는 짐승 제물이 아닌 믿음의 삶을 제물로 바쳐야 합니다. 이것을 빌립보서에 나온 내용으로 바꾸어 말하면, 믿음의 삶이란 다름 아닌 그리스도의 복음에 합당하게 생활하는 것입니다. 그리스도의 복음에 합당하게 사는 것이 곧 믿음의 삶이고, 하나님께서 기뻐하시는 산 제물이며, 영적 예배입니다.

그런데 바울은 빌립보교회 성도들의 믿음의 제물 위에 자신을 전제로 드리게 된다면 기뻐하겠다고 말합니다. 여기서 전제는 제사의 한 종류로서 포도주나 기름 같은 것을 제물 위에 붓는 제사를 말합니다. 바울은 지금 빌립보교회 성도들의 믿음의 제물 위에 자기 자신을 전제로 드리겠다고 말합니다. 그런데 자기 자신을 전제로 드리겠다는 것은 자신의 생명을 희생하겠다는 뜻입니다.

전제와 같이 내가 벌써 부어지고 나의 떠날 시각이 가까웠도다 _딤
후 4:6

디모데후서는 바울이 제일 마지막에 기록한 편지로서 유언과
같은 성격을 가지고 있습니다. 그는 죽음을 앞두고 이 편지를 썼
습니다. 바울은 이 편지에서 전제와 같이 자신이 벌써 부어졌다
고 말합니다. 자신의 생명이 다했다는 뜻입니다.

이런 점에서 바울이 자신을 전제로 드린다는 것은, 마치 전제
를 드릴 때 포도주를 붓는 것처럼 자신의 피를 붓는 것, 즉 자신
의 생명을 희생한다는 뜻입니다. 쉽게 말해서 바울은 빌립보교
회 성도들이 그리스도의 복음에 합당하게 살 수만 있다면 자신의
생명을 아끼지 않고 희생하겠다는 것입니다. 이것이 빌립보교회
성도들의 믿음의 제물 위에 자신을 전제로 바치겠다는 말씀의 뜻
입니다.

그런데 생각해 보십시오. 바울이 왜 그렇게 해야 할까요? 바
울이 왜 빌립보교회 성도들을 위해 자신의 생명을 희생해야 할까
요? 그럴 만한 이유가 있습니까? 그들이 바울의 가족이나 친척
입니까? 바울이 그들에게 돈을 빌렸습니까? 바울이 그들을 통해
뭔가 얻을 것이 있습니까? 전혀 그렇지 않습니다. 사실은 오히려

반대입니다. 바울이 빌립보교회에 빚진 것이 아니라 빌립보교회가 바울에게 빚을 졌습니다. 빌립보교회는 바울이 복음을 전함으로 세워졌습니다. 바울은 빌립보에서 많은 고난을 당했습니다. 그럼에도 불구하고 바울은 포기하지 않고 복음을 전했고, 결국 교회가 세워졌습니다.

희생을 해야 한다면 바울이 아니라 빌립보교회가 희생을 해야 마땅합니다. 전제로 부어져야 할 것은 바울이 아니라 빌립보교회였습니다. 하지만 바울은 자신이 빌립보교회 성도들을 위해 전제가 되겠다고 말합니다. 게다가 이 일을 억지로가 아니라 기쁨으로 하겠다고 말합니다. 자신의 생명을 희생한다 하더라도 기뻐하고 기뻐하겠다고 말합니다. 도대체 어떻게 이 일이 가능할까요?

다른 성도들과 한마음으로 똘똘 뭉치려 할 때, 오직 겸손으로 자기보다 남을 더 낮게 여길 때, 그리스도 예수의 마음을 품을 때, 두렵고 떨림으로 구원을 이루려 할 때 이 일은 가능합니다. 바울은 바로 자기 자신을 빌립보교회 성도들에게 모범으로 보여 주고 있습니다. 자신이 지금까지 말한 모든 것을 실천하는 사람으로서 바로 자기 자신을 제시하고 있는 것입니다.

내가 그리스도를 본받는 자가 된 것같이 너희는 나를 본받는 자가 되라 _고전 11:1

얼마나 멋진 고백입니까! "너희가 예수님을 본받기 원하느냐? 그렇다면 나를 본받는 자가 되라"고 말합니다. 바울의 교만을 보여 주는 것이 아닙니다. 그가 얼마나 예수님 닮기를 힘썼는지를 보여 줍니다. 바울은 "나는 예수님을 닮기에 턱없이 부족하지만, 여러분은 제발 예수님을 닮으세요"라고 말하지 않았습니다. 대신 "나는 예수님 닮기에 최선을 다하고 있습니다. 그렇기에 예수님을 닮기 원하는 분들은 저를 보십시오"라고 말했습니다. 우리는 최선을 다해 예수님을 닮아 가야 합니다. 그래서 다른 사람들에게 우리 자신을 통해 예수님을 보여 줄 수 있어야 합니다. 그렇지 않고 "나는 못하지만 그래도 너희는 예수님을 닮으라"고 한다면, 그 말은 공허할 수밖에 없습니다.

제가 전에 청년부를 지도할 때였습니다. 청년들이 나이가 차다음 청년부로 넘어가야 해서 졸업식을 했습니다. 이때 졸업하는 청년들이 모두 앞으로 나와서 후배들에게 짧은 인사말을 했습니다. 졸업하는 청년이 10명 정도 되었는데, 너무나 신기하게도 10명 모두가 후배들에게 똑같은 말을 했습니다. "나는 못했지만 너희는 잘하기를 바란다"는 것이었습니다. "나는 청년부 예배에 잘 못 나왔지만, 너희는 잘 나오기를 바란다. 나는 기도 생활을 잘 못했지만, 너희는 기도를 잘하기 바란다. 나는 신앙생활을 제대로 못했지만, 너희는 잘하기를 바란다." 어쩌면 이렇게 10명 모두가 똑같이 말했습니다. 그래서 제가 마지막으로 다음과 같이 말했습니다. "선배가 좋은 모범을 보여 주지 못했는데, 어떻게 후배가 잘할 수 있겠어? 다음 졸업식에는 '내가 이렇게 최선을 다했으니 나처럼 너희도 최선을 다하기 바란다'고 말하는 사람이 나왔으면 좋겠다."

내가 못한 것을 다른 사람이 잘하기 바라는 것은 무책임한 것입니다. 앞서간 사람이 좋은 모범을 보여야 뒤에 따라가는 사람도 그 모범을 따라 잘할 수 있습니다. 지금 바울이 바로 그렇게 하고 있습니다. 바울은 말로만 빌립보교회 성도들에게 그리스도의 복음에 합당하게 살라고 명령하지 않았습니다. 자신이 먼저 그 삶을 살았습니다. 바울은 한마음으로 똘똘 뭉치는 것이 무엇인지, 자기보다 남을 낮게 여기는 것이 무엇인지, 그리스도 예수의 마음을 가진다는 것이 무엇인지, 두렵고 떨림으로 구원을 이루는 것이 무엇인지 자기 자신의 삶을 통해 빌립보교회 성도들에게 보여 주었습니다.

저는 저를 포함하여 우리 모두가 이런 귀한 모범을 보여 주는 성도가 될 수 있기를 바랍니다. "나는 못하지만, 당신은 그렇게 해야 한다"고 말하는 것이 아니라 "내가 최선을 다하는 것처럼 당신도 최선을 다하기 바란다"고 말할 수 있기를 바랍니다. 이런 모범적인 성도가 많아질수록 교회는 그리스도의 복음에 합당하게 살아가는 성도들도 가득 채워지게 될 것입니다.

바울은 두 번째로 자신의 영적인 아들이자 동역자인 디모데를 소개하며 빌립보교회 성도들에게 그를 보낼 계획을 알려 주고 있습니다.

　내가 디모데를 속히 너희에게 보내기를 주 안에서 바람은 너희의
　사정을 앎으로 안위를 받으려 함이니 _19절

　바울이 디모데를 보내려고 한 이유는 빌립보교회 사정을 알기 위함이었습니다. 그런데 이처럼 디모데를 보낼 계획을 알리는 가운데서도 바울은 그를 하나의 모범생으로 제시합니다.

　이는 뜻을 같이하여 너희 사정을 진실히 생각할 자가 이밖에 내게
　없음이라 _20절

　바울은 단순히 디모데를 보내겠다고만 말하지 않고, 많은 사람 중에 왜 디모데를 보내는지 설명해 주고 있습니다. 빌립보교회의 사정을 진실히 생각할 사람이 바울에게는 디모데밖에 없었기 때문입니다. 바울 주변에 사람이 별로 없었다는 뜻은 아닙니다. 바울 주변에는 많은 사람이 있었습니다. 그러나 디모데처럼 빌립보교회를 진실하게 생각하는 사람은 없었습니다.

　그들이 다 자기 일을 구하고 그리스도 예수의 일을 구하지 아니하

되_21절

자기 일을 구하고 그리스도 예수의 일을 구하지 아니하는 그들은 하나님을 모르는 세상 사람들이 아닙니다. 세상 사람들은 당연히 그리스도 예수의 일을 구하지 않습니다. 오직 자기 일만 구합니다. 그런데 하나님을 알고 예수님을 믿는 성도들 가운데서도 예수님의 일을 구하지 않고 오직 자기의 일만 구하는 사람들이 많았습니다.

겉으로는 하나님을 위해 사는 것처럼 보입니다. 예배도 열심히 드리고, 교회에서 하는 봉사도 열심히 합니다. 말도 얼마나 신앙적으로 잘하는지 모릅니다. 하지만 그 모든 일이 결국은 자기를 위한 일입니다. 주님을 위해 봉사하고 성도를 섬긴다고 할 때, 자신이 손해 보지 않는 정도까지만 합니다. 자신에게 이익이 안 되고 희생이 요구되면 뒷걸음칩니다. 열심히 봉사했는데 사람들의 인정을 받지 못하면 슬그머니 내려놓습니다. 하나님을 위해 산다고 하지만 실제로는 자기를 위해 사는 사람입니다. 불행히도 이런 사람들이 교회 안에 많습니다.

바울은 지금 그 얘기를 하고 있습니다. 자기 일이 아닌 빌립보 교회 성도들의 일을 진심으로 걱정해 주고, 아무 대가 없이 일해 줄 사람이 디모데밖에 없다는 것입니다. 바울은 디모데가 그런 사람이라는 것을 오랜 세월 함께 일하면서 알게 되었습니다.

디모데의 연단을 너희가 아나니 자식이 아버지에게 함같이 나와 함께 복음을 위하여 수고하였느니라 _22절

"디모데의 연단을 너희가 아나니"라는 말은 디모데가 검증이 된 일꾼이라는 뜻입니다. 디모데는 그야말로 자기가 아닌 복음을 위하여 모든 수고를 다했던 검증된 일꾼이었습니다. 바울은 바로 그런 디모데를 그들에게 보낸다고 말하면서, 다른 한편으로는 이런 디모데야말로 그리스도의 복음에 합당하게 사는 성도임을 빌립보교회 성도들에게 모범으로 보여 주고 있습니다.

우리는 정말 하나님을 섬기는 사람으로 신앙생활을 합니까? 아니면 하나님 믿는 것을 통해 내가 원하는 것을 얻기 위해 신앙생활을 합니까? 좀 더 단도직입적으로 말하자면 우리는 하나님을 섬기는 사람입니까? 아니면 하나님을 이용하는 사람입니까? 만약 우리가 하나님을 이용하는 사람이라면, 우리는 절대 그리스도의 복음에 합당하게 살 수 없을 뿐만 아니라 모든 성도와 하나로 똘똘 뭉쳐 한마음을 가질 수도 없을 것입니다. 그리스도 예수의 마음을 품지 못하는 것은 당연하고, 두렵고 떨림으로 구원을 이룰 수도 없을 것입니다.

오직 디모데처럼 자기 일을 구하지 않고 하나님의 일을 구하는 성도만이 그리스도의 복음에 합당한 삶을 살고 그런 교회를 세울 수 있습니다. 지금 우리 앞에 제시된 모범생 바울과 디모데

를 보시기 바랍니다. 그들이 어떻게 그리스도의 복음에 합당한 삶을 살았는지를 보시기 바랍니다. 그들은 자기의 삶을 보여 주며 우리에게 본받으라고 말합니다. 자신이 그리스도를 닮은 것처럼, 우리들도 자신을 보고 그리스도를 닮으라고 합니다.

우리 모두가 바울처럼, 디모데처럼 그리스도의 복음에 합당하게 살 수 있기를 바랍니다. 다른 사람을 위해 기꺼이 희생하면서 오히려 그것을 기뻐하고 자기 일보다 주님을 위한 일, 성도를 위한 일을 먼저 생각하는 모범생으로 살 수 있기를 바랍니다. 하나님은 그런 우리를 통해 영광을 받으시고, 당신의 교회를 든든히 세워 가실 것입니다.

14 거룩한 왕따

빌 2:25-30

우리는 왕따 문제를 심각하게 생각합니다. 왕따는 한 공동체에서 특정한 사람을 떼어 놓고 멀리하는 것을 말합니다. 보통은 왕따 문제가 아이들 사이에서만 있을 것이라고 생각합니다. 하지만 왕따 문제는 공동체가 있는 모든 곳에 존재합니다. 아이들이 다니는 유치원이나 학교에만 있는 것이 아니라, 어른만 있는 회사, 군대, 동호회 같은 곳에도 있습니다. 심지어 교회 안에도 있습니다.

우리는 자기와 다르게 말하거나 생각하거나 행동하는 사람을 다르다고 생각하기보다 틀렸다고 생각합니다. 그래서 나와 다른 사람을 보면 "저 사람은 틀린 사람이야"라고 말합니다. 오래전에 공익 광고 협의회에서 만든 포스터가 하나 있었습니다. 포스터에는 세 개의 크레파스 사진이 있는데, 흰색, 황색, 검은색입니다. 그리고 크레파스 사진 위에 큰 글자로 이렇게 썼습니다. "모두 다 살색입니다." 우리는 보통 황색을 살색이라고 부릅니다. 우리 피부가 황색이기 때문입니다.

하지만 백인에게 살색은 흰색이고, 흑인에게 살색은 검은색입니다. 그러므로 황색을 살색이라고 부르는 것은 백인과 흑인을 무시하는 일이 됩니다. 분명 피부가 다른 사람이 존재한다는 것을 알면서도 우리가 황색을 살색이라고 부르는 것은 나와 다른 사람을 다르게 보지 않고 틀리게 보기 때문입니다. 이것도 넓게 보면 왕따 문제와 다르지 않습니다. 나와 다른 사람을 틀린 것으로 보고 멀리하는 것이기 때문입니다.

우리에게는 자신과는 다른 사람을 멀리하고자 하는 마음이 있습니다. 이것을 뒤집어 생각해 보면, 그래서 우리는 다른 사람과 다르지 않기 위해 많은 노력을 합니다. 한편으로는 나와 다른 사람을 왕따시키면서, 다른 한편으로는 내가 왕따가 되지 않도록 다른 사람과 같아지려고 노력합니다. 흔히 서양 사람들이 우리나라 사람들을 보고 개성이 부족하다고 평가합니다. 왜냐하면 너무 비슷하기 때문입니다.

몇 년 전에 중고등학교 학생들 사이에서 롱 패딩이 유행했습니다. 무릎까지 오는 긴 잠바를 입는 것입니다. 이때 반에서 90% 이상이 그 옷을 입었습니다. 한 번 생각해 보십시오. 반 아이들 모두가 검은색 롱 패딩을 입고 있는 것입니다. 그렇다고 그 옷은 결코 싸지 않았습니다. 하지만 아이들은 부모를 조르고 졸라서 그것을 사 입었습니다. 부모들도 내 아이만 그것을 안 입으면 왕따가 될까 봐 자기 옷을 위해서는 지불해 본 적 없는 고가를 지불하고 롱 패딩을 사 주었습니다.

그런데 아이들만 그렇습니까? 우스갯소리로 강남 길거리에 가서 젊은 여자분들 얼굴을 보면 모두 어디서 본 듯한 느낌이 든다고 하지 않습니까? 병원에서 성형 수술을 받을 때 비슷한 연예인을 따라 만들어 달라고 하기 때문에 그 느낌이 비슷하다는 것입니다. 얼굴도 비슷해야 안심을 합니다. 남자들도 다르지 않습니다. 다른 사람이 사는 차를 똑같이 사야 하고, 다른 사람이 하는 운동도 똑같이 해야 마음이 편합니다.

모난 돌이 정을 맞는다고 다른 사람과 다르면 뭔가 불안합니다. 그래서 사람들이 흔히 하는 말이 '중간만 가자'입니다. 너무 앞서가도 왕따를 당하고, 너무 뒤로 처져도 왕따를 당하기 때문입니다. 중간에 있으면 많은 사람 사이에서 묻어갈 수 있기 때문에 중간만 가자고 말합니다. 이처럼 우리는 왕따가 되는 것을 두려워합니다.

하지만 하나님의 생각은 우리의 생각과 다릅니다. 물론 하나님께서 왕따 문제를 하찮게 생각하신다는 뜻은 아닙니다. 왕따 문제는 우리가 심각하게 생각하고 반드시 고쳐야 할 중요한 문제임에 틀림없습니다. 그럼에도 불구하고 하나님은 다른 사람을 왕따시키는 것은 금하시지만, 우리가 자발적으로 왕따가 되는 것은 응원하십니다. 물론 여기서 말하는 왕따는 엉뚱한 짓을 해서 세상 사람들에게 버림을 당하는 사람이 아니라, 세상 모든 사람이 다 간다고 해서 그 길을 따라가지 않고 힘들고 어려워도 하나님께서 원하시는 길을 가는 사람입니다. 이것을 우리는 '거룩한 왕따'라고 말할 수 있을 것입니다. 하나님은 우리가 기꺼이 거룩한 왕따가 되기를 바라십니다.

구약을 보면 하나님은 거룩한 왕따들을 통해 구원 역사를 이끌어 오셨음을 알 수 있습니다. 하나님은 온 세상이 죄악으로 가득 차자 홍수를 통해 심판하고자 하셨습니다. 이때 하나님은 당시 거룩한 왕따였던 노아와 그의 가족만을 방주를 통해 구원하셔서 역사를 계속해서 이끄셨습니다. 또 하나님은 수많은 나라 중에 보잘것없는 이스라엘 백성을 선택하셨고, 또 그중에서도 남은 자를 통해 일하셨습니다. 하나님은 북이스라엘의 가장 타락한 왕인 아합이 다스릴 때, 모든 제사장과 선지자들이 타락한 그때, 단 한 명의 거룩한 왕따 선지자인 엘리야를 통해 역사하셨고, 또 7천 명의 남은 자를 숨겨 두셔서 당신의 구원 역사를 이루어 가셨습니다.

또 이스라엘이 앗수르와 바벨론에게 완전히 멸망당했을 때, 하나님은 포로로 끌려간 백성들이 70년 후에 다시 돌아오게 하셔서 그들을 통해 구원 역사를 진행해 가셨습니다. 하나님은 이들을 남은 자라고 부르셨습니다. 그들은 비록 소수에 불과했지만, 하나님은 그 거룩한 왕따들을 통해 당신의 뜻을 이 땅 가운데 이루어 가셨습니다. 이처럼 구약은 거룩한 왕따의 역사라고 해도 과언이 아닙니다.

예수님 또한 마찬가지입니다. 예수님도 왕따셨습니다. 그분은 미혼모에게서 태어나셨습니다. 물론 성령의 잉태로 된 일이지만, 성령의 역사를 알지 못하는 사람에게 예수님은 미혼모의 아들로 인식될 수밖에 없었습니다. 또 그분의 부모는 가난했습니다. 그래서 예수님은 어릴 때부터 가정을 책임지시기 위해 고된 노동을 하셔야 했습니다. 비록 예수님 곁에는 수많은 사람으로 북적였지만, 그중에 사회적으로 알아주는 사람은 매우 극소수에 불과했습니다. 여인들, 세리들, 창녀들, 수많은 병자 등 모두가 멀리하고 기피하는 사람들만 예수님 가까이에 있었습니다. 결국 예수님은 이스라엘 지도층에게 재판을 받고 십자가에서 처형당하십니다. 예수님은 철저히 왕따셨습니다.

그런데 예수님은 당신이 왕따일 뿐 아니라 당신을 따르는 사람 또한 왕따여야 함을 친히 가르쳐 주셨습니다.

좁은 문으로 들어가라 멸망으로 인도하는 문은 크고 그 길이 넓어 그리로 들어가는 자가 많고 생명으로 인도하는 문은 좁고 길이 협착하여 찾는 자가 적음이라 _마 7:13-14

예수님은 많은 사람이 찾는 넓은 길이 아닌 좁은 길로 가라고 말씀하십니다. 거룩한 왕따가 되라는 말씀입니다.

하나님께서 이처럼 우리에게 거룩한 왕따가 되라고 하시는 이유는 분명합니다. 우리가 이 세상 사람과 똑같이 살 수 없기 때문입니다. 이 세상 사람들의 삶의 방식을 우리는 따를 수 없습니다. 우리가 살아야 할 방식이 따로 있기 때문입니다. 바울은 이것을 "오직 너희는 그리스도의 복음에 합당하게 생활하라"(빌 1:27)는 말로 표현했습니다. 빌립보교회 성도들은 당시 빌립보 사람들이 살았던 방식, 즉 로마 제국의 복음을 따라 살아서는 안 되고, 오직 그리스도의 복음에 합당하게 살아야 했습니다. 다시 말해 로마 제국 안에서 거룩한 왕따가 되어야 한다는 것입니다. 그런데 거룩한 왕따로 사는 것은 결코 쉬운 일이 아닙니다. 왕따가 된다는 것은 정말 견디기 어려운 일입니다.

제가 대학교에 들어가 신입생 수련회에 참석할 때였습니다. 말이 좋아 수련회지, 공대생만 있다 보니 그야말로 2박 3일 술판만 벌였습니다. 수백 개의 소주병와 맥주병이 방에 가득했고, 수련회 기간 동안 그것을 다 마셔야 했습니다. 첫날 술판이 벌어질 때 신입생은 자기소개를 해야 했습니다. 저는 고 씨라서 첫 순서였습니다. 모두가 저를 주목했습니다. 이때 제가 이렇게 말했습니다. "저는 그리스도인으로 술은 안 마시지만, 여러분과 더욱 가까워지기 위해 노력하겠습니다." 이 말을 하자 그 흥겨웠던 분위기가 싸늘해졌습니다. 곳곳에서 야유가 터졌습니다. 제가 신입생일 때 공대 분위기는 조금 살벌했습니다. 노골적으로 강요하지는 않았지만, 불편한 마음을 숨기지 않았습니다. 왕따가 된다는 것이 얼마나 공포스러운 일인지를 조금이나마 느낄 수 있었습니다.

분명 로마 제국 한가운데서 로마 제국의 복음이 아닌 그리스도의 복음을 따라 거룩한 왕따로 산다는 것은 힘든 일이었습니다. 하지만 우리는 그런 거룩한 왕따로 부르심을 받았습니다. 그렇기에 이것이 힘들고 위험하다고 해서 피할 수 없습니다. 그래서 바울은 오직 그리스도의 복음에 합당하게 생활하라고 명령하면서, 동시에 혼자가 아니라 모두가 한마음으로 똘똘 뭉쳐서 그렇게 살아야 한다고 말했습니다. 즉 혼자서 거룩한 왕따로 사는 것이 아니라 모두가 거룩한 왕따로 함께 살아야 한다는 것입니다. 다르게 말해서 교회는 거룩한 왕따들의 공동체입니다.

바울은 우리가 거룩한 왕따가 되기 위해 그리스도의 복음에 합당하게 생활해야 하고, 교회가 거룩한 왕따 공동체가 되기 위해 한마음으로 똘똘 뭉치고, 그리스도의 마음을 품고, 두렵고 떨림으로 구원을 이루어 가야 한다고 말했습니다. 그러면서 두 명의 모범생을 예로 들었습니다. 바로 바울 자신과 디모데입니다. 바울은 빌립보교회 성도들이 그리스도의 복음에 합당한 삶을 살도록 하기 위해서라면 자신의 모든 것을 기꺼이 희생하려고 했습니다. 디모데는 모든 사람이 자기의 일을 먼저 구할 때, 홀로 그리스도 예수의 일을 구한 사람이었습니다. 바울은 이런 사람들이야말로 교회를 거룩한 왕따 공동체로 만드는 사람이라고 말합니다.

그리고 바울은 본문에서 또 한 명의 모범생을 보여 줍니다. 바로 에바브로디도입니다. 에바브로디도는 빌립보교회 성도로서 빌립보교회를 대표하여 감옥에 갇힌 바울을 섬기도록 보냄을 받은 사람이었습니다.

> 그러나 에바브로디도를 너희에게 보내는 것이 필요한 줄로 생각하노니 그는 나의 형제요 함께 수고하고 함께 군사 된 자요 너희 사자로 내가 쓸 것을 돕는 자라 _25절

바울은 에바브로디도를 세 가지로 설명합니다. 그는 바울의 형제이고, 함께 수고하는 일꾼이고, 함께 군사 된 사람입니다. 이것은 에바브로디도가 복음을 위해 얼마나 많은 수고를 한 충성된 일꾼인지를 분명히 보여 줍니다.

빌립보교회는 이런 에바브로디도를 감옥에 갇힌 바울을 돕기 위해 대표로 보냈습니다. 그런데 에바브로디도에게 안타까운 일이 발생했습니다. 그가 바울에게 가는 도중에 그랬는지, 아니면 바울이 갇힌 로마 감옥에 도착한 이후에 그랬는지 분명히 알 수는 없지만 매우 심각한 병에 걸렸던 것입니다. 그 병이 얼마나 심각했는지 거의 죽을 뻔했습니다.

그가 병들어 죽게 되었으나 _27절

그런데 참으로 놀라운 사실은 병에 걸려 사경을 헤매는 에바
브로디도가 자기 자신을 걱정하는 것이 아니라 빌립보교회 성도
들을 걱정했다는 것입니다.

그가 너희 무리를 간절히 사모하고 자기가 병든 것을 너희가 들은
줄을 알고 심히 근심한지라 _26절

지금 에바브로디도는 자기 코가 석 자인 상황입니다. 교회의
보냄을 받아 바울을 섬기기 위해 로마까지 고생고생하며 왔는데
그만 병에 걸리고 말았습니다.

에바브로디도가 로마에 왜 왔습니까? 사업을 크게 해서 돈을
많이 벌려고 왔습니까? 자기의 명성을 드높이기 위해 왔습니까?
아닙니다. 에바브로디도가 로마에 온 까닭은 단 하나입니다. 복
음을 위해 감옥에 갇힌 바울을 섬기기 위해서였습니다. 에바브
로디도는 주님과 복음을 위해 고생고생하며 로마에 왔습니다.
그런데 그 결과가 무엇입니까? 죽을병에 걸린 것입니다. 참으로
딱하지 않을 수 없습니다. 이런 상황이라면 에바브로디도에게
어떤 생각이 드는 것이 정상일까요? 아마도 하나님을 향해 원망
하는 것이 정상일 것입니다. '하나님, 내가 이 먼 곳 로마에 왜 왔

습니까? 당신을 위하여, 당신의 종을 섬기기 위해 온 것이 아닙
니까? 그렇다면 병에서 얼른 낫게 해 주셔야지요. 아니, 아예 병
에 걸리지 않도록 해 주셔야 맞는 것 아닙니까!' 이렇게 원망하는
것이 자연스러울 것입니다.

그런데 에바브로디도는 하나님을 원망하기는커녕 심히 근심
하였습니다. 자신의 상태를 심히 근심한 것이 아닙니다. 빌립보
교회 성도들이 자기를 걱정하는 것 때문에 심히 근심하였습니
다. 누군가가 벌써 에바브로디도가 심각한 병에 걸렸다는 소식
을 빌립보교회에 전했던 것입니다. 이것을 알게 된 에바브로디
도는 그때부터 아픈 자신의 몸 때문이 아니라 자기를 걱정하는
빌립보교회 성도들 때문에 심히 근심하였습니다. 참 기가 막힌
일 아닙니까?

어떻게 자기가 죽어 가는 상황 속에서도 온통 다른 사람들만
을 위해 걱정할 수 있을까요? 정말 먼 거리를 여행해서 감옥에
갇힌 바울에게 선물을 전달하고 그를 섬기는 일만 해도 대단한
헌신 아닙니까? 누가 이런 일을 선뜻 하겠다고 말하겠습니까?
누가 이 헌신이 충분하지 않다고 말할 수 있겠습니까? 하지만 에
바브로디도는 자신을 전혀 돌보지 않고 오직 주님과 성도들만 생
각하였습니다.

그가 그리스도의 일을 위하여 죽기에 이르러도 자기 목숨을 돌보

지 아니한 것은 나를 섬기는 너희의 일에 부족함을 채우려 함이니
라 _30절

에바브로디도는 그리스도의 일을 위하여 죽기에 이르러도 자
기 목숨을 돌보지 아니한 사람이었습니다. 이것이 바울의 평가
입니다.

자기 목숨보다 중요한 것이 이 세상에 어디 있습니까? 아무리
그 사람이 착해도, 아무리 충성스러워도, 그가 아무리 대의를 중
요하게 생각하는 사람이라 할지라도 목숨을 내놓는 것은 결코 쉬
운 일이 아닙니다. 사실 우리는 목숨은 고사하고 작은 손해라도
나면 그것을 참기가 쉽지 않습니다. 우리는 작은 이익에도 손이
벌벌 떨립니다. 그런데 어떻게 에바브로디도는 그리스도를 위하
여 자기 목숨을 기꺼이 희생하려고 했을까요?

그것은 그가 예수님을 닮은 거룩한 왕따였기 때문입니다. 바
울은 지금 에바브로디도 이야기를 하면서 머릿속으로 그를 예수
님과 연결시키고 있습니다. 그 증거가 '죽기에 이르러도'라는 말
입니다(30절). 바울은 에바브로디도가 그리스도의 일을 위하여
죽기에 이르러도 자기 목숨을 돌보지 않았다고 말합니다.

그런데 에바브로디도처럼 똑같이 하나님의 뜻을 위해 죽기에
이르렀던 분이 계십니다. 바로 예수님입니다. 바울은 예수님에
대해 이렇게 말했습니다.

사람의 모양으로 나타나사 자기를 낮추시고 죽기까지 복종하셨으니 곧 십자가에 죽으심이라 _빌 2:8

예수님께서 죽기까지 복종하셨다고 할 때의 '죽기까지'와 에바브로디도가 그리스도의 일을 위하여 죽기에 이르러도 할 때의 '죽기에 이르러도'가 헬라어 성경에는 똑같은 단어로 되어 있습니다(μέχρι θανάτου). 바울은 에바브로디도의 행동이 바로 예수님의 행동을 따라한 것임을 알았습니다. 에바브로디도는 그야말로 예수님처럼 하나님의 뜻을 위해 철저하게 자신의 모든 것을 포기하고 희생했던 사람입니다. 다시 말해 에바브로디도는 그리스도 예수의 마음을 품은 사람이었습니다.

이 세상 사람들은 자기의 일을 가장 중요한 것으로 알고 살아갑니다. 나 자신이 가장 중요합니다. 내 가족, 내 직업, 내 명예, 내 자존심, 내 미래, 내 건강, '나'보다 더 중요한 것은 세상에 없습니다. 먼저는 '나'이고, 다른 것은 그 다음입니다. 그런데 세상 사람들만 그런 것은 아닙니다. 교회를 다니며 신앙생활하는 우리 또한 다르지 않습니다. 앞서 살펴본 것처럼 바울은 모든 사람이 자기의 일을 구할 뿐 그리스도의 일을 구하지 않는다고 말했습니다. 여기서 말하는 모든 사람은 하나님을 모르는 세상 사람들이 아니라 복음과 예수님을 믿는 사람들입니다. 예수님을 믿어도 여전히 '내'가 가장 중요합니다.

이것은 심각한 문제입니다. 단지 그 사람이 좀 더 이기적인 사람이라서가 아닙니다. '내'가 가장 중요한 사람은 그 인생의 주인 자리에 여전히 자기 자신이 있기 때문입니다. 내가 여전히 내 인생의 주인 자리에 있기 때문에 '내'가 가장 중요한 것입니다. 하지만 예수님을 믿고 신앙생활한다는 것은 내 인생의 주인 자리에 내가 아닌 하나님께서 계신다는 뜻입니다. 그래서 우리는 하나님과 예수님을 주님이라고 부릅니다. 주님이라는 말은 단순히 호칭이 아닙니다. 내 인생을 다스리시는 주님, 내 인생을 소유하신 주인, 내가 평생 사랑하고 섬겨야 할 분이라는 뜻입니다. 이런 뜻으로 하나님과 예수님을 주님이라고 부르지 않는다면 그 사람은 엄밀한 의미에서 성도라 할 수 없습니다. 내 인생의 주인이 여전히 나 자신이라면 그 사람은 예수님과 상관없는 사람입니다. 오히려 그 사람은 하나님과 예수님을 믿는 사람이 아니라 이용하는 사람입니다. 나를 위해, 내 이익을 위해 하나님과 예수님을 이용하는 것입니다.

이런 사람은 절대 그리스도의 복음에 합당하게 살 수 없습니다. 다른 성도들과 한마음으로 똘똘 뭉칠 수 없습니다. 그리스도 예수의 마음을 품을 수 없습니다. 두렵고 떨림으로 구원을 이루어 갈 수 없습니다. 왜냐하면 그 일이 자신에게 손해가 된다고 생각하기 때문입니다. 자신에게 아무 유익이 없어 보이기 때문입니다. 자기가 인생의 주인인 사람이 신앙생활을 하는 이유는 하나님으로부터 무언가 얻을 것이 있다고 생각하기 때문입니다. 그것이 물질이건, 마음의 안정이건, 사람들의 인정이건 바라는 것을 얻을 수 있기 때문에 신앙생활을 합니다. 하지만 이것은 진정한 의미의 신앙생활이 아니라 하나님을 이용하는 것에 불과합니다.

참된 신앙생활은 하나님과 예수님을 자기 인생의 주님으로 모시는 것으로 시작합니다. 그럴 때 에바브로디도처럼 자기를 돌보지 않고 오직 그리스도의 일과 성도의 일만 근심하는 사람이 될 수 있습니다. 그리고 바로 이런 성도를 통해 교회는 복음의 빛을 환히 비추는 교회로 든든히 서 가게 됩니다.

물론 에바브로디도처럼 사는 것이 말처럼 쉬운 일은 아닙니다. 하지만 진짜 문제는 따로 있습니다. 우리의 진짜 문제는 에바브로디도처럼 살 수 없다는 것보다는 에바브로디도처럼 살고 싶지 않다는 것입니다. 좀 세게 말해서 에바브로디도처럼 사는 멍청이가 세상에 어디 있습니까? 자기 목숨보다 자기를 걱정하는 성도를 더 근심하는 그런 바보가 세상에 어디 있느냐는 말입니다. 그런 사람이 되는 것도 어렵지만, 그런 사람이 되고자 하는 마음을 갖는 것은 훨씬 더 어렵습니다. 왜 그렇습니까? 이미 언급한 대로 우리 인생의 주인이 여전히 우리 자신이기 때문입니다.

자신이 인생의 주인인 사람에게 에바브로디도의 삶은 도저히 이해 불가능합니다. 왜 그렇게 살아야 하는지 이해할 수 없습니다. 하지만 하나님을 주님으로 모시고 예수님을 따라 살려고 하는 성도는 그렇게 사는 것이 분명 어려운 일이지만 그럼에도 불구하고 따라야 할 삶이라고 믿습니다. 왜냐하면 자기 인생의 주인이신 하나님께서 원하시는 삶이고, 그분의 아들 예수님께서 그렇게 사셨기 때문입니다.

저는 지금 단순히 에바브로디도를 본받자, 에바브로디도처럼 살자고 말하는 것이 아닙니다. 어떻게 에바브로디도가 세상 사람들은 도무지 상상할 수 없는 그런 삶을 살 수 있었는지를 말하고 있는 것입니다. 그것은 그에게 어떤 특별한 능력이 있거나 그가 다른 사람보다 훨씬 착하거나 관대해서가 아니었습니다. 에바브로디도가 이처럼 자기를 희생하고 다른 사람을 위할 수 있었던 것은 그가 하나님을 인생의 주님으로 모시고 예수님의 마음을 품었기 때문입니다. 오직 하나님을 주님으로 모시고 사는 성도만이 에바브로디도처럼 살 수 있습니다. 그리고 그런 사람을 통해 교회는 든든히 세워지고, 그 교회를 통해 복음의 빛이 세상을 환하게 비출 수 있습니다.

분명 에바브로디도는 왕따입니다. 세상 사람들이 절대 가지 않는 길을 가는 사람이기 때문입니다. 하지만 그는 누구보다 하나님의 사랑과 칭찬을 받는 거룩한 왕따입니다. 그리고 하나님은 그런 에바브로디도를 통해 빌립보교회를 거룩한 왕따 공동체로 만들어 가셨습니다.

우리 모두가 하나님을 우리 인생의 주님으로 모시고 예수님께서 가신 길을 걸어갈 수 있기를 바랍니다. 세상 사람들이 이해하지 못하고 심지어 손가락질하는 왕따가 가는 길이라도 우리의 주님이신 하나님께서 원하시기에 묵묵히 걸어갈 수 있기를 바랍니다. 하나님은 그런 거룩한 왕따를 통해 지금도 구원 역사를 이루고 계십니다. 그리고 그런 거룩한 왕따들을 통해 세상 가운데 소금과 빛의 사명을 감당하는 교회를 세우십니다.

15 우리가 곧 할례파라

빌 3:1-3

바울은 본문을 통해 빌립보교회에 침투한 이단들의 정체와 가르침을 밝혀내면서, 참 성도와 교회가 무엇인지를 알려 주고 있습니다.

> 끝으로 나의 형제들아 주 안에서 기뻐하라 너희에게 같은 말을 쓰는 것이 내게는 수고로움이 없고 너희에게는 안전하니라 _1절

바울은 "끝으로 나의 형제들아 주 안에서 기뻐하라"고 말합니다. 그런데 이 말씀을 빌립보서 4장 4절과 이어서 읽어 보십시오. 그러면 아주 자연스럽게 이어집니다. "끝으로 나의 형제들아 주안에서 기뻐하라. 주 안에서 항상 기뻐하라 내가 다시 말하노니 기뻐하라."

이렇게 본다면 3장 1절 뒷부분부터 4장 3절까지의 내용은 바울이 원래 하려고 했던 말 사이에 끼어든 부분이라고 할 수 있습니다. 왜 이런 현상이 일어났을까요? 바울은 이 편지를 쓸 때, 처

음부터 끝까지 앉은 자리에서 전부 쓴 것이 아닙니다. 며칠 동안 쓰고 있는 것입니다. 아마도 바울은 직접 쓰지 않았을 것이고, 그가 불러 주면 옆에 있는 사람이 대신 써 주었을 것입니다. 바울의 또 다른 편지인 로마서를 보면 그 편지를 직접 쓴 사람이 더디오였음을 알 수 있습니다. 이렇게 로마서와 비슷한 방식으로 빌립보서도 기록되었을 것입니다.

이렇게 바울이 불러 주고 어떤 사람이 그 편지를 받아쓰는 동안 빌립보교회로부터 사람이 와서 교회 소식을 알려 주었습니다. 특히 빌립보교회 안에 이단이 들어와서 거짓 가르침을 전파한다는 소식이었습니다. 바울은 이 사태가 심각함을 알고, 편지를 마무리하려다가 이 문제를 자세히 다루기로 합니다. 그래서 이 본문이 마치 중간에 끼어든 것처럼 보입니다.

빌립보교회 안에 이단이 들어왔습니다. 사실 바울은 빌립보교회 성도들에게 이미 이단에 관한 많은 가르침을 주었습니다. 하지만 이 문제가 워낙 심각해서 바울은 또다시 편지를 통해 가르침을 줍니다.

너희에게 같은 말을 쓰는 것이 내게는 수고로움이 없고 너희에게는 안전하니라 _1절b

아이들이 큰길을 건널 때 부모는 뭐라고 말합니까? "길을 건너기 전에 신호를 확인하고, 차가 오는지 꼭 살펴보고, 손을 들고 조심조심 건너라"라고 말합니다. 그런데 딱 한 번만 이렇게 말합니까? 아닙니다. 여러 번 합니다. 귀에 딱지가 붙을 정도로 합니다. 심지어 제 어머니는 불혹의 나이가 훨씬 지난 저에게 아직도 길 건널 때 잘 살피고 건너라고 말씀하십니다. 왜 이렇게 자주 반복해서 말할까요? 혹여라도 잘못하면 큰 사고가 나기 때문입니다. 길을 건너는 것이 사소한 일처럼 보이지만, 혹여라도 잘못하면 생명을 잃을 수도 있습니다.

지금 바울은 그런 부모의 심정으로 교회 안에 들어온 이단 문제에 대해 똑같은 말을 반복하고 있습니다. 바울은 자신이 아무리 똑같이 자주 반복해도 자신에게는 그 일이 전혀 수고롭지 않다고 말합니다. 그래야 빌립보교회 성도들이 안전하기 때문입니다. 성도들만 안전할 수 있다면 똑같은 말을 100번, 1000번이라도 할 수 있는 것입니다. 이단 문제가 이처럼 심각합니다.

2020년, 코로나 19 바이러스가 확산되는 초기에 신천지라는 이단이 큰 주목을 받았습니다. 당시 대구에 확진자가 급속도로 늘어난 결정적인 이유가 대구신천지교회였습니다. 코로나 확진자가 대구신천지교회 예배에 참석해서 대규모 감염이 발생하였습니다. 이 일로 신천지라는 이단 집단이 얼마나 반사회적인 단체인지 만천하에 드러났습니다. 당시 어느 정도 시간이 지나 정부와 사회의 압력에 못 이겨 성도들의 명단과 예배 처소를 공개

하긴 했지만, 사건 발생 초창기에는 성도 명단도, 예배 장소도 숨기려고 했습니다.

성도 명단과 예배 장소를 숨기는 일은 일반 종교 단체에서는 상상도 할 수 없습니다. 그런데 왜 그들은 숨기려 했을까요? 그들이 평소에도 자신이 신천지 신도라는 것을 감추면서 신앙생활을 했기 때문입니다. 신천지라고 밝히면 사람들이 이단이라고 멀리하니까 자신의 정체를 숨긴 채 접근하고, 신천지로 넘어오게 되면 그제야 정체를 밝혔던 것입니다. 제가 성경을 가르쳤던 몇몇 청년들도 신천지에 빠졌었는데, 그들도 처음에는 전혀 몰랐답니다. 그저 성경을 공부한다고 해서 참석했는데, 6개월 교육이 끝나니까 그제야 자신들의 정체를 밝혔다고 합니다. 그들은 이처럼 자신의 정체를 숨기기 위해 거짓말하는 것을 모략이라고 부릅니다. 그리고 거짓말로 전도하는 것을 모략 전도라고 합니다. 어떤 신천지 신도는 '영혼을 구하기 위해 모략, 즉 거짓말로 전도할 수밖에 없는 안타까운 현실'이라고 글을 썼습니다. 정말 기가 막힙니다. 어떻게 하나님의 진리의 말씀을 전한다는 사람들이 거짓말로 전도하는 것을 당연하게 여길 수 있습니까?

신천지는 어떻게 알았는지 제 앞으로 편지를 자주 보냅니다. 그런데 제게만 보내는 것이 아니라 아주 많은 교회에도 편지를 보냅니다. 게다가 요즘에는 보기 어려운 손으로 쓴 편지인데, 얼마나 정성껏 썼는지 모릅니다. 내용은 항상 비슷합니다. 자기도 정통 교회 성도였는데, 늘 말씀을 목말라하다가 신천지 교회에 와서 진리를 발견했다는 것입니다. 그러니 목사님도 정신 차리고 신천지로 오라는 것입니다.

어떤 편지에는 주소와 전화번호, 이름까지 딱 적어 놓았습니다. 그래서 편지를 쓴 정성도 있고 해서 전화를 건 적이 있습니다. 그런데 놀랍게도 아예 없는 번호였습니다. 거짓말한 것입니다. 신천지의 교리가 무엇이 잘못되었는지 사실 살펴볼 필요도 없습니다. 이처럼 거짓말로 뻔뻔하게 접근하는 사람들에게 무엇을 기대할 수 있겠습니까? 이렇게 신천지라는 이단이 얼마나 거짓에 능한 반사회적 단체인지 당시 코로나 19 확산을 통해 적나라하게 드러났습니다.

바울도 빌립보교회 안에 침투한 이단을 매섭게 비난합니다.

개들을 삼가고 행악하는 자들을 삼가고 몸을 상해하는 일을 삼가라 _2절

바울은 이단을 세 가지로 표현했습니다. 첫째는 개입니다. 우리나라 정서와 비슷하지 않습니까? 우리도 정말 악한 사람을 보면 '개'와 연결시키지 않습니까? 둘째는 행악하는 자들입니다. 셋째는 몸을 상해하는 일을 하는 자들입니다.

우리는 특히 세 번째 표현, 몸을 상해하는 일을 통해 빌립보교

회 안에 들어온 이단이 어떤 사람들이었는지를 알 수 있습니다. 몸을 상해한다는 말은 더 정확히 표현하면 '살갗을 잘라 내는 것'입니다. 그런데 이스라엘 백성에게 살갗을 잘라 내는 것은 금방 이것과 연결됩니다. 바로 할례입니다. 율법을 따라 이스라엘 남자는 태어난 지 8일에 모두 할례를 받아야 했습니다. 할례는 하나님께서 이스라엘 민족의 조상인 아브라함에게 명령하신 것으로, 하나님 백성의 표지입니다. 그래서 이스라엘 사람들은 외국 사람들을 '할례가 없는 자들'이라고 불렀습니다. 하나님 백성이 아니라는 뜻입니다. 그런데 바울은 여기서 할례를 받은 사람이라고 말하지 않고, 몸을 상해하는 일을 하는 사람이라고 부릅니다. 우리는 이를 통해 빌립보교회에 들어온 이단이 다름 아닌 유대인으로, 특히 할례를 강조한 사람들이었음을 알 수 있습니다.

초대 교회를 괴롭힌 이단 중에 유대인으로 율법주의를 강조한 사람들이 있었습니다. 이 사람들은 분명 예수님을 믿었습니다. 하지만 예수님만 믿어서는 구원을 받을 수 없다고 주장했습니다. 예수님도 믿어야 하고, 율법도 지켜야 한다고 주장했습니다. 그래서 할례도 받아야 하고, 음식과 관련해서도 율법이 정한 음식만 먹어야 한다고 주장했습니다. 그리고 안식일을 반드시 지켜야 한다고 했습니다. 이들은 예수님을 믿었지만, 예수님만으로는 충분하지 않다고 주장했던 것입니다.

'예수님을 믿었으면 된 것 아닌가? 율법을 지켜야 한다고 주장한 것이 그리 큰 잘못인가?'라고 우리는 쉽게 생각할 수 있습니다. 하지만 이것은 정말 큰 잘못입니다. 바울이 그들에게 한 말을 보면 분명히 알 수 있습니다. 바울은 그들을 개라고 말하고, 행악하는 자라고 말했습니다. 보통 센 말이 아닙니다.

그렇다면 예수님을 믿는 것에다가 율법을 지켜야 한다는 것을 덧붙이는 것이 왜 그리 큰 문제가 될까요? 바울이 이 문제를 정말 심각하게 생각한 이유는 구원이 하나님의 은혜로 주어진다는 것을 무너뜨리기 때문입니다. 예수님을 믿어 구원을 받는다는 것은 다른 말로 하나님의 은혜로 구원받는다는 것입니다. 예수님을 믿어 구원받는다 할 때, 그 초점은 '내가 예수님을 믿는다'에 있지 않고, '내가 믿는 예수님께서 무엇을 하셨는가'에 있습니다.

예수님께서 무엇을 하셨습니까? 우리의 모든 죄를 대신 짊어지시고 십자가에서 죽으셨습니다. 이 죽음으로 우리의 모든 죄가 용서받았습니다. 그리고 예수님은 죽은 지 사흘 만에 부활하셨습니다. 이 부활은 예수님께서 우리의 죄만 용서하신 것이 아니라 우리에게 새 생명도 주셨다는 뜻입니다. 우리는 이처럼 우리 죄를 위해 십자가에서 죽으시고 부활하셔서 우리에게 새 생명을 주신 예수님을 믿습니다.

예수님은 그야말로 우리의 구원을 위해 '모든' 일을 하셨습니다. 여기에 조금의 부족함도 없습니다. 우리는 예수님을 믿음으로 구원을 받습니다. 여기에 덧붙여야 할 조건은 아무것도 없습니다. 그러므로 유대인들 중에 율법을 지켜야 구원받는다고 말한 이단은 단순히 예수님을 믿는 믿음에 율법 지키는 것을 덧붙인 것이 아닙니다. 그들은 예수님께서 이루신 구원이 완전하지 않고 부족하다고 말하는 것입니다. 그래서 그 부족한 것을 율법을 통해, 할례를 통해 채워 넣어야 한다고 주장하는 것입니다.

바울이 크게 화낸 것도 바로 이 때문입니다. 이들은 예수님을 믿는 것에 무엇을 좀 더 붙인 것이 아니라 예수님을 믿는 것을 아예 무너뜨렸습니다. 하나님께서 예수님을 통해 전적인 은혜로 주신 구원을 불완전한 것으로 만들어 버렸습니다. 하나님께서 주신 구원에 사람의 공로와 노력, 헌신을 덧붙임으로써 하나님의 구원을 망가뜨렸던 것입니다.

네덜란드의 가장 위대한 화가로 손꼽히는 빈센트 반 고흐의 "가셰 박사의 초상"이라는 그림이 있습니다. 한 남자가 책상에 앉아 묘한 표정을 짓고 있는 그림입니다. 그런데 이 그림의 가격이 얼마인지 아십니까? 1,660억입니다. 그런데 상상해 보십시오. 당신이 이 그림을 볼 때 무언가 부족해 보입니다. 그래서 당신이 직접 붓을 들고 마음에 안 드는 곳에 덧칠을 합니다. 그러면 어떻게 될까요? 대참사가 일어납니다. 이 그림은 가치를 완전히 잃어버리게 될 것입니다. 완전한 작품에 손을 대는 것은 망가뜨리는 것입니다.

하나님께서 예수님을 통해 우리에게 주신 구원이 그렇습니다. 여기에는 우리가 더 보탤 것이 전혀 없습니다. 우리가 무언가를 더 보태려고 하면 구원을 무너뜨리게 됩니다. 바울이 그들을 개라고 부르고, 행악하는 자라고 부르고, 그들이 받은 할례가 할례가 아니라 단지 살을 자른 것에 불과하다고 과격하게 말한 이유가 여기에 있습니다.

하나님께서 은혜로 주신 구원은 있는 그대로 받아야 합니다. 구원은 우리가 무엇을 해서 얻어 내는 것이 아닙니다. 하나님께서 주신 선물로서 우리는 그저 받아야 합니다.

하나님의 성령으로 봉사하며 그리스도 예수로 자랑하고 육체를 신뢰하지 아니하는 우리가 곧 할례파라 _3절

이 말씀을 주목해 보십시오. 예수님 외에 더 보태는 것이 있습니까? 전혀 없습니다. 우리는 하나님의 성령으로 봉사, 더 정확히 말해 예배해야 합니다. 우리는 오직 그리스도 예수만 자랑해야 합니다. 우리는 육체를 신뢰하지 말아야 합니다. 그렇게 하는 사람이 진정으로 구원받은 성도이며 진정한 할례파입니다.

하지만 구원은 하나님의 전적인 은혜라고 성경이 계속 강조해도 우리는 유대인 율법주의자들처럼 끊임없이 우리의 것을 덧붙이려고 합니다. 우리의 헌신, 공로, 노력, 봉사 등을 예수님께서 이루신 구원에 보태려고 합니다. 하지만 이것이야말로 하나님께

서 예수님을 통해 베푸신 구원을 무너뜨리고, 우리를 결국 멸망하게 만듭니다. 우리는 하나님께서 예수님을 통해 우리의 구원을 완성하셨으며, 전적인 은혜로 우리에게 주셨음을 믿어야 합니다. 여기에 실오라기 하나라도 무엇을 덧붙이려고 하면 구원을 망가뜨리게 됩니다. 우리는 하나님께서 예수님을 통해 완전한 구원을 이루셨고, 오직 은혜로 우리에게 주셨음을 감사해야 합니다.

아무리 신천지와 같은 온갖 이단들이 횡행할지라도 예수님께서 우리를 위해 완전한 구원을 이루셨다는 사실을 믿고, 우리 자신이 아니라 오직 하나님과 예수님을 의지한다면 우리는 절대 흔들리지 않을 것입니다.

16 참된 그리스도인

빌 3:3

바울은 본문을 통해 참된 그리스도인이 누구인지를 우리에게 가르쳐 주고 있습니다.

> 하나님의 성령으로 봉사하며 그리스도 예수로 자랑하고 육체를 신뢰하지 아니하는 우리가 곧 할례파라 _3절

바울은 빌립보교회 안에 침투한 이단자들을 조심하라고 경고했습니다. 바울은 "개들을 삼가고 행악하는 자들을 삼가고 몸을 상해하는 일을 삼가라"(2절)고 말합니다. 이단자들을 개, 행악하는 자, 몸을 상해하는 자라고 부릅니다. 그들이 그만큼 교회 안에서 악한 영향력을 발휘하기 때문입니다. 바울이 이단자들을 개라고 부르는 것은 그리 지나치지 않습니다. 그런데 우리가 이단을 조심하는 것도 중요하지만 더 중요한 것이 있습니다. 바로 우리 자신이 진짜가 되는 것입니다.

어디선가 위조지폐를 찾아내는 전문가의 이야기를 읽은 적이

있습니다. 우리나라 최고의 위조지폐 감별사였는데, 그분은 아무리 감쪽같은 위조지폐도 쉽게 골라냅니다. 기자가 감별사에게 위조지폐를 어떻게 이렇게 쉽게 골라낼 수 있느냐고 물었습니다. 위조지폐는 점점 더 교묘하게 만들어지는데 어떻게 정확히 구별할 수 있느냐는 질문이었습니다. 감별사가 이렇게 대답했습니다. "저는 진짜를 연구합니다." 수없이 나오는 위조지폐를 연구하는 것이 아니라 진짜 지폐를 연구한다는 것입니다. 진짜 지폐를 정확히 알면 위조지폐는 쉽게 보인다는 말이었습니다.

저는 이단 문제도 마찬가지라고 생각합니다. 이단 문제는 분명 중요합니다. 이단과 관련해 기본적으로 알아야 할 것은 꼭 배워야 합니다. 하지만 그 방면으로 연구하는 사람을 제외하고 우리 같은 성도는 이단이 아니라 바른 믿음과 바른 신학을 연구해야 합니다. 가짜가 아니라 진짜를 배워야 합니다.

저는 주일 오후 찬양 예배 때 웨스트민스터 신앙 고백서를 비롯하여 소요리문답 등 주로 교리에 관한 설교를 합니다. 오전에 예배를 드리고 점심 먹고 나서 나른한 시간에 교리 설교를 하고 듣는 일은 여간 쉽지 않습니다. 하지만 교리에 관한 설교를 하는 이유는 우리가 진짜를 배워야 하기 때문입니다. 웨스트민스터 신앙 고백서나 소요리문답 등을 배운 성도들은 이단에 쉽게 빠지지 않습니다. 머리에 지식이 많아져서가 아닙니다. 울타리가 만들어지기 때문입니다.

교리를 배우는 것은 울타리를 만드는 것과 같습니다. 교리 설교를 계속 들으면 우리 믿음에 울타리가 생겨서 그 내용은 잘 모른다 해도 울타리를 넘어서는 안 됨을 알게 됩니다. 그래서 이단들이 교묘하게 말할 때, 그것이 울타리를 넘어간다는 것을 눈치채게 됩니다. 내용은 잘 몰라도 그것이 잘못되었음을 느낍니다. 교리 설교를 반복적으로 들으면 우리 영혼에 경고등이 생기는 것입니다. 가짜가 왔을 때 경고등이 작동합니다. 그러므로 진짜를 배워야 합니다. 진짜가 되려고 해야 합니다. 그러면 가짜는 사라지게 됩니다.

바울이 이단에 관한 이야기를 하는 중에 참된 그리스도인이 누구인지를 가르치는 이유입니다. 참된 그리스도인은 누구입니까? 바울은 세 가지로 우리에게 설명합니다. 첫째는 하나님의 성령으로 봉사하는 사람이고, 둘째는 그리스도 예수를 자랑하는 사람이고, 셋째는 육체를 신뢰하지 않는 사람입니다. 그렇다면 우리가 참된 그리스도인인지 어떻게 알 수 있을까요? 이 세 가지를 우리에게 적용해 보면 알 수 있습니다.

리트머스 시험지를 들어보셨습니까? 아마도 어떤 분들은 중고등학교 시절 과학 시간에 사용했던 것을 기억하실 것입니다. 그것은 산성 용액과 알칼리 용액을 구분할 때 사용됩니다. 산성 용액과 알칼리 용액은 그냥 물처럼 보이기 때문에 눈으로 구별할 수 없습니다. 하지만 리트머스 시험지에 산성 용액이 닿으면 빨간색으로 바뀌고 알칼리 용액이 닿으면 파란색으로 바뀝니다. 시험지에 닿자마자 색깔이 변하기 때문에 한눈에 알아볼 수 있습니다. 본문은 일종의 신앙 리트머스 시험지라고 할 수 있습니다. 이 세 가지에 맞으면 참된 그리스도인입니다.

첫째, 참된 그리스도인은 하나님의 성령으로 봉사합니다. 여기서 봉사라는 단어는 단지 교회에서 일하는 것만을 말하지 않고 하나님을 섬기는 모든 것, 즉 예배까지도 모두 포함합니다. 당신은 형식적이 아니라 자원하는 마음으로 하나님을 예배합니까? 의무가 아니라 간절함으로 말씀을 읽고 기도합니까? 상을 받기 위해서가 아니라 감사하기 때문에 봉사합니까? 만약 그렇다면 참된 그리스도인이 맞습니다. 우리가 성령으로 봉사한다고 할 때, 성령님은 무엇보다 우리가 하나님의 자녀임을 확신하게 해 주십니다.

> 성령이 친히 우리의 영과 더불어 우리가 하나님의 자녀인 것을 증언하시나니 _롬 8:16

이 말씀에 따르면 우리가 성령으로 봉사한다는 것은 하나님의 자녀로서 봉사한다는 것과 다르지 않습니다. 어떤 자녀가 훌륭한 자녀입니까? 그저 자식 된 도리 때문에 남의 눈 의식해 가면서 억지로 부모를 섬기는 자녀가 있다고 생각해 보십시오. 또 부모로부터 뭐라도 하나 더 떨어질까 기대하며 섬기는 자녀가 있다고 생각해 보십시오. 그런 자녀라면 겉으로 아무리 잘한다 해도 괘씸한 자녀입니다. 진짜 훌륭한 자녀는 부모의 사랑과 은혜에 너무너무 감사해서 부모님께 뭐라도 하나 더 해 드리고 싶고, 그럴 때 더할 수 없는 기쁨을 느낍니다. 성령으로 봉사한다는 것은 하나님의 자녀로서 예배하고 봉사하는 것을 말합니다.

둘째, 참된 그리스도인은 그리스도 예수를 자랑합니다. 세상에 수많은 종교가 있지만 실제로는 두 종류밖에 없습니다. 하나님을 주님으로 모신 종교와 자신을 주님으로 모신 종교입니다. 다르게 말해 하나님의 은혜로 구원받는 종교와 자기 힘으로 구원받는 종교입니다. 기독교를 오해하면 안 됩니다. 기독교는 하나님의 은혜를 통해 내가 더 나은 존재가 되어서 구원받는 종교가 아닙니다. 이것은 율법주의 종교이고, 엄밀히 말해 기독교를 제외한 모든 종교가 여기에 속합니다. 종교마다 부르는 신이 다르고 예배 방식도 다르지만, 언제나 그 핵심에는 자기 자신이 있고, 결국은 자신이 잘해야 구원받습니다. 자신이 신을 믿는 것은 신이 자기를 도와주기 때문입니다. 하지만 기독교는 전혀 다릅니다. 기독교는 자기 자신이 하나님의 은혜를 받아 더 나은 존재가 되는 것이 아닙니다. 기독교에서 나는 죽어야 하는 존재이고, 대신 나의 죄를 위해 죽으신 예수님께서 내 속에 사셔야 합니다.

내가 그리스도와 함께 십자가에 못 박혔나니 그런즉 이제는 내가 사는 것이 아니요 오직 내 안에 그리스도께서 사시는 것이라 이제 내가 육체 가운데 사는 것은 나를 사랑하사 나를 위하여 자기 자신을 버리신 하나님의 아들을 믿는 믿음 안에서 사는 것이라 _갈 2:20

기독교는 자기 자신을 발전시키는 종교가 아니라 자신 안에 예수님을 모시고 사는 종교입니다. 내가 사는 것이 아니라 예수님께서 사시는 것입니다. 예수님을 내 안에 모시고 살 때 내가 가장 복되다는 것을 믿는 것이 기독교입니다. 그렇기에 참된 그리스도인은 절대 자기를 자랑하지 않습니다. 자기에게는 자랑할 것이 하나도 없기 때문입니다. 오직 자신 안에 계신 예수님만 자랑할 뿐입니다. 예수님이라는 새로운 정체성으로 사는 사람이 참된 그리스도인입니다. 우리가 자랑하는 것이 사실은 얼마나 허망합니까? 돈 좀 있는 것과 힘 좀 있는 것, 인기가 좀 있는 것이 우리의 진정한 자랑일 수 없습니다. 반대로 이런 것이 없다 해서 열등감에 사로잡혀 살아간다면 이것도 똑같이 어리석습니다. '나의 나 된 것은 하나님의 은혜'라고 고백했던 바울처럼 우리의 진정한 자랑은 예수님입니다. 예수님 때문에 우리가 새사람이 되었고, 하나님의 복을 받는 자녀가 되었습니다. 그렇기에 우리가 자랑할 것은 예수님밖에 없습니다. 예수님을 자랑하는 것이야말로 참된 그리스도인의 분명한 증거입니다.

셋째, 참된 그리스도인은 육체를 신뢰하지 않습니다. 이것은 예수님만 자랑하는 것과 연결됩니다. 성도가 왜 세상 사람들이 자랑하는 것을 가지고 똑같이 교만하거나 혹은 열등감에 사로잡힐까요? 예수님을 신뢰하지 않고 육체를 신뢰하기 때문입니다. 여기서 육체란 단지 우리의 몸만이 아니라 우리가 가진 모든 것을 뜻합니다. 우리가 가진 돈, 건강, 권력, 명예, 사람 등입니다. 우리가 만약 이런 것들을 여전히 신뢰하고 의지하며 살고 있다면, 우리는 육체를 신뢰하는 사람입니다. 육체를 신뢰한다면 성령으로 봉사하지 못하고, 예수님을 자랑할 수도 없습니다. 물론 겉으로는 얼마든지 성령으로 봉사하는 척하고, 예수님을 자랑하는 척할 수 있습니다. 하지만 아무리 열심히 봉사해도 기쁨이 없습니다. 오히려 남이 인정해 주지 않고 결과가 좋지 않으면 금방 지치고 낙심하게 됩니다. 다른 사람과 자신을 비교하면서 우쭐해지거나 열등감을 느낍니다. 이 모든 것이 육체를 신뢰하기 때문입니다.

하지만 참된 그리스도인은 육체를 신뢰하지 않습니다. 참된 그리스도인은 "내게 능력 주시는 자 안에서 내가 모든 것을 할 수 있다"(빌 4:13)라고 말합니다. 이 말씀의 강조점은 '내가 모든 것을 할 수 있다'에 있지 않고, '내게 능력 주시는 자 안에서'에 있습니다. 주님께서 우리에게 능력을 주시기 때문에 우리가 모든 것을 할 수 있습니다. 우리가 의지하는 것은 우리 손에 쥐고 있는 무엇이 아니라 우리 삶의 주님이신 예수님입니다. 그렇기에 어떤 고난이 오고, 어려움이 와도 참된 그리스도인은 쉽게 낙심하거나 절망하지 않습니다. 잠시 넘어지는 한이 있어도 금방 일어납니다. 비록 우리 손에 쥔 것이 없어도 우리에게 능력 주시는 주님께서 우리와 항상 함께하시고 도와주시기 때문입니다. 참된 그리스도인은 육체를 신뢰하지 않습니다. 연약하고 흔들리는 우리 힘과 지혜가 아니라 견고한 반석과 같은 주님의 힘과 지혜를 신뢰하고 의지합니다. 그렇기에 세상이나 사람들에게 흔들리지 않고 묵묵히 주님의 길을 걸어갑니다.

우리 모두가 껍데기 성도가 아니라 참된 그리스도인이기를 간절히 바랍니다. 하나님의 성령으로 봉사하고, 그리스도 예수만을 자랑하며, 육체를 신뢰하지 않는 사람. 바로 그 사람이 참된 그리스도인입니다. 하나님의 자녀로서 기쁨과 자원하는 마음으로 예배하고 봉사하며, 자신을 드러내기보다 자기 안에 계신 예수님을 드러내며, 자신의 힘과 지혜가 아니라 주님의 힘과 지혜를 신뢰하며 살아가는 우리 모두가 되기를 바랍니다. 그럴 때 우리는 참으로 어려운 세상 속에서도 하나님의 백성이 누리는 풍성한 은혜와 복을 누리며 살게 될 것입니다.

17 무조건 남는 장사
빌 3:4-11

한 어린 소녀가 엄마와 함께 과일 가게 앞을 지나가고 있었습니다. 과일 가게 아저씨는 어린 소녀를 반갑게 맞으며 인사를 했습니다. 그러고는 체리를 보여 주며 손으로 집을 수 있는 만큼 가져가도 좋다고 말해 주었습니다. 보통의 아이라면 너무나 좋아서 두 손으로 한 움큼 집어 들었을 것입니다. 그런데 어쩐 일인지 어린 소녀는 그저 웃기만 할 뿐 손을 내밀지 않았습니다. 한참을 지나도 소녀가 가만히 있자 엄마가 재촉했습니다. 아저씨가 주시는 선물이니까 얼른 집으라고 말했습니다. 하지만 어린 소녀는 손을 내밀지 않았습니다.

어린 소녀의 모습을 지켜본 과일 가게 아저씨는 아이가 너무 수줍어서 그런 것 같다고 말하면서 자신의 손으로 한 움큼 집어서 아이에게 주었습니다. 그제야 아이는 환한 얼굴로 아저씨에게 감사하다고 꾸벅 인사를 했습니다. 집에 돌아오는 길에 엄마가 어린 소녀에게 물었습니다. "왜 과일 가게 아저씨가 체리를 가져가라고 할 때 가만히 있다가 아저씨가 주니까 그제야 받았니?"

"내 손보다 아저씨 손이 훨씬 크니까요. 제 손으로 집으면 체리를 얼마 받지 못하지만, 아저씨 손으로 집으면 훨씬 많이 받을 수 있거든요"

참 맹랑한 아이 아닙니까? 하지만 너무너무 지혜로운 아이입니다. 무엇보다 이 어린 소녀의 지혜는 누구의 손이 더 큰지를 알았다는 것입니다. 누구의 손이 더 큰지를 알았기에 어린 소녀는 이 장의 제목처럼 무조건 남는 장사를 할 수 있었습니다.

그런데 신앙생활에서도 무조건 남는 장사를 할 수 있다는 사실을 아십니까? 이왕 신앙생활하는데 남는 장사를 해야 할 것 아닙니까? 그 비결을 알려 드리겠습니다. 바로 어느 손에 구원이 담겨 있는지를 아는 것입니다. 내 손에 구원을 담을 수 있는지, 아니면 하나님의 손에 구원을 담을 수 있는지 알아야 합니다. 이것을 알면 신앙생활에서 무조건 남는 장사를 할 수 있습니다.

우리가 이미 살펴보았듯이 빌립보교회 안에 이단이 침투했습니다. 그런데 이들의 주장은 매우 교묘했습니다. 이들은 구원받기 위해서 예수님을 믿어야 한다고 말했습니다. 여기까지는 아무 문제가 없습니다. 하지만 여기서 그쳐야 하는데, 그들은 한 걸음 더 나아갔습니다. 구원받기 위해 예수님을 믿어야 하지만 그것만으로는 충분하지 않기에 율법도 지키고, 할례도 받아야 한다고 주장했습니다. 빌립보서 3장 2절을 보면 '몸을 상해하는 일'이라는 말이 나오는데, 이것이 바로 이단들이 주장했던 할례를 뜻합니다.

이단은 전혀 엉뚱한 주장을 하는 사람들이 아닙니다. 그들이 하는 말 중 90%는 우리와 같습니다. 그런데 '이단'(異端)이라는 말처럼 끝이 다릅니다. 이단이라는 단어가 '다를 이, 끝 단'입니다. 하지만 우리와 약간 다르다고 해서 하찮게 생각하면 안 됩니다. 끝이 다르면 전혀 다른 것이 될 수 있습니다.

빌립보에 들어온 이단들은 예수님을 전했습니다. 하지만 예수님만으로는 충분하지 않고, 율법을 지키고 할례를 받아야 구원받는다고 주장했습니다. 왜 그랬을까요? 자신의 손에 구원을 담을 수 있다고 생각했기 때문입니다. 그리고 그것이 하나님의 손을 바라보는 것보다 훨씬 더 확실하다고 여겼기 때문입니다. 그런데 구원받는 것이 쉬울까요? 아니면 어려울까요? 어떤 면에서 보면 구원받는 것보다 쉬운 일은 없습니다. 예수님을 믿기만 하면 구원을 받기 때문입니다.

주 예수를 믿으라 그리하면 너와 네 집이 구원을 얻으리라 _행 16:31

여기에 다른 조건이 있습니까? 전혀 없습니다. 주 예수를 믿기만 하면 구원을 받습니다. 믿으면 구원받으니까 세상에서 이것보다 쉬운 일은 없습니다.

하지만 구원받는 것이 이처럼 쉬운데, 구원받은 사람은 왜 이렇게 적을까요? 예수님을 믿기만 하면 구원을 주시겠다는데, 많은 사람은 왜 그것을 거부할까요? 죄인의 본성이 은혜를 거부하기 때문입니다. 죄인은 하나님의 손을 바라보기보다 자신의 손에 무언가 쥐고 있기를 훨씬 좋아합니다. 그래서 죄인은 예수님만으로 충분하다는 복음을 쉽게 받아들이지 못합니다. 예수님만으로는 부족하고 자신이 거기에 무엇을 더 보충해야 한다고 생각합니다. 이것이 빌립보교회에 침투한 이단들의 주장입니다. 이것이 얼마나 교묘한지 모릅니다. 왜냐하면 지금도 교회 안에 독버섯처럼 여전히 자라고 있기 때문입니다.

2020년 4월, 서울 동대문구에 위치한 한 교회에서 벌어진 엽기적인 일이 뉴스를 통해 알려졌습니다. 그 교회는 출석 성도가 2,000명 정도 됐는데 약 90%가 청년이었습니다. 한국 교회에서 보기 드물게 청년이 많이 모이는 교회였습니다. 그래서 기독교 방송이나 신문에 많이 소개되었습니다.

그 교회에는 리더 훈련이 있었는데, 이 훈련이 문제가 되었습니다. 교회의 리더가 되기 위한 과정 중에 극한 고통을 체험하는 시간이 있었는데, 사도들이 받은 고통을 체험하는 시간이었다고 합니다. 이 고통을 통해 리더들은 자신들의 믿음이 얼마나 좋은지 증명했다고 합니다. 그런데 그 내용이 너무 엽기적입니다. 가령 술집 같은 곳에 가서 매 맞을 때까지 전도하기, 음식물 쓰레기

장에 3시간 갇혀 있기, 사우나에 들어가서 30분 버티기, 공동묘지에서 매 맞기, 차 트렁크에 두 명씩 들어가 1시간씩 견디기, 심지어 자기 똥을 먹고 사진을 찍어 보내는 것도 있었습니다. 정말 황당한 내용입니다. 그런데 이런 고통을 잘 견뎌서 일단 리더가 되기만 하면 모든 교인의 존경을 한 몸에 다 받았다고 합니다. 모든 성도가 리더님이라고 부르며 존경할 뿐 아니라 성도의 사생활까지도 간섭할 정도로 막강한 권력을 가졌다고 합니다.

저는 지금 TV에 자주 등장하는 이상한 사이비나 이단 교회 이야기를 하고 있는 것이 아닙니다. 그 교회는 정통 장로교회였고, 우리나라에서 가장 큰 교단에 속해 있었습니다. 그럼에도 어떻게 이런 일이 버젓이 일어날 수 있었을까요?

예수님만으로 충분하지 않다고 생각하기 때문입니다. 예수님만으로는 자신의 믿음을 증명할 수 없기 때문입니다. 그러니까 이런 말도 안 되는 가학 행동을 통해서 자신의 믿음이 좋다는 것을 증명해 보이려고 한 것입니다. 하나님의 손이 아니라 자신의 손에 구원을 쥐는 것이 더 확실하다고 생각하기 때문에 이런 일이 일어나게 됩니다. 하지만 바울은 이것이 다른 복음이고, 거짓 믿음이라고 분명히 말합니다.

우리가 앞서 살펴본 것처럼 바울은 참된 그리스도인의 세 가지 특징을 말했습니다. 첫째는 하나님의 성령으로 봉사하는 것이고, 둘째는 그리스도 예수를 자랑하는 것이고, 셋째는 육체를 신뢰하지 않는 것입니다. 참된 그리스도인은 예수님만으로 충분하다는 것을 믿습니다. 그렇기에 오직 그리스도 예수만을 자랑하고, 육체를 신뢰하지 않습니다. 하지만 이단들은 예수님만으로 충분하다고 믿지 않기 때문에 자기를 자랑하고 육체를 신뢰합니다. 예수님을 믿는 것에다가 이것저것을 끌고 와서 덧붙입니다. 하지만 이것은 믿음을 더 낫게 하는 것이 아니라 믿음을 무너뜨리는 것입니다. 남는 장사가 아니라 밑지는 장사, 아니 완전히 망하는 장사입니다.

바울은 본문에서 이 사실을 분명히 알려 줍니다. 바울은 예수님만으로는 안 된다고 주장하면서 율법도 지키고 할례도 받아야 한다고 말하는 이단들에게 그런 식으로 하면 자신보다 더 나은 사람은 없다고 말합니다. 바울은 자신에게 자랑할 것이 얼마나 많은지를 말해 줍니다. 이렇게 함으로써 자기를 자랑하려는 이단들의 코를 완전히 납작하게 만듭니다. 바울은 크게 두 종류로 자신의 자랑거리를 말해 주는데, 태어나면서 받은 자랑거리와 지금까지 살면서 성취한 자랑거리입니다.

먼저 태어나면서부터 받은 자랑거리를 이야기합니다.

그러나 나도 육체를 신뢰할 만하며 만일 누구든지 다른 이가 육체를 신뢰할 것이 있는 줄로 생각하면 나는 더욱 그러하리니 나는 팔일 만에 할례를 받고 이스라엘 족속이요 베냐민 지파요 히브리인 바울은 태어나면서부터 받은 자랑거리를 4가지로 말합니다. 첫째, 태어난 지 팔 일 만에 할례를 받았습니다. 할례는 하나님 께서 아브라함에게 주신 언약의 징표로서 아브라함의 후손, 즉 하나님 백성이라는 표시입니다. 즉 할례를 받지 않았다면 하나 님과 상관없는 이방인입니다. 그래서 이스라엘 백성은 이방인들 을 할례 없는 자들이라고 불렀습니다. 바울은 율법을 따라 태어 난 지 팔 일 만에 하나님 백성의 표인 할례를 받았습니다.

둘째, 바울은 이스라엘 족속이었습니다. 혈통적으로 이방인 의 피가 섞이지 않은 정통 유대인이라는 뜻입니다. 셋째, 바울은 베냐민 지파였습니다. 무엇보다 베냐민 지파는 이스라엘의 초대 왕인 사울을 배출한 지파였습니다. 요즘에는 별로 그런 경우가 없지만, 이전만 해도 '이' 씨 성을 가진 분들이 어깨에 힘 좀 넣고 살았습니다. '이' 씨가 조선 왕조를 건국한 왕족이었기 때문입니 다. 바울의 유대인식 이름이 사울이었는데, 바로 이스라엘의 초 대 왕 사울과 같았습니다. 베냐민 지파에서 태어났다는 것은 "내 가 왕족이야"라고 말하는 것과 같습니다.

넷째. 바울은 히브리인 중의 히브리인이었습니다. 바울이 정 통 유대인으로 유대인의 말인 히브리어를 할 줄 알았다는 뜻입니 다. 바울 당시 유대인들은 크게 히브리 유대인과 디아스포라 유대인으로 나누어져 있었습니다. 히브리 유대인은 히브리어를 할 줄 아는 유대인이고, 디아스포라 유대인은 분명 유대인이지만, 외국에서 태어나 살았기 때문에 히브리어를 못하고 다른 외국어를 했던 유대인입니다. 비록 바울도 유대 땅에서 태어나지 않고 외국에서 태어났지만, 그의 부모가 히브리어를 할 줄 아는 유대인이었고, 어렸을 때부터 예루살렘에서 공부를 하여 히브리어를 유창하게 하는 히브리인이 되었습니다. 이처럼 바울은 유대인 중에서도 정통 유대인으로 태어났습니다. 태어날 때부터 자랑거리를 한 가득 안고 태어났습니다.

그런데 바울의 자랑거리는 여기에 그치지 않았습니다. 그는 살아오면서 남들이 부러워하는 수많은 자랑거리를 가지게 되었습니다.

열심으로는 교회를 박해하고 율법의 의로는 흠이 없는 자라 _6절

바울이 지금까지 살면서 얻은 세 가지 자랑거리를 말하는데, 첫째, 그는 바리새인이었습니다(5절). 바리새인은 율법에 정통한 아주 경건한 유대인으로 모든 백성의 존경을 받았던 사람들이었습니다. 바리새인은 율법을 잘 알 뿐만 아니라 그것을 목숨처럼 지켰기 때문에 모든 백성에게 인정을 받았습니다. 특히 바울은 바리새인 중에서도 최고의 바리새인이었는데, 이는 당시 최고의

랍비였던 가말리엘에게 배웠기 때문입니다.

둘째, 그는 열심으로 교회를 박해했습니다. 교회를 박해한 것이 무슨 자랑거리냐고 생각할지 모르겠지만, 여기서 중요한 것은 '열심'이라는 단어입니다. 이 '열심'은 하나님의 영광을 위한 열심을 말하는 것으로 하나님의 영광을 해치는 것은 그 무엇이든 제거하려는 열심입니다. 바울은 예수님을 만나기 전 교회가 하나님의 영광을 해친다고 생각해서 잔인하게 핍박했습니다. 그 열심이 얼마나 대단했던지 그에 대한 소문이 예루살렘만이 아니라 해외까지 익히 알려질 정도였습니다.

셋째, 바울은 율법의 의로는 흠이 없는 사람이었습니다. 유대인에게 이것보다 더 큰 자랑은 없을 것입니다. 물론 바울에게 흠이 없었다는 말이 그가 죄를 아예 짓지 않았다는 뜻은 아닙니다. 바울도 우리와 같은 연약한 인생이었기 때문에 죄를 지었습니다. 하지만 바울은 아무리 작은 죄라도 그것을 그냥 넘어가지 않고 반드시 속죄 제사를 드렸습니다. 그 결과 바울은 율법의 요구에 아무 흠이 없는 사람이 될 수 있었습니다.

쉽게 말해서 바울은 유대인 중의 유대인이었고, 율법으로는 아무 흠이 없는 그야말로 위대한 신앙인이었습니다. 빌립보교회에 침투한 이단들이 가진 기준으로 볼 때 바울보다 더 대단한 사람은 없었습니다. 바울은 지금 자신의 자랑거리를 말하면서 그들의 자랑이 얼마나 가소로운지를 보여 주고 있는 것입니다. 마치 이것은 초등학교를 전교 1등으로 졸업한 아이가 자신이 세상에서 제일 똑똑하다고 자랑하고 있을 때, 대학에서 박사 학위를 받은 사람이 자기의 똑똑함을 자랑하는 것과 같습니다. 상대가 되지 않는 것입니다.

그런데 바울이 이렇게 이단들의 콧대를 꺾는 것이 우리에게 시원함을 주지만, 정말 중요한 것은 따로 있습니다. 바울이 그저 이단들에게 창피를 주고, 그들의 입을 막으려고 자기가 가진 자랑거리들을 말한 것이 아닙니다. 바울이 정말 하고 싶은 말은 바로 이것입니다.

> 그러나 무엇이든지 내게 유익하던 것을 내가 그리스도를 위하여 다 해로 여길뿐더러 또한 모든 것을 해로 여김은 내 주 그리스도 예수를 아는 지식이 가장 고상하기 때문이라 내가 그를 위하여 모든 것을 잃어버리고 배설물로 여김은 그리스도를 얻고 _7-8절

바울이 정말 말하고 싶은 내용은 자신이 지금까지 말한 자랑거리들이 사실은 자랑거리가 아니라 오히려 자기 인생의 마이너스라는 것입니다. 물론 예수님을 믿기 전까지는 자신이 가진 자랑거리가 분명 이익이었습니다. 하지만 예수님 때문에 상황이 완전히 바뀌었습니다. 예수님을 아는 지식과 비교를 해 보니까 자신이 지금까지 자랑했던 것들은 사실 아무것도 아니었습니다. 아니, 아

무엇도 아닌 것이 아니라 오히려 손해가 되는 것이었습니다.

서두에 말씀드렸던 어느 소녀의 이야기를 다시 생각해 보십시오. 소녀는 체리를 주겠다는 과일 가게 아저씨의 말을 들었지만 자신의 손으로 체리를 집지 않았습니다. 왜 그랬습니까? 과일 가게 아저씨의 손이 자기 손보다 훨씬 크기 때문입니다. 자기 손으로 체리를 쥐었더라도 분명 이익입니다. 하지만 아저씨의 손으로 체리를 받는 것에 비하면 그것은 아무것도 아닙니다. 아니 오히려 손해입니다.

바울은 지금 그 이야기를 하고 있습니다. 자신이 지금까지 신뢰했던 자랑거리들이 예수님을 만나기 전까지는 이익이었습니다. 할례를 받은 것도, 이스라엘 족속인 것도, 베냐민 왕족 출신인 것도, 바리새인인 것도, 열심으로 교회를 박해한 것도, 율법에 아무 흠이 없는 것도 모두 이익이었고 자랑거리였습니다. 하지만 예수님을 만나자 이것들은 아무 가치가 없을 뿐만 아니라 오히려 손해가 되었습니다. 그만큼 예수님의 가치가 크기 때문입니다.

제가 이번 장 제목부터 시작해서 계속 장사 이야기를 하고 있는데, 이는 사실 제 아이디어가 아니라 바울의 아이디어입니다. 7, 8절에 '해로 여긴다'는 말이 나오는데, 이 말은 회계 장부를 쓸 때 손해를 가리키는 말입니다. 바울은 지금 신앙을 장사로 비유하면서 설명하고 있습니다. 예수님을 믿기 전에는 자신이 가진 자랑거리가 이익이었는데, 예수님을 믿은 후로는 손해로 바뀌었다는 것입니다. 그래서 바울은 지금까지 소중하게 여겨 왔던 자신의 자랑거리를 버렸습니다. 손해가 되기 때문입니다. 대신 예수님을 얻었습니다. 자기의 자랑거리를 버리고 예수님을 얻는 것이 무조건 남는 장사이기 때문입니다.

바로 여기에 이단들의 어리석음이 있습니다. 예수님을 얻는 것이 무조건 남는 장사인데, 자꾸 손해가 나는 자기의 자랑거리만 붙들고 있기 때문입니다. 아저씨의 커다란 손에 체리가 가득 있는데, 그것을 거절하고 자신의 작은 손으로 체리를 담으려고 하고 있기 때문입니다. 참으로 어리석습니다.

참된 신앙은 무엇입니까? 자기 손에 있는 것을 내려놓고, 하나님의 손에 있는 것을 받는 것입니다. 자기 손에 무언가 가득 있으면 하나님의 손에 있는 것을 받을 수 없습니다. 자기를 자랑하는 사람은 결코 예수님을 자랑할 수 없습니다. 자기를 신뢰하는 사람은 결코 예수님을 신뢰할 수 없습니다. 우리의 손에 세상의 것들이 가득 차 있으면 절대 예수님을 붙잡을 수 없습니다. 참된 신앙은 하나님의 손을 바라보는 것이고, 그것을 받기 위해 내 손에 있는 것을 내려놓는 것입니다. 욕심을 부리면 안 됩니다. 내 손에 있는 것도 내 것이고, 하나님의 손에 있는 것도 내 것이라고 욕심 부리면 안 됩니다. 우리의 손을 비우지 않으면 하나님의 손에 있는 것을 절대로 받을 수 없기 때문입니다.

어느 책에서 읽은 내용입니다. 야생 원숭이를 손쉽게 잡는 방법이 있습니다. 입구가 좁은 커다란 투명 통에 원숭이가 좋아하는 과일을 반쯤 채워 놓습니다. 그리고 원숭이들이 지나다니는 길목에 놓아둡니다. 이렇게만 하면 원숭이를 잡을 수 있다고 합니다. 원리는 이렇습니다. 원숭이가 지나가다가 자신이 좋아하는 과일이 있는 통을 발견합니다. 이것이 웬 떡이냐 싶어 손을 집어넣습니다. 그리고 최대한 쥘 수 있는 만큼 열매를 쥡니다. 하지만 통의 입구가 좁아서 손이 빠지지 않습니다.

그러면 어떻게 해야 할까요? 손이 빠질 수 있는 만큼만 열매를 쥐면 됩니다. 그리고 하나씩 하나씩 빼 먹으면 됩니다. 그런데 어리석은 원숭이는 한꺼번에 많이 빼겠다는 욕심 때문에 손에 가득 쥔 열매를 절대 놓지 않습니다. 그리고 계속 손을 빼려고 낑낑거립니다. 바로 이때 가서 원숭이를 잡으면 된다고 합니다.

예수님만으로 충분하다는 것을 믿지 않고 자기를 자랑하며 자기를 신뢰하는 사람이 이 어리석은 원숭이와 같습니다. 예수님을 얻으려면 먼저 내 손의 것을 내려놓아야 합니다. 내가 자랑하고 신뢰하는 세상의 것들을 내려놓아야 합니다. 내 손으로 예수님만 붙들어야 합니다. 그러면 무조건 남는 장사입니다. 왜냐하면 세상의 모든 것들을 다 가진다고 해도 예수님을 얻는 것보다 못하기 때문입니다. 바울은 내 주 그리스도 예수를 아는 지식이 가장 고상하기 때문에 모든 것을 해로 여긴다고 말합니다. 그리스도 예수를 아는 것이, 즉 예수님을 내 삶의 주님으로 모시는 것이 세상의 모든 것을 합친 것보다 훨씬 더 가치가 있습니다.

바울은 예수님과 비교할 때 이 세상의 것들은 정말 아무 가치가 없다고 고백합니다. 얼마나 가치가 없냐면 배설물, 즉 똥과 같다고 말합니다. 물론 세상의 것들이 전혀 가치가 없다는 뜻은 아닙니다. 돈이 많은 것, 건강한 것, 강력한 권력을 가지는 것, 큰 명예를 얻는 것, 사람들에게 인기를 얻는 것, 경건한 사람이라고 인정받는 것, 하나님의 사람이라고 높임을 받는 것 등 이것들은 모두 참 좋고, 가치가 있습니다. 그래서 사람들은 이런 것을 얻기 위해 평생을 애씁니다. 심지어 자기 목숨을 희생하기도 합니다.

바울도 예수님을 믿기 전까지 그런 것들을 위해 살았습니다. 바울은 사람들로부터 율법에 정통한 참 유대인이고, 하나님을 향한 열심으로 미친 사람이라는 말을 들을 때 더할 수 없는 희열을 느꼈을 것입니다. 자신이 그렇게 대단한 사람이라는 자부심 때문에 가슴이 벅찼을 것입니다. 하지만 예수님을 만나고 모든 것이 다 변했습니다. 예수님을 얻고 나자 이전까지 자신이 자랑하고, 의지하고, 그래서 추구했던 것들이 실제로는 너무나 시시한 것임을 깨닫게 된 것입니다. 예수님의 가치가 너무 크니까 자신이 추구했던 것의 가치가 너무 시시해졌습니다.

마치 어둠 속에 살 때는 촛불만으로도 환하다 생각했는데, 태양을 보니까 촛불은 아무것도 아님을 깨달은 것과 같습니다. 바울이 세상의 것들을 똥으로 여긴 것은 그것 자체가 정말 가치 없어서가 아니라, 예수님의 가치가 비교할 수 없이 컸기 때문입니다. 태양을 본 사람이 촛불을 더 이상 귀한 것으로 여기지 않는 것과 같습니다.

우리는 지금 누구 손을 바라보고 있습니까? 여전히 우리 자신의 자랑거리로 가득한 손입니까? 아니면 예수님을 담고 있는 하나님의 손입니까? 신앙생활에서 무조건 남는 장사를 하고 싶으십니까? 그러면 지금까지 붙들고 있던 내 손의 자랑거리를 내려놓아야 합니다. 그리고 하나님의 손에서 예수님을 받아야 합니다. 그러면 무조건 남는 장사입니다. 왜냐하면 예수님을 얻는 것이 이 세상을 얻는 것보다 훨씬 더 이익이기 때문입니다.

우리에게는 예수님 한 분만으로 충분합니다. 이것이 우리가 믿어야 할 복음 중의 복음입니다. 예수님 안에 하나님의 모든 선물이 들어 있습니다. 예수님을 얻으면 만성 적자에 시달리던 우리 인생이 흑자 인생으로 돌아섭니다. 늘 마이너스 통장 같던 우리의 삶이 끊어지지 않고 쏟아지는 폭포수같이 풍성한 삶으로 변화됩니다.

예수님으로 충분하다는 복음을 믿으시고, 예수님만 자랑하고, 예수님만 신뢰하십시오. 그래서 예수님 안에 있는 하나님의 풍성한 은혜와 사랑과 복을 항상 누리며 살아가십시오.

18 그리스도를 얻고

빌 3:7-11

제가 고등학교 재학 당시 공부를 정말 열심히 하는 친구가 있었습니다. 얼마나 성실한지 공부 시간은 물론이고, 쉬는 시간에도 교과서를 놓지 않았습니다. 적어도 제가 교실에서 그 친구를 보는 동안에는 쉬지 않고 공부하였습니다. 그런데 문제는 그 친구의 시험 성적이 썩 좋지 못했다는 것입니다. 공부하는 시간과 노력만 생각한다면 그 친구가 전교 1등을 하더라도 전혀 이상하지 않게 보였습니다. 하지만 성적은 반에서 중간 정도밖에 되지 않았습니다.

그래서 그 친구만 보면 괜히 미안한 마음이 들었습니다. 그 친구가 공부한 것에 비해 저는 공부를 절반도 못한 것 같은데, 그 친구보다 성적이 더 좋게 나오니까 미안했습니다. 그 친구도 굉장히 실망했습니다. 누구보다 더 많이 노력했는데 성적은 그것에 전혀 미치지 못하니 실망하는 것은 당연했습니다. 그 친구의 문제가 무엇인지를 잠시 생각해 봤습니다. '머리가 좋지 않아서 그럴까?' 아니면 '사람이 볼 때만 공부하고 안 보일 때는 놀아서

그럴까?'

제가 내린 결론은 그 친구가 공부할 때 중요한 내용과 중요하지 않은 내용을 잘 구별하지 못했다는 것입니다. 교과서에 나오는 내용이 모두 똑같이 중요한 것은 아닙니다. 교과서에 몰라도 되는 쓸데없는 내용이 나오지는 않지만, 그렇다고 모든 내용이 똑같이 중요한 것은 아닙니다. 어떤 내용은 다른 내용보다 더 중요합니다. 그리고 더 중요한 내용이 시험에 나옵니다. 그런데 이 친구는 이것을 잘 구별하지 못하고 모든 내용을 다 똑같이 공부하려다 보니 시간과 노력은 훨씬 많이 드는 데 비해 시험 성적은 잘 나오지 않았던 것입니다. 시험에 나오지 않는 내용을 계속 붙들고 있으니 성적이 잘 나올 수 없었습니다.

그런데 우리 인생도 마찬가지인 것 같습니다. 우리 인생에도 더 중요한 것이 있고, 덜 중요한 것이 있습니다. 우리가 꼭 붙들어야 할 것과 그렇지 않은 것이 있습니다. 이것을 잘 구별해야 복된 인생을 살 수 있습니다. 중요한 것과 중요하지 않은 것을 구별하지 못하면 아무리 열심히 살아도 좋은 결과를 얻을 수 없습니다.

그렇다면 우리 인생에서 가장 중요한 것은 무엇일까요? 바울은 이것을 얻기 위해 세상의 모든 것을 해로운 것으로 여기기까지 했습니다. 세상의 모든 것을 해로 여기게 할 만큼 우리 인생에서 중요한 것, 그것은 무엇일까요?

어떤 사람이 예수님께 와서 부탁을 합니다. 그 부탁은 유산에 관한 것이었습니다.

> 무리 중에 한 사람이 이르되 선생님 내 형을 명하여 유산을 나와
> 나누게 하소서 하니 _눅 12:13

정확히 어떤 문제가 있었는지는 알 수 없습니다. 아마도 형에게 명령하여 유산을 자신과 나누게 해 달라고 부탁하는 것을 볼 때, 형이 일방적으로 많은 유산을 가지려고 했거나 혹은 지금 예수님께 부탁하는 동생이 욕심을 부려서 좀 더 많은 유산을 받고자 했을 수 있습니다.

사실 이 문제는 결코 가볍지 않습니다. 이 세상에 돈 문제보다 더 크고 심각한 문제가 어디 있습니까? 아무리 금슬 좋은 부부도 돈 문제 때문에 원수 되는 경우가 적지 않습니다. 이 말씀에 나오는 것처럼 유산 문제 때문에 평생 등을 돌린 형제들이 얼마나 많은지 모릅니다. 돈 문제는 현실적으로 정말 중요하고 심각합니다. 하지만 예수님은 전혀 다르게 말씀하셨습니다.

> 이르시되 이 사람아 누가 나를 너희의 재판장이나 물건 나누는 자
> 로 세웠느냐 하시고 그들에게 이르시되 삼가 모든 탐심을 물리치
> 라 사람의 생명이 그 소유의 넉넉한 데 있지 아니하니라 하시고 _눅
> 12:14-15

예수님은 유산 문제를 해결해 달라는 사람에게 "누가 나를 너희의 재판장이나 물건 나누는 자로 세웠느냐"라고 하시면서 "모든 탐심을 물리치라 사람의 생명이 그 소유의 넉넉한 데 있지" 않다고 말씀하셨습니다. 한마디로 요약하면 '돈이 가장 중요한 것이 아니다'입니다. 그러면 무엇이 가장 중요할까요? 예수님은 '생명'이라고 말씀하십니다.

예수님은 돈보다 생명이 더 중요하다고 말씀하시면서 한 가지 이야기를 들려주셨습니다. 어느 한 부자가 농사를 지었는데, 엄청난 수확을 얻었습니다. 기존에 갖고 있던 창고로는 도저히 보관할 수 없을 정도로 많이 수확했습니다. 그래서 부자는 아주 큰 창고를 새로 지었습니다. 그리고 그곳에 수확물을 가득 채웠습니다. 오늘날로 말하면 사업이 갑자기 성장하여 떼돈을 벌어 커다란 금고에 현금 다발을 가득 채운 셈입니다.

현금이 가득한 금고를 보고 있으면 어떤 기분이 들까요? 한 번도 그런 적이 없기에 잘 모르겠지만, 아마 밥을 안 먹어도 배부를 것입니다. '이 돈을 가지고 무엇을 할까? 집도 사고, 차도 사고, 해외여행도 가고.' 뭐 이런 생각만 해도 정말 행복할 것입니다. 새로 만든 창고에 곡식이 가득한 것을 본 부자가 그랬습니다.

> 내가 내 영혼에게 이르되 영혼아 여러 해 쓸 물건을 많이 쌓아 두었으니 평안히 쉬고 먹고 마시고 즐거워하자 _눅 12:19

요즘 식으로 하면 '꽃길만 걷자'입니다. 그런데 그날 밤에 마른 하늘에 날벼락 같은 일이 부자에게 일어납니다. 하나님께서 부자에게 나타나 이렇게 말씀하셨습니다.

어리석은 자여 오늘 밤에 네 영혼을 도로 찾으리니 그러면 네 준비
한 것이 누구의 것이 되겠느냐 _눅 12:20

하나님은 부자에게 오늘 밤에 그를 데려가겠다고 말씀하셨습니다. 그리고 네 많은 재산은 누구의 것이 되겠냐고 물으셨습니다. 누구의 것이 될까요? 확실한 사실은 그 많은 재산이 더 이상 부자의 것은 아니라는 것입니다. 제가 장례식장을 수없이 가 보았지만, 고인이 통장이나 땅문서나 금괴를 들고 관에 들어간 경우는 한 번도 보지 못했습니다. 왜 그렇습니까? 죽은 사람에게는 아무 소용이 없기 때문입니다. 아무리 많은 재산이 있어도 가져가지 못합니다.

이 세상에 돈보다 더 중요한 것이 어디 있습니까? 돈 때문에 살고 죽고 하지 않습니까? 하지만 예수님은 돈보다 더 중요한 것이 생명이라고 말씀하셨습니다. 생명이 없으면 돈이 아무리 많아도 소용없습니다. 돈뿐만 아니라 이 세상에 있는 그 어떤 것도 생명이 없으면 소용없습니다. '산 개가 죽은 정승보다 낫다'는 속담도 있지 않습니까?

그런데 성경이 말하는 생명은 이 세상 사람들이 생각하는 생명과 그 의미가 다릅니다. 이 세상 사람들은 이 땅의 삶이 전부라고 생각합니다. 하지만 성경이 말하는 생명은 단지 이 땅의 삶만이 아니라 죽음 이후의 삶까지도 포함합니다. 성경은 죽음이 끝이 아니라고 분명히 말합니다.

한 번 죽는 것은 사람에게 정해진 것이요 그 후에는 심판이 있으리니 _히 9:27

죽음이 사람의 끝이라면 심판은 아무 의미가 없습니다. 심판이 있다는 것은 죽음 이후의 삶이 있다는 것입니다.

그래서 성경은 두 세상이 있다고 말합니다. 우리가 지금 살고 있는 이 세상과 앞으로 우리에게 올 세상입니다. 예수님께서 "회개하라 천국이 가까이 왔느니라"(마 3:2)라고 말씀하실 때, 우리에게 가까이 온 천국이 바로 오는 세상입니다. 그런데 지금 세상과 오는 세상 사이에는 결정적인 차이가 있습니다. 우리에게 장차 올 세상은 하나님께서 온전히 다스리는 세상입니다. 하나님께서 온전히 다스리기 때문에 그 어떤 죄와 악이 존재할 수 없습니다. 죄와 악이 없기 때문에 죽음도 없습니다. 그래서 오는 세상을 성경은 하나님의 나라, 혹은 천국이라고 부릅니다. 그리고 오는 세상에서 사는 것을 영생이라고 합니다.

우리는 영생이라고 하면 그저 죽지 않고 영원히 사는 것으로만 이해합니다. 하지만 영생의 정확한 뜻은 영원히 죽지 않는다는 의미보다 하나님께서 온전히 다스리는 나라에서 산다는 의미입니다. 물론 하나님의 나라에는 죽음이 없기 때문에 영원히 산다는 것도 틀린 것은 아닙니다. 하지만 그 강조점은 '영원히 죽지 않는다'가 아니라 '하나님의 온전한 다스림을 받는다'에 있습니다. 이것을 이해해야 아래 말씀을 제대로 이해할 수 있습니다.

> 예수께서 이르시되 나는 부활이요 생명이니 나를 믿는 자는 죽어도 살겠고 무릇 살아서 나를 믿는 자는 영원히 죽지 아니하리니 이것을 네가 믿느냐 _요 11:25-26

이 말씀은 장례식장에서 또는 기도할 때 자주 사용됩니다. 예수님께서 마르다와 마리아의 오빠인 나사로가 죽었을 때, 즉 그의 장례식 때 하신 말씀이기 때문입니다.

그런데 조금만 생각해 봐도 장례식과는 잘 어울리지 않는 말씀입니다. 왜냐하면 예수님께서 자신을 믿는 자는 죽어도 살겠고 살아서 자신을 믿는 자는 영원히 죽지 않는다고 말씀하시기 때문입니다. 분명 살아서 예수님을 믿는 자는 영원히 죽지 않는다고 했는데, 예수님을 정말 잘 믿었던 나사로가 죽어서 이미 무덤에 있습니다. 예수님을 잘 믿어도 죽습니다. 우리의 현실과 안 맞는 말씀처럼 보입니다.

하지만 우리는 예수님께서 말씀하시는 영원히 죽지 않는 것, 즉 영생을 바르게 이해해야 합니다. 앞에서도 언급했듯이 영생은 단순히 죽지 않는다는 뜻이 아니라, 하나님께서 온전히 다스리는 나라에서 산다는 뜻입니다. 즉 '살아서 나를 믿는 자는 영원히 죽지 않는다'는 말씀은 단순히 이 땅에서 죽지 않는다는 뜻이 아니라, 이미 '오는 세상', 즉 하나님 나라에 들어갔다는 뜻입니다. 이렇게 보면 하나님 나라, 천국은 죽어야만 가는 나라가 아닙니다. 예수님을 믿는 성도는 이미 영생을 얻어 하나님 나라 안에 있습니다.

하나님의 나라는 볼 수 있게 임하는 것이 아니요 또 여기 있다 저기 있다고도 못하리니 하나님의 나라는 너희 안에 있느니라 _눅 17:20-21

하나님 나라, 천국은 죽어서 가는 나라가 아니라 이미 우리 안에 있는 나라입니다. 즉 영생은 죽어서 받는 선물이 아니라 예수님을 믿는 우리에게 이미 주어진 것입니다. 물론 이미 영생을 받았고, 하나님 나라 안에 있다 하더라도 그것을 온전히 누리는 것은 아닙니다. 왜냐하면 우리는 여전히 이 세상에 속해 있기 때문입니다. 정확히 말해서 예수님을 믿는 성도는 지금 세상과 오는 세상 사이에서 살고 있는 사람들입니다. 아직은 이 세상에 속해 있기 때문에 죄를 짓고 악의 지배를 받습니다. 예수님을 믿어도 삶이 고달픈 이유가 여기에 있습니다. 하지만 우리가 오는 세상에 완전히 들어가게 될 때 우리는 온전한 영생을 누리게 될 것입니다.

이처럼 성경은 생명이 이 세상에서 가장 중요한 것이라고 말하면서, 그 생명은 단순히 이 땅의 삶이 아니라 오는 세상의 삶, 영생이라고 가르칩니다. 영생보다 더 중요한 것은 없습니다. 우리가 아무리 이 세상에서 원하는 모든 것을 얻고, 가장 높은 곳에 오르고, 가장 큰 힘을 가진다 해도 영생을 얻지 못한다면 아무 소용없습니다.

우리는 속지 말아야 합니다. 인생에서 가장 중요한 것이 무엇인지 분명히 알아야 합니다. 물론 돈도 중요합니다. 건강도 중요합니다. 명예도 중요합니다. 집도 중요하고, 자식도 중요하고, 안락한 노후도 중요합니다. 이런 것이 중요하지 않다고 말씀드리는 것이 아닙니다. 하지만 가장 중요한 것은 아닙니다. 만약 우리가 영생을 얻지 못한다면 그 외의 모든 것을 다 가진다고 해도 아무 소용이 없습니다. 하나님께서 어리석은 부자에게 하신 말씀처럼 하나님께서 우리를 데려가신다면, 우리가 가진 모든 것은 더 이상 우리의 것이 될 수 없습니다.

그러므로 영생보다 더 중요한 것은 이 세상에 없다고 저는 단

언합니다. 우리의 인생을 나무에 비유하면 영생은 나무의 본체인 뿌리와 몸통입니다. 그 외의 모든 것들은 몸통에서 뻗어 나온 가지에 불과합니다. 그 가지에 아무리 대단한 무엇이 붙어 있다고 해도 몸통과 뿌리가 없다면 아무 소용이 없습니다. 영생은 우리 인생에서 가장 중요한 것입니다. 우리의 모든 것을 다 주고서라도 얻어야 할 것이 영생입니다.

바로 이런 이유로 바울은 세상의 모든 것들을 해로운 것으로 여기고, 오직 예수 그리스도를 얻고자 한다고 말합니다.

또한 모든 것을 해로 여김은 내 주 그리스도 예수를 아는 지식이 가장 고상하기 때문이라 내가 그를 위하여 모든 것을 잃어버리고 배설물로 여김은 그리스도를 얻고 _8절

바울은 예수님을 얻기 위해서라면 세상의 모든 것을 기꺼이 해로운 것으로 여기고, 똥으로 여기겠다고 선언합니다. 이렇게 선언하는 분명한 이유가 있습니다.

그 안에서 발견되려 함이니 내가 가진 의는 율법에서 난 것이 아니요 오직 그리스도를 믿음으로 말미암은 것이니 곧 믿음으로 하나님께로부터 난 의라 _9절

바울이 세상의 모든 것을 버리면서까지 예수님을 얻고자 한 이유는 바로 예수님 안에 하나님의 의가 있기 때문입니다.

우리는 성경에 나오는 '의'라는 말을 잘 이해해야 합니다. '의'는 단순히 깨끗하다, 성결하다는 뜻이 아닙니다. 성경에서 '의'는 무엇보다 하나님과의 관계가 올바르다는 뜻입니다. 이렇게 보면 의인이 누구인지 아실 것입니다. 의인은 단순히 착한 사람, 봉사 잘하는 사람, 기도 많이 하는 사람 정도가 아닙니다. 의인은 하나님과의 관계가 올바른 사람입니다. 반대로 악인은 어떤 사람입니까? 단순히 나쁜 사람, 불량한 사람이 아니라 하나님과의 관계가 올바르지 못한 사람입니다.

그래서 성경적 기준에 따르면 아무리 착하게 살고 도덕적으로 훌륭해도, 하나님을 믿지 않을 뿐 아니라 무시하면서 사는 사람은 결코 의인이 아닙니다. 우리는 어떤 사람을 보면서 "저 사람은 법 없이도 살 사람이야. 얼마나 착한지 몰라. 하나님은 믿지 않지만 저 사람이 천국에 못 가면 누가 천국에 가겠어"라고 말합니다. 하지만 이 말은 완전히 틀렸습니다. 천국은 단순히 착한 사람이 가는 곳이 아닙니다. 천국은 하나님과 올바른 관계에 있는 사람, 즉 의인이 가는 곳입니다.

하나님의 의가 없으면 천국에 들어갈 수 없습니다. 하나님의 의가 없으면 영생을 받지 못합니다. 그런데 이 하나님의 의는 무엇을 통해 우리에게 주어집니까? 우리는 어떻게 하나님의 의를 받아 의인이 될 수 있습니까? 바로 예수 그리스도를 통해서입니다. 이것이 바울이 세상의 모든 것을 포기하고서라도 예수님을 얻고자 한 이유입니다. 예수님 안에 하나님의 의가 있기 때문입니다. 그리고 그 의를 받아야만 영생을 얻을 수 있기 때문입니다.

영생이 인생에서 가장 중요한 문제이고, 그 영생을 얻기 위해 하나님의 의가 반드시 필요한데, 그 의는 오직 예수님을 통해서만 받을 수 있다고 한다면 어떻게 해야 할까요? 너무 쉬운 문제 아닙니까? 모든 것을 다 포기하고서라도 예수님을 얻어야 합니다. 바울처럼 예수님에게 모든 것을 걸어야 합니다.

마태복음 13장에는 천국 비유가 나옵니다. 어떤 사람이 밭에서 일을 하고 있는데, 땅속에서 보물 상자가 나왔습니다. 보물 상자를 발견한 이 사람은 당장 집으로 뛰어가서 모든 재산을 팝니다. 그리고 그 돈으로 밭 주인에게 가서 보물 상자가 있는 밭을 삽니다.

당신 같으면 어떻게 하시겠습니까? 똑같이 할 것입니다. 당연합니다. 전 재산을 팔아서라도 그 밭을 사야 합니다. 그 밭에 보물 상자가 있기 때문입니다. 바울이 지금까지 자신이 소중히 여기고 자랑하던 것을 다 버리고 예수님을 얻고자 한 이유가 여기에 있습니다. 예수님을 통해서만 하나님의 의를 얻을 수 있고, 그 의를 통해 영생을 얻을 수 있기 때문입니다.

그렇다면 예수님을 얻는다는 것은 구체적으로 무엇을 말할까요? 이것을 알아야 하나님의 의를 얻어 영생을 받을 수 있기 때문에 중요합니다. 바울은 예수님을 얻는다는 것을 구체적으로 예수님의 십자가 죽음과 부활에 참여하는 것이라고 말합니다.

> 내가 그리스도와 그 부활의 권능과 그 고난에 참여함을 알고자 하여 그의 죽으심을 본받아 어떻게 해서든지 죽은 자 가운데서 부활에 이르려 하노니 _10-11절

예수님을 얻는 것은 단순히 머리로 예수님을 알거나 믿는 것을 말하는 것이 아닙니다. 예수님을 얻는 것은 예수님의 십자가 죽음과 부활에 참여하는 것입니다. 그런데 여기에는 순서가 있습니다. 죽음이 먼저이고, 부활이 그 다음입니다. 죽음 없는 부활은 없습니다. 고난 없는 영광이 있을 수 없듯이 죽음 없는 부활은 있을 수 없습니다. 예수님께서 부활의 영광을 얻으시기 전에 십자가 죽음을 당하셨다는 사실을 잊어서는 안 됩니다.

우리는 예수님의 부활에 이르기 위해 그분의 고난을 함께 받아야 합니다. 예수님을 얻는 것, 예수님을 믿는 것은 곧 예수님의 고난을 함께 받는 것이고, 그래서 예수님의 부활에 함께 이르는 것입니다. 그렇다면 예수님의 고난을 함께 받는다는 것은 무엇을 말할까요? 우리도 예수님처럼 십자가에 못 박혀야 한다는 뜻일까요? 그렇지 않습니다. 예수님의 십자가 죽음으로 우리의

모든 죄가 사함을 받았기 때문에 우리는 십자가에 못 박힐 필요가 없습니다.

그렇다면 예수님의 고난을 함께 받는다는 것은 무엇을 말할까요? 그것은 하나님께 불순종하는 우리 자아를 죽이는 것을 말합니다. 하나님의 뜻보다 내 뜻을 앞세우고, 하나님 나라보다 자신의 왕국을 세우려고 하는 우리 자아를 십자가에 못 박는 것입니다.

> 우리가 알거니와 우리의 옛 사람이 예수와 함께 십자가에 못 박힌
> 것은 죄의 몸이 죽어 다시는 우리가 죄에게 종노릇하지 아니하려
> 함이니 _롬 6:6

우리의 옛 사람이 예수님과 함께 십자가에 못 박힌 것은 죄의 몸이 죽어 죄에게 종노릇하지 않게 하기 위해서라고 말합니다. 이것이 예수님의 고난에 참여하는 것입니다. 우리는 예수님께서 십자가에 못 박히시기 전 겟세마네 동산에서 드리신 기도를 잘 알고 있습니다. 예수님은 하나님께서 하실 만하다면 십자가 죽음을 피하게 해 달라고 하시면서 그러나 "나의 원대로 마시옵고 아버지의 원대로 하옵소서"(마 26:39)라고 기도하셨습니다. 바로 이 기도, 나의 뜻이 아닌 아버지의 뜻대로 해 달라는 것이 우리 자아를 십자가에 못 박는 것입니다.

그리고 이처럼 우리 자아를 십자가에 못 박을 때, 우리는 예수 님과 함께 새 생명을 얻어 부활에 이르게 됩니다. 그것이 곧 영생 입니다. 왜냐하면 앞에서 언급한 대로 영생은 하나님의 온전한 다스림을 받는 것이기 때문입니다. 하나님의 온전한 다스림을 받기 위해서는 자기 뜻대로 살려 하는 자아가 반드시 죽어야 합 니다.

예수님을 얻는다는 것은 곧 그분의 죽음과 부활에 참여하는 것이고, 이것은 우리 자아가 죽고, 영생을 받은 새 사람이 된다는 뜻입니다. 그래서 우리는 하나님 나라에 들어가기 전까지 예수님 의 고난에 참여하는 삶을 살아야 합니다. 우리 자아를 십자가에 못 박는 삶을 사는 것입니다. 이를 통해 우리는 예수님의 부활에 이르게 되고, 하나님 나라에서 영생을 누리게 되는 것입니다.

바울은 이것이 인생에서 가장 중요함을 알았기 때문에 예수님 을 얻고자 이전까지 소중히 여기고 자랑하던 모든 것을 해로운 것으로 여겼습니다. 그는 영생을 얻기 위해 모든 것을 버렸습니 다. 하지만 그는 절대 바보가 아닙니다. 오히려 그는 가장 지혜 로운 사람입니다. 왜냐하면 영생이 가장 중요하다는 것을 분명 히 알았기 때문입니다.

당신은 지금 인생의 가장 중요한 문제에 집중하고 있습니까? 중요하지 않은 일에 당신의 시간과 물질을 너무 많이 허비하고 있지는 않습니까? 하나님께서 오늘 밤 당신의 영혼을 취하신다면, 당신은 기뻐하며 하나님 앞으로 나아갈 수 있겠습니까? 아니면 영생의 문제를 소홀히 해서 어리석은 부자처럼 어쩔 줄 몰라 하지는 않습니까?

우리 인생에 영생보다 더 중요한 것은 없습니다. 그리고 그 영생은 오직 예수님을 얻을 때 우리의 것이 됩니다. 예수님을 얻는다는 것은 예수님의 고난에 참여하는 것이고, 그것은 곧 자기 뜻대로 살려 하는 자아를 십자가에 못 박고 하나님 뜻대로 사는 것입니다. 그럴 때 예수님의 부활, 즉 영생에 이르게 됩니다. 바울은 이를 위해 모든 것을 기꺼이 희생하였고, 이것은 어리석은 것이 아니라 가장 현명한 선택이었습니다.

또한 우리 모두 가장 현명한 선택을 할 수 있기를 바랍니다. 영생을 위해 예수님을 얻는 것보다 더 복된 것은 없습니다. 이를 위해 우리는 기꺼이 우리 자아를 십자가에 못 박는 고난에 참여해야 합니다. 내가 사는 것이 아니라, 내 안에 계신 예수님께서 사시도록 해야 합니다. 그럴 때 우리는 예수님의 부활에 이르게 되고, 영생을 누리게 될 것입니다.

19 오직 한 가지 일

빌 3:12-14

우리나라에서는 육상 경기가 그렇게 인기가 있지 않습니다. 그 래서 어떤 선수가 있는지 대부분 모를 것입니다. 그런데 우리나라 육상을 대표하는 간판선수 가운데 우리에게 매우 친숙한 이름을 가진 선수가 있습니다. 바로 여호수아 선수입니다. 여호수아 선수는 2014년 인천 아시안 게임에서 200m와 1,600m 계주에서 각각 동메달과 은메달을 땄습니다. 1986년 장재근 선수가 메달을 딴 이후 남자 육상 단거리에서 무려 28년 만에 딴 귀중한 메달이었습니다.

그런데 여호수아 선수가 은메달을 딴 1,600m 계주 경기에는 특별한 사연이 있습니다. 원래 여호수아 선수는 1,600m 계주 경기에 나가는 선수가 아니었습니다. 그런데 계주 선수 중 한 명이 갑자기 부상을 당하는 바람에 급히 호출을 받았습니다. 여호수아 선수는 얼떨결에 경기에 나가게 되었고, 심지어 맨 마지막 주자로 뛰었습니다. 그런데 계주 맨 마지막에 뛰는 선수 중에 사우디아라비아 선수는 400m에서 금메달을 딴 선수였습니다. 큰 기대를 하기 어려운 상황이었습니다.

하지만 마지막 순서로 뛰게 된 여호수아 선수는 그야말로 온 힘을 다해 달렸고, 결국 400m에서 금메달을 딴 사우디아라비아 선수를 제치고 은메달을 차지했습니다. 사실 여호수아 선수는 사우디아라비아 선수와 간발의 차이로 뒤쳐져서 3등으로 달리고 있었습니다. 그런데 결승점에 거의 왔을 때, 여호수아 선수가 기가 막힌 작전을 씁니다. 결승점 바로 앞에서 마치 다이빙 선수처럼 상체를 앞으로 쭉 내민 것입니다.

육상 경기에서 누가 먼저 결승점을 통과했느냐를 판단할 때, 선수의 손과 발이 먼저 들어오는 것은 소용없습니다. 어디가 제일 먼저 들어와야 하냐면 가슴이 먼저 들어와야 합니다. 그래서 여호수아 선수가 결승점 앞에서 자신의 상체를 앞으로 쭉 내밀었던 것입니다. 눈으로 볼 때 사우디아라비아 선수가 먼저 들어온 것처럼 보였지만, 비디오 판독을 해 보니 여호수아 선수의 가슴이 먼저 들어왔습니다. 그 결과 극적으로 은메달을 목에 걸 수 있었습니다.

다음에 육상 경기를 TV로 보게 되면, 선수들이 어떻게 결승점에 들어오는지 꼭 유심히 보시기 바랍니다. 선수들이 더 좋은 성적을 내기 위해 결승점 앞에서 가슴부터 내밀며 들어오는 것을 보실 수 있을 것입니다. 그리고 그것을 보면 선수들이 승리를 얼마나 간절히 원하는지도 확실히 알게 되실 것입니다.

그런데 육상 선수들이 승리를 얻기 위해 결승점에 들어올 때 가슴부터 내밀며 들어온다고 말씀드린 이유가 있습니다. 본문에서 바울이 우리에게 똑같은 요구를 하고 있기 때문입니다. 바울은 본문에서 육상 경기를 비유로 들고 있습니다. 바울은 "그것을 잡으려고 달려가노라"(12절), "푯대를 향하여 … 상을 위하여 달려가노라"(14절)라는 표현을 사용하는데, 육상 선수가 달리기 시합하는 것을 의미합니다.

　　바울 당시에도 올림픽이 있었습니다. 올림픽은 현대에 와서 만들어진 스포츠 축제가 아닙니다. 이미 바울의 시대에도 있었습니다. 물론 지금처럼 다양한 종목이 있었던 것은 아니지만, 달리기, 높이뛰기, 원반던지기, 창던지기, 레슬링 등의 종목이 있었습니다. 이러한 종목은 현대 올림픽에도 여전히 남아 있을 정도로 아주 유서 깊습니다.

　　아무튼, 바울이 상을 위하여 달려간다고 할 때, 그것은 달리기 시합에 나온 선수가 우승을 위하여 전력을 다해 달리고, 그 결과 승리의 화관을 얻는 모습을 그 배경으로 하고 있습니다. 바울 당시의 올림픽에서는 오늘날처럼 금이나 은 같은 것으로 메달을 만들어 주지 않고, 올리브 가지나 야생 샐러리로 만든 화관을 머리에 씌워 주었습니다.

　　내가 이미 얻었다 함도 아니요 온전히 이루었다 함도 아니라 오직 내

가 그리스도 예수께 잡힌 바 된 그것을 잡으려고 달려가노라 _12절

바울은 이처럼 우리 그리스도인을 육상 선수에 비유합니다. 우승을 위하여 전력으로 결승점을 향해 뛰어가는 선수입니다. 그런데 달리기 선수가 우승하기 위해 반드시 필요한 것이 두 가지 있습니다. 첫째는 간절함이고, 둘째는 뒤를 돌아보지 않고 목표를 향해 달려가는 것입니다.

그런데 이 두 가지는 신앙의 완성을 향해 달려가는 그리스도인에게도 똑같이 필요합니다. 첫째, 신앙의 완성을 위해 간절함이 필요합니다.

내가 이미 얻었다 함도 아니요 온전히 이루었다 함도 아니라 _12절

이 말을 우리나라 축구 역사의 한 획을 그었던 히딩크 감독의 말로 표현하면 "나는 아직 배고프다"입니다. 히딩크는 한국 축구의 영원한 숙원이었던 월드컵 16강 진출을 이룬 직후에 이렇게 말했습니다. 만약 히딩크가 "나는 목표를 이뤘다. 나는 이것으로 만족한다"라고 말했다면, 월드컵 4강 신화는 결코 일어나지 않았을 것입니다. 달리기 선수가 경기에 출전한 것만으로 만족해한다면, 결단코 그 선수는 우승할 수 없습니다. 우승을 하기 위해서는 우승에 대한 간절함이 있어야 합니다.

바울은 영생을 얻기 위해 자신의 모든 것을 버리고 예수님을 얻었습니다. 그는 단순히 머리로만 믿은 것이 아니라 예수님의 십자가 고난에 참여했습니다. 물론 그가 예수님처럼 십자가에 못 박혔다는 뜻이 아닙니다. 바울은 자기 마음대로 살려 하고, 자기 왕국을 건설하려는 자신의 자아를 죽이고 주님을 따랐습니다. 겟세마네에서 드린 예수님의 기도처럼 '나의 뜻대로 하지 마시고, 아버지의 뜻대로 되기를 원합니다'라는 것이 우리 자아를 죽이는 것이고, 십자가 고난에 참여하는 것이고, 이를 통해 우리는 구원의 완성인 부활에 이르러 하나님 나라에서 영생을 누리게 됩니다.

이런 점에서 우리 신앙생활의 진짜 싸움은 밖에 있지 않고 우리 안에 있습니다. 우리 마음은 세상에서 가장 치열한 전투가 벌어지고 있는 전쟁터입니다. 내 욕망대로 살고 싶어 하고, 내 왕국을 세우고 싶어 하는 내 자아를 따를 것인가, 아니면 나의 새로운 주인이신 예수님께서 우리에게 보내신 성령님을 따를 것인가, 치열한 전투가 내 마음속에서 항상 벌어집니다. 이 싸움에서 최종 승리하는 것이 신앙의 완성입니다.

하지만 우리는 자주 착각합니다. 하나님께서 은혜로 구원을 주셨기 때문에 구원받은 우리는 이 세상에서 적당히 시간 잘 보내다가 천국에 가면 그만이라고 착각합니다. 하나님께서 다 하시기에 우리가 할 일은 없다는 생각입니다. 물론 우리는 은혜로 구원을 받습니다. 은혜로 구원을 받는다는 것은 우리의 노력이나 공로가 전혀 필요 없다는 뜻입니다. 하나님께서 모든 것을 다 하십니다. 그래서 바울은 구원을 받기 위해 할례도 받아야 하고, 율법도 지켜야 한다는 사람들의 주장이 틀렸다고 말합니다. 구원은 이런 것들을 통해 받는 것이 아니라 오직 하나님의 은혜로 받는 것이기 때문입니다. 하지만 은혜로 구원받았다는 것이 우리는 아무것도 할 필요가 없다는 뜻은 결코 아닙니다.

한 아기가 태어났습니다. 아기가 태어나는 것은 은혜입니까? 아니면 자신의 노력입니까? 전적인 부모의 은혜입니다. 이 세상에 아기가 태어나고 싶어서 스스로 태어난 경우는 없습니다. 부모가 없으면 아기도 없습니다. 그러면 아기가 멋진 어린이로, 청소년으로, 청년으로 성장하는 것은 은혜입니까? 자신의 노력입니까? 헷갈리십니까? 그런데 이것도 은혜입니다. 부모의 양육 없이 아이가 자랄 수 없기 때문입니다.

한 영화에 아기가 늑대에게 잡혀 가 성장하는 이야기가 나옵니다. 하지만 이런 경우 그 아기는 사람이 아닌 짐승으로 성장하게 됩니다. 한 아기가 온전한 사람으로 성장하기 위해서는 반드시 부모의 양육이 있어야 합니다. 이런 점에서 아기가 태어나는 것도 부모의 은혜이고, 성장하는 것도 부모의 은혜입니다. 하지만 아기가 부모의 은혜로 태어나고 자란다고 할 때, 그러면 그 아기는 아무것도 안 해도 잘 성장할 수 있습니까? 결코 그렇지 않습니다.

초등학생 아이가 부모가 주는 밥은 잘 먹지 않고 불량 식품만 잔뜩 먹습니다. 그러면 어떻게 됩니까? 키도 안 자라고 몸도 부실해집니다. 청소년 아이가 학교에 가지 않고, 항상 PC방이나 당구장에서 시간을 보내면 어떻게 될까요? 살아가는 데 필요한 기본적인 지식과 예절은 물론이고, 사람과 관계 맺는 법도 배우지 못할 것입니다. 청년이 된 아이가 일할 생각은 안 하고 매일 클럽에 가서 새벽까지 술 마시고, 춤만 추면 어떻게 될까요? 가정과 사회에 골칫거리가 되는 것은 물론이고, 그 스스로 삶의 이유를 몰라 방황하게 될 것입니다.

분명 사람이 태어나고 자라는 것은 은혜입니다. 하지만 그 은혜가 그 사람을 저절로 훌륭하게 만들어 주지는 않습니다. 훌륭한 사람이 되기 위해서는 무엇보다 은혜를 은혜답게 받아야 합니다. 은혜를 은혜답게 받는다는 것은 자기에게 은혜 베푸신 분의 뜻을 이루어 그분을 기쁘게 하는 것입니다. 가령 부모가 베푼 은혜를 은혜답게 받는 것은 단순히 부모에게 큰돈을 갖다 주는 것이 아닙니다. 부모가 자신에게 원하는 뜻을 이루어 드리는 것입니다. 보통의 부모는 자신의 자녀가 가정을 소중히 여기고, 부모를 공경하며, 사회에서 인정받는 그런 사람이 되기를 바랍니다. 바로 그런 사람이 되는 것이 은혜를 은혜답게 받는 것입니다.

그런데 우리는 이것을 자꾸 놓치고 손쉬운 방법으로 때우려고 듭니다. 신앙생활에서도 마찬가지입니다. 하나님의 은혜를 은혜답게 받는 것은 우리를 향한 하나님의 뜻을 이루는 것입니다. 하나님은 우리가 당신의 자녀답게 이 세상을 살기를 바라십니다. 하나님을 사랑하고, 이웃을 사랑하는 삶을 살기를 바라십니다. 하지만 우리는 이런 것에 별 관심이 없고, 그저 교회 나오는 것으로, 헌금하는 것으로, 봉사하는 것으로 손쉽게 때우려고 합니다.

하나님께서 베푸신 은혜를 은혜답게 받는 것은 우리가 하나님께 무언가를 바치는 것이 아니라, 우리를 향한 하나님의 뜻에 순종하는 것입니다. 하나님께서 원하시는 사람이 되는 것이 하나님의 은혜를 은혜답게 받는 것입니다. 그런데 이것은 무엇보다 우리에게 이익입니다. 자녀를 향한 부모의 가장 큰 소원은 자녀가 잘되는 것입니다. 이것은 하나님도 그러십니다. 하나님은 우리가 정말로 복된 삶을 살기를 바라십니다. 그 복된 삶은 하나님을 사랑하고 이웃을 사랑하는 삶입니다. 이렇게 살면 가장 행복한 삶을 살 수 있습니다.

하지만 하나님을 사랑하고 이웃을 사랑하는 삶은 결코 쉽지 않습니다. 왜냐하면 우리는 하나님보다, 이웃보다 언제나 먼저 자기 자신을 사랑하기 때문입니다. 자신의 욕망과 탐욕을 채우는 것보다 더 중요한 것은 없습니다. 하지만 아십니까? 우리의 모든 불행이 바로 여기에서 시작됩니다. 하나님보다, 이웃보다 자기를 앞세우면 반드시 우리는 불행의 덫에 걸리게 됩니다. 우리 인생은 깨진 독과 같아서 이 세상의 모든 것을 다 가진다고 해도 도무지 만족하지 못합니다. 아무리 넘치게 부어도 깨진 곳으로 다 빠져나가기 때문입니다.

깨진 독과 같은 우리 인생이 만족한 삶을 살 수 있는 유일한 방법은 하나님이라는 바다에 들어가는 것입니다. 그러면 아무리 많이 깨진 독이라도 항상 가득한 삶, 충만한 삶을 살 수 있습니다. 위대한 신학자 아우구스티누스는 이 사실을 이렇게 고백했습니다.

우리는 오로지 당신을 위해 지음 받았나니, 우리의 영혼은 당신 안에서 쉼을 얻기까지 평안을 모릅니다 _아우구스티누스, 『성 어거스틴의 참회록』, 조은화 역(서울: 생명의말씀사, 2007), 22.

우리의 깨지고 상한 영혼이 하나님 안에 푹 담기지 않으면 평안이나 만족은 있을 수 없습니다.

당신은 정말 복된 삶을 살기를 바라십니까? 참된 평안과 만족 가운데 살고 싶습니까? 그렇다면 하나님의 은혜를 은혜답게 받으셔야 합니다. 하나님의 뜻대로 하나님을 사랑하고 이웃을 사랑하는 삶을 살아야 합니다. 우리의 깨진 독과 같은 인생에 세상의 온갖 것들을 채운다고 해서 복된 삶을 살 수 있는 것이 아닙니다. 채운 것들이 깨진 틈으로 결국 다 빠져나갈 것이기 때문입니다. 우리의 깨진 독과 같은 인생이 복된 삶을 살 수 있는 유일한 길은 바다 같은 하나님께 담기는 것입니다. 그럴 때 우리의 깨진 틈은 문제가 되지 않습니다.

깨진 독에 물을 담는 유일한 방법은 그것을 물속에 집어넣는 것입니다. 깨진 인생이 복된 삶을 사는 유일한 방법은 바다 같은 하나님 안에 담기는 것입니다. 그런데 이 일은 저절로 이루어지지 않습니다. 마음속으로 그것을 원한다고 해서 저절로 이루어지는 것이 아닙니다. 당신이 바다 앞에 있다고 해서 수영을 할 수 있는 것은 아닙니다. 수영하기 위해서는 반드시 바닷속으로 들어가야 합니다.

구원을 받아 하나님의 자녀가 되었다고 해서 하나님 자녀로서 복된 삶을 저절로 사는 것은 아닙니다. 하나님 자녀로서 복된 삶을 살기 위해서 우리는 아버지이신 하나님의 뜻을 알아야 합니다. 그리고 그 뜻에 순종하기 위해 힘써야 합니다. 불쑥불쑥 솟아오르는 옛 자아의 욕망을 억눌러야 하고, 끈질기게 괴롭히는 죄의 유혹을 피해야 합니다. 무엇보다 하나님 자녀답게 살고자 하는 간절함을 가져야 합니다. 이러한 간절함 없이 '언젠가는 하나님 자녀답게 살겠지'라고 생각하는 것은 몽상에 불과합니다. 바다에 들어가지 않고 그저 쳐다보기만 하면서 '언젠가 나도 수영을 잘하겠지'라고 생각하는 것이 절대로 이루어지지 않는 몽상인 것과 같습니다.

바울에게는 무엇보다 간절함이 있었습니다. '나는 이만큼하면 되었다. 괜찮다. 만족한다.' 그렇게 생각하지 않았습니다. 바울은 간절합니다. 그만큼 바울은 신앙의 완성을 향해 애쓰고 힘씁니다. 이것이 하나님의 은혜를 은혜답게 받는 것이고, 하나님께서 주시고자 하는 복된 삶을 사는 유일한 길입니다.

저는 우리 모두에게 신앙의 완성을 향한 간절함이 있기를 바랍니다. 습관적이고 형식적인 신앙생활에서 벗어나 우리를 향한 하나님의 뜻을 알기를 간절히 바라고, 하나님을 사랑하고 이웃을 사랑하는 삶을 살기 위해 몸부림칠 수 있기를 바랍니다. 막연하게 '죽으면 천국 가겠지' 하는 생각에서 벗어나 하나님의 뜻에 순종하여 지금 여기서 천국을 누릴 수 있기를 바랍니다.

둘째, 신앙의 완성을 위해 뒤를 돌아보지 않고 목표를 향해 달려가는 것이 필요합니다.

형제들아 나는 아직 내가 잡은 줄로 여기지 아니하고 오직 한 일 즉 뒤에 있는 것은 잊어버리고 앞에 있는 것을 잡으려고 푯대를 향하여 그리스도 예수 안에서 하나님이 위에서 부르신 부름의 상을 위하여 달려가노라 _13-14절

달리기 선수가 우승하기 위해 반드시 필요한 것은 간절함만이 아닙니다. 무엇보다 뒤를 돌아보지 않고 목표만 바라보고 달려

가야 합니다.

100m, 200m 달리기 선수들이 뛰는 것을 보십시오. 이들은 하나같이 오직 결승선만 바라보고 달려갑니다. 혹시 뒤돌아보는 선수가 있을까요? 없습니다. 뒤를 돌아보면 절대 우승할 수 없습니다. 일단 출발했으면 결승선만 바라보고 뛰어야 합니다. 이것은 신앙의 완성을 향해 달려가는 우리 성도에게도 마찬가지입니다. 우리는 뒤를 돌아보면 안 됩니다. 결승선만 보면서 뛰어야 합니다.

바울은 신앙의 완성을 위해 해야 하는 한 가지 일이 있다고 강조합니다. 바로 뒤에 있는 것은 잊어버리고 앞에 있는 것만 잡으려고 뛰는 것입니다. 우리는 뒤에 있는 것을 잊어버려야 합니다. 여기에는 두 가지 종류가 있습니다. 하나는 영광스러운 과거이고, 다른 하나는 부끄러운 과거입니다. 바울이 뒤에 있는 것을 잊어버린다고 할 때 이 두 가지 모두를 말하는 것입니다.

바울에게는 영광스러운 과거가 있었습니다. 그는 정통 유대인으로 위대한 학자에게 배운 아주 뛰어난 선생이었습니다. 하나님을 향한 그의 열심은 타의 추종을 불허했습니다. 그의 명성은 예루살렘만이 아닌 해외에까지 퍼질 정도였습니다. 그는 그야말로 위대한 종교 지도자로 대성할 그런 사람이었습니다. 하지만 바울은 예수님을 만난 이후 이렇게 화려한 과거를 잊기로 했습니다. '내가 왕년에 이런 사람이었어'가 신앙의 완성을 향해 가는 길에 전혀 도움이 되지 않음을 알았기 때문입니다. 중요한 것은 지금이지 과거가 아닙니다. 과거의 영광이 지금의 영광일 수 없습니다.

그런데 바울이 영광스러운 과거만 잊은 것이 아니라 수치스러운 과거도 잊었습니다. 사실 바울은 초대 교회 성도들에게 거의 악의 화신이었습니다. 예수님을 만나기 전 바울이 교회와 성도를 얼마나 잔혹하게 핍박했는지 모릅니다. 바울의 이름만 들어도 성도들은 벌벌 떨었습니다. 그런데 그런 바울이 예수님을 만나서 그리스도인이 되었습니다. 처음에는 사도들조차 바울의 회심을 믿지 못했습니다. 그래서 바울이 예루살렘에 왔을 때, 사도들은 그를 만나 주지 않았습니다. 이때 바나바가 나서서 바울과 사도들을 연결시켜 주었습니다.

바울도 자신의 악행을 분명히 기억하고 있었습니다. 그래서 그가 쓴 편지들을 보면 자신이 얼마나 자격 없는 사람인지를 분명히 밝히고 있습니다.

맨 나중에 만삭되지 못하여 난 자 같은 내게도 보이셨느니라 _고전 15:8

만삭되지 못하여 난 자, 우리말로 칠삭둥이라고 합니다. 태어날 때부터 온전하지 못하고 부족했다는 것입니다. 예수님을 핍박했던 사람이 이제 예수님을 전하는 사람이 되었기 때문입니다.

그뿐 아니라 바울은 인생 말년에 디모데에게 편지하며 자신을 "죄인 중에 내가 괴수"(딤전 1:15)라고 표현했습니다. 그냥 죄수가 아니라 죄수의 우두머리, 최고의 죄수라는 것입니다. 그만큼 바울의 과거는 어두웠습니다. 그런데 바울은 이런 어두운 과거조차 신앙의 완성을 향해 달려가기 위해 다 잊었다고 말합니다.

우리가 신앙생활할 때 우리의 발목을 잡는 여러 콤플렉스가 있습니다. 과거에 사람들에게서 받았던 상처와 다른 사람과 비교하며 느꼈던 열등감, 절대 저지르지 말았어야 할 죄에 대한 죄책감 등이 우리가 앞으로 나가지 못하도록 발목을 잡습니다. 하나님의 은혜를 받고, 예수님의 십자가 죽음으로 죄 씻음을 받고, 성령 안에서 새사람이 되었음을 믿으면서도 여전히 뒤를 돌아보며 과거의 상처와 열등감, 죄책감에서 벗어나지 못합니다. 하지만 이처럼 계속 뒤를 돌아보면 앞으로 나갈 수 없습니다. 과거에 매인 사람에게 복된 미래는 결코 찾아오지 않습니다. 물론 과거를 잊어버리는 것이 말처럼 쉬운 일은 아닙니다. 이것은 바울도 마찬가지였습니다. 바울은 죽음을 앞에 두고서도 자신을 죄인 중의 괴수라고 불렀습니다.

하지만 그렇다고 바울이 과거에 발목을 잡힌 것은 아닙니다. 그는 과거에서 자유하게 되었습니다. 영광스러운 과거와 마찬가지로 수치스러운 과거도 잊어버렸습니다. 무엇보다 바울은 우리가 예수님 안에서 완전히 새사람이 되었음을 믿고 받아들였습니다.

> 그런즉 누구든지 그리스도 안에 있으면 새로운 피조물이라 이전
> 것은 지나갔으니 보라 새것이 되었도다 _고후 5:17

바울은 누구든지 예수님 안에 있으면 새 피조물이라고 말합니다. 그런데 바울은 이것을 무엇보다 자기 자신에게 먼저 적용했습니다. 바울은 끔찍하고 악랄한 짓을 했던 과거의 자신이 그리스도 안에서 완전히 새로운 존재가 되었음을 믿고 받아들였습니다. 바울은 더 이상 과거의 사람이 아닙니다. 그리스도 안에서 새것이 되었습니다. 물론 바울이 과거에 저질렀던 악행과 죄가 그냥 사라졌다는 뜻은 아닙니다. 죄가 그냥 덮이는 법은 없습니다. 하지만 바울은 과거의 죄와 상관없는 새로운 피조물이 되었습니다. 어떻게 가능합니까? 예수님께서 십자가에서 바울의 모든 죗값을 대신 지불하셨기 때문입니다. 바울은 이것을 받아들였습니다. 예수님 안에서 자신의 죄 문제가 완전히 해결되고, 그 결과 그는 새로운 사람이 되었습니다. 그렇기에 바울은 과거의 모든 것을 잊어버리고 앞만 보고 달릴 수 있게 되었습니다. 그를 괴롭혔던 모든 상처와 열등감, 죄책감으로부터 해방되어 자유롭게 달릴 수 있게 되었습니다.

과거의 상처가 당신의 발목을 잡지 못하게 해야 합니다. 열등감과 죄책감이 당신을 넘어지게 만들어서는 안 됩니다. 이 모든 것들은 이미 예수님의 십자가를 통해 해결되었습니다. 예수님을 믿는다는 것은 이것을 믿고 받아들이는 것입니다. 예수님을 믿는다는 것은 과거의 나는 죽고, 예수님과 함께 새사람이 되었음을 믿고 그렇게 살아가는 것입니다. 그럴 때 우리는 신앙의 완성을 향해 끝까지 달려갈 수 있습니다.

영광스러운 과거든 수치스러운 과거든 모두 잊어버리고, 신앙의 완성을 향해 달려갈 수 있기를 바랍니다. 특별히 우리 안에 깊이 새겨진 과거의 상처와 열등감, 죄책감에서 자유할 수 있기를 바랍니다. 예수님의 십자가에서 이 모든 것이 해결되었음을 분명히 믿고 받아들여야 합니다.

우리 모두가 신앙의 완성을 향해 간절함을 가지고 하나님의 뜻에 순종할 수 있기를 바랍니다. 또 우리의 발목을 잡는 과거를 잊어버리고 하나님께서 주실 상, 즉 영생을 얻기 위하여 달려가는 우리가 되기를 바랍니다. 습관적이고 형식적인 신앙생활을 내려놓고, 간절한 마음으로 하나님의 뜻에 순종하여 영생에 이르는 우리 모두가 될 수 있기를 바랍니다.

20 우리가 눈여겨봐야 할 사람들

빌 3:15-21

페이스메이커(pacemaker)라고 들어보셨습니까? 보통 마라톤이나 장거리 달리기 시합 때 선수들과 함께 달리는 사람들을 말합니다. 물론 이 사람들도 선수이기는 합니다. 하지만 경기에 나온 모든 선수의 목표가 1등으로 결승선에 들어가는 것인데, 페이스메이커 선수들은 1등이 목표가 아닙니다. 이들의 목표는 자신이 1등을 하는 것이 아니라, 다른 선수를 1등 시키는 것입니다.

마라톤을 뛸 때 1등으로 뛰는 것은 굉장히 피곤한 일이라고 합니다. 다른 선수들을 보면서 빠르게 뛰기도 하고, 느리게 뛰기도 해야 하는데, 1등으로 나서면 보이는 선수가 없어서 무리하기가 쉽다고 합니다. 그러면 일찍 지치게 되어 경기 후반부에 제대로 뛰기가 어렵고, 그래서 선수들은 페이스메이커를 고용해서 자기보다 앞서 뛰게 하고, 그를 보며 빠르기를 조절한다고 합니다.

실제로 여자 마라톤의 여왕이라 불리는 폴라 래드클리프라는 선수는 2003년 4월 런던 마라톤에서 2시간 15분 25초라는 엄청난 신기록으로 우승합니다. 이 기록은 무려 16년 만인 2019년에

깨집니다. 하지만 래드클리프의 신기록을 제대로 평가하지 않는 사람들도 있는데, 그녀가 3-4명의 남자 페이스메이커와 함께 달렸기 때문입니다. 그만큼 페이스메이커가 중요합니다. 자신을 이끌어 줄 수 있는 사람을 바라보면서 달려가면 훨씬 좋은 결과를 얻을 수 있습니다.

그런데 페이스메이커가 마라톤에서만 중요한 것은 아닙니다. 우리 인생을 마라톤에 비유할 수 있는데, 인생 마라톤에서도 페이스메이커는 참으로 중요합니다. 누군가가 우리 앞에 서서 이끌어 준다면 우리는 더욱 힘 있게 앞으로 나갈 수 있기 때문입니다.

바울은 성도의 삶을 달리기 시합에 비유했습니다.

내가 그리스도 예수께 잡힌 바 된 그것을 잡으려고 달려가노라 _빌 3:12

오직 한 일 즉 뒤에 있는 것은 잊어버리고 앞에 있는 것을 잡으려고 푯대를 향하여 그리스도 예수 안에서 하나님이 위에서 부르신 부름의 상을 위하여 달려가노라 _빌 3:13-14

성도는 그저 이리저리 발길이 닿는 대로 가는 그런 사람이 아닙니다. 뚜렷한 목표를 향해 달려가는 경주자입니다. 성도는 하나님께서 우승자에게 주시는 상을 받기 위해 뒤도 돌아보지 않고 앞만 향해 달려가는 선수와 같습니다.

그런데 성도는 무슨 상을 받기 위해 그렇게 달려갈까요? 바울은 부활이라고 말합니다. 여기서 부활은 단순히 죽었다 살아남을 뜻하는 것이 아니라 구원의 완성, 즉 하나님 나라에서 누릴 영생을 뜻합니다. 성도는 마치 달리기 선수가 우승하기 위해 모든 것을 내려놓고 오직 결승선을 향해 달려가듯이 하나님 나라의 영생을 얻기 위해 모든 것을 내려놓고 달려가야 합니다. 그래서 바울은 자신이 예수님을 얻기 위해 모든 것을 잃어버리고 배설물로 여긴다고 말했습니다(8절).

달리기 선수가 목에는 비싼 금목걸이를 걸고, 온몸에는 명품 모피 코트를 두르고, 발에는 번쩍이는 가죽 신발을 신고, 어깨에는 명품 백을 걸쳤다고 생각해 보십시오. 겉모습은 으리으리해 보일지 몰라도, 이 선수는 절대 우승을 할 수 없습니다. 그렇게 하고는 제대로 달릴 수 없기 때문입니다. 달리기 선수가 우승을 하려면 선수복 외에 그 어떤 것도 걸치고 있어서는 안 됩니다. 달리기 선수에게는 아무리 멋진 물건도 모두 방해물일 뿐입니다. 바울이 모든 것을 잃어버리고 배설물로 여긴다고 하는 이유가 바로 이것입니다.

오늘날 교회의 불행은 많은 성도가 세상의 좋은 것들을 너무 많이 몸에 걸치고 있어서 제대로 뛰지 못한다는 사실입니다. 하나님 나라를 소망한다고 말하면서도 세상의 것들을 놓지 못해서

몸이 너무 무겁습니다. 우리는 하나님 나라의 영생을 얻기 위해 지금보다 훨씬 몸을 가볍게 할 필요가 있습니다. 무엇이 우리의 몸을 무겁게 만들고 있습니까? 무엇이 우리가 하나님 나라의 영생을 향해 가는 길을 막고 있습니까?

우리의 몸을 무겁게 하고 갈 길을 막는 것이 정말 천국보다, 영생보다 더 값집니까? 천국을 포기할 만큼 귀합니까? 바울은 영생보다 더 귀한 것은 없음을 알았습니다. 그렇기에 세상의 모든 것을 잃어버리고 배설물로 여겼습니다. 바울이 우리보다 어리석어서 그렇게 했습니까? 아닙니다. 오히려 바울보다 더 정확하게 계산한 사람은 없습니다. 바울은 지금 자신이 가지고 있는 것과 하나님 나라의 영생을 비교해 보았습니다. 비교해 보니 답이 딱 나왔습니다. 그 어떤 것도 하나님 나라의 영생보다 귀한 것은 없습니다. 그래서 바울은 모든 것을 기꺼이 버렸습니다. 그가 어리석어서가 아니라 오히려 정확히 계산한 결과입니다. 위대한 선교사 짐 엘리엇은 "영원한 것을 위해 영원하지 않은 것을 버리는 사람은 결코 바보가 아니다"라고 말했습니다. 그의 말을 뒤집으면, 영원하지 않은 것을 위해 영원한 것을 버리는 사람은 바보라는 것입니다.

우리는 어떤 사람입니까? 우리는 지금 무엇을 붙들고 있습니까? 영원한 것입니까? 아니면 영원하지 않은 것입니까? 영생입니까? 아니면 없어질 세상의 것들입니까? 우리는 영생을 얻기 위해 기꺼이 세상의 것들을 내려놓을 수 있어야 합니다. 이것은 결코 어리석지 않습니다. 오히려 가장 지혜로운 것입니다.

그렇다면 구체적으로 세상의 것들을 잃어버리고 배설물로 여긴다는 것은 무엇을 말할까요? 돈과 집과 자동차, 명예와 권력 등을 다 버린다는 뜻일까요? 성도는 모두 거지처럼 되어야 한다는 뜻일까요? 물론 그렇게 이해한 사람들이 없는 것은 아닙니다. 평화의 기도로 유명한 프란체스코는 엄청난 유산을 받아 풍족한 삶을 살 수 있었지만 그야말로 모든 것을 다 버린 삶을 실제로 살았습니다.

하지만 바울이 모든 것을 잃어버리고 배설물로 여긴다고 할 때, 가장 중요한 것은 자신이 더 이상 자기 인생의 주인 자리를 차지하지 않고 대신 그 자리를 예수님께 드리는 것입니다. 만약 인생의 주인 자리에 내가 아닌 예수님께서 계신다면 자신이 무엇을 갖고 있든 사실 그것은 아무 문제가 되지 않습니다. 왜냐하면 주인이신 예수님의 뜻을 따라 사용하게 될 것이기 때문입니다.

예수님을 인생의 주님으로 모신 부자 성도가 자신의 재산으로 하나님 나라를 위해 얼마나 아름답게 헌신할 수 있는지 모릅니다. 한국에서 가장 존경받는 기업가 중 한 명이 유한양행을 설립한 유일한 박사입니다. 그는 독실한 기독교인으로 예수님을 인생의 주인으로 모신 삶을 살았습니다. 그는 대단히 성공한 사업가가 되었지만, 모은 재물을 자신의 것으로 여기지 않고 다른 사람들과 나누었습니다. 유한양행이 주식회사가 되었을 때 기업의 이익을 종업원과 함께 나누기 위해 종업원 중 1/3이 주주가 되도록 했습니다.

또한 그는 죽으면서 모든 재산을 사회에 환원했는데, 평생 50억이 넘는 돈을 기부했다고 합니다. 당시 회사원 월급이 2만원이었던 것을 고려하면, 지금 돈으로는 약 5,000억에 해당한다고 합니다. 그가 가족에게 남긴 유일한 유산은 손녀딸에게 준 대학 등록금이 전부인데, 이마저도 손녀딸이 절반을 기부했다고 합니다. 뿐만 아니라 20년 후 그의 딸은 자신이 모은 200억의 재산을 재단에 기부했다고 합니다. 예수님을 인생의 주인으로 모신 사람은 가진 것이 많은 부자라 할지라도 이처럼 하나님의 뜻을 따라 아름답게 사용할 수 있습니다.

그런데 이처럼 예수님을 내 인생의 주님으로 모시면서 세상의 모든 것을 잃어버리고 배설물로 여기는 삶은 말처럼 결코 쉽지 않습니다. 자신의 것을 포기하고 내려놓는 것은 그리 쉬운 일이 아닙니다. 바울의 말처럼 예수님의 고난과 죽음에 참여하는 것입니다. 예수님의 십자가 고난은 자신의 뜻이 아닌 하나님의 뜻에 순종하였기 때문에 받은 것이었습니다. 자기 인생 주인 자리에서 내려가고 대신 예수님을 모시는 것은 내 자아를 죽여야 가능한 일입니다. 그렇기에 결코 쉬운 일이 아니며, 또 한 번에 이뤄지는 것이 아니라 평생 힘써야 할 일이기 때문에 굉장히 힘듭니다.

바로 이런 점 때문에 바울은 우리에게 페이스메이커가 필요하다고 말하고 있습니다. 우리를 이끌어 줄 사람이 필요하다는 것입니다.

형제들아 너희는 함께 나를 본받으라 그리고 너희가 우리를 본받은 것처럼 그와 같이 행하는 자들을 눈여겨보라 _17절

우리는 영생을 얻기 위해 끝까지 달려가야 하는데, 이때 우리에게 좋은 페이스메이커가 필요합니다. 우리 앞에서 영생을 향해 부단히 달려가는 사람들을 보면서 우리는 다시 한 번 마음을 다잡게 되고 위로와 힘을 얻을 수 있기 때문입니다.

바울은 빌립보교회 성도들에게 자신을 본받으라고 말합니다. 자신을 페이스메이커로 삼으라는 뜻입니다. 물론 바울 자신이 완벽해서 자신을 본받으라고 말한 것은 아닙니다. 세상에 완전한 사람은 아무도 없습니다. 너무나 당연한 말이지만 사람을 믿어서는 안 됩니다. 사람은 믿음의 대상이 아니라 긍휼의 대상입니다. 사람을 믿으면 분명히 시험에 들게 됩니다.

오늘날 한국 교회가 추락하는 데에는 목사를 너무 맹신한 탓도 있습니다. 목사는 하나님께서 세우신 종이기 때문에 무조건 따라야 한다고 생각하는 분들이 있습니다. 목사에게 하나님께서

주신 영적인 권위가 있다는 것입니다. 하지만 그렇지 않습니다. 목사의 권위는 목회자의 직분을 감당하는 사람이 아니라 그를 목사로 세우신 하나님께 있습니다. 그러므로 목사가 하나님의 말씀을 따르지 않으면 그에게는 아무런 권위도 있을 수 없습니다. 권위는 사람이 아닌 하나님께로부터 나오기 때문입니다. 이스라엘의 왕을 생각해 보십시오. 초대 왕이었던 사울이 어떻게 버림을 받습니까? 하나님 말씀에 불순종해서 버림을 받았습니다. 왜 그렇습니까? 왕의 권위가 사울이라는 사람에게서 나오는 것이 아니라 그를 왕으로 세우신 하나님으로부터 나오기 때문입니다. 그러므로 하나님 말씀을 듣지 않는 왕은 진정한 왕이 아닙니다.

'내가 목사니까, 내가 장로니까, 내가 권사니까' 이렇게 권위를 내세우는 것은 대단히 잘못된 것입니다. 직분을 받았다고 자신에게 권위가 있는 것이 아닙니다. 직분을 주신 하나님께 권위가 있습니다. 그러므로 우리의 권위는 우리가 하나님 말씀에 순종할 때만 주어집니다. 하나님 말씀에 어긋난다면 우리가 아무리 목사이고 장로이고 권사여도 교회 안에서 아무런 권위가 없습니다.

그렇다고 목사를 보실 때 째려보시면 안 됩니다. 사람에게 권위가 없다고 해서 무시해도 된다는 뜻은 결코 아닙니다. 우리는 사람의 권위에 순종하는 것이 아니라 그 사람을 통해 나타나는 하나님의 권위에 순종합니다. 이런 면에서 우리는 교회의 직분자들이 하나님 말씀대로 말하고 행동하는지를 잘 분별해야 합니다. 만약 하나님 말씀대로 한다면 우리는 그 권위를 인정하고 순종해야 합니다. 이는 그 사람이 아닌 그 사람에게 권위를 주신 하나님께 순종하는 것입니다.

바울이 자신을 본받으라고 말할 때도 마찬가지입니다. 바울은 빌립보교회 성도들에게 자신을 본받으라고 할 때, 결코 자신의 권위를 내세우지 않았습니다. 사실 자신을 본받으라는 그 말 앞에 생략된 문장이 있습니다. 그 문장을 고린도전서에서 확인할 수 있습니다.

내가 그리스도를 본받는 자가 된 것같이 너희는 나를 본받는 자가 되라 _고전 11:1

바울이 성도들에게 자신을 본받으라고 할 때, 어떤 바울을 본받으라고 말합니까? 그리스도를 본받는 바울입니다. 즉 바울이 자신을 본받으라고 할 때 그 말의 진짜 뜻은 예수님을 본받으라는 것입니다. 자신이 예수님을 본받는 것처럼 너희들도 자신을 통해 예수님을 본받으라는 것입니다.

그런데 바울은 자신만 본받으라고 하지 않고, 자신처럼 예수님을 닮으려고 힘쓰는 교회 안의 성도들을 눈여겨보라고 말합니다. 다시 말해 교회 안에 있는 페이스메이커들을 눈여겨보라고 말하고 있습니다. 교회 안에는 우리가 달려가야 하는 믿음의 길을 앞서가며 우리에게 모범이 되고 우리를 도와주는 그런 성도들이 많이 있습니다. 우리는 그런 성도들을 눈여겨보아야 합니다. 그럴 때 그들은 우리를 위한 페이스메이커가 됩니다.

우리가 누구를 바라보느냐는 참으로 중요합니다. 너새니얼 호손이 쓴 『큰 바위 얼굴』을 보면 한 아이가 어릴 때부터 마을 앞산에 있는 사람 얼굴을 한 큰 바위를 항상 쳐다봅니다. 그 마을에는 전설이 하나 있었는데, 언젠가 큰 바위 얼굴과 똑같은 사람이 나타나리라는 것이었습니다. 이 아이는 그 전설을 굳게 믿고 큰 바위 얼굴을 가진 사람을 항상 기다리며 그 바위를 쳐다보았습니다. 그런데 진짜로 큰 바위 얼굴을 한 사람이 나타납니다. 그는 바로 큰 바위 얼굴을 한 사람을 어릴 때부터 간절히 기다렸던 그 소년 자신이었습니다. 소년은 항상 큰 바위 얼굴을 바라보았는데, 바라보다가 닮게 된 것입니다.

우리는 우리가 바라보는 사람을 닮게 됩니다. 그런데 문제는 닮고 싶은 사람만 아니라 닮기 싫은 사람도 계속 바라보면 닮게 된다는 것입니다. 시어머니에게 오랫동안 끔찍하게 시달린 며느리가 있었습니다. 며느리는 이를 갈면서 '내가 시어머니가 되면 며느리에게 절대 저렇게 하지 말아야지'라고 다짐합니다. 하지만 막상 시어머니가 되자 어떻게 행동합니까? 자신을 괴롭혔던 시어머니와 똑같이 행동합니다. 미워하지만 계속 바라보니까 닮아

버린 것입니다. 그래서 누구를 바라보느냐가 중요합니다.

신앙생활에서도 마찬가지입니다. 예수님을 닮으려고 힘쓰는 성도를 바라보는 사람은 자기도 똑같이 예수님을 닮아 가게 됩니다. 하지만 뺀질뺀질하게 신앙생활하는 사람을 바라보면 자기도 똑같이 뺀질뺀질해집니다. 바울이 예수님을 닮으려고 힘쓰는 자신과 또 교회 안에 자기처럼 예수님 닮으려고 힘쓰는 사람을 눈여겨봐야 한다고 말하는 이유가 여기에 있습니다. 누구를 바라보느냐에 따라 완전히 다른 결과가 나타날 수 있기 때문입니다. 바울은 빌립보교회 성도들이 예수님을 닮으려고 애쓰는 사람이 아니라 십자가의 원수를 바라볼까 봐 염려했습니다.

내가 여러 번 너희에게 말하였거니와 이제도 눈물을 흘리며 말하노니 여러 사람들이 그리스도의 십자가의 원수로 행하느니라 _18절

바울은 빌립보교회 성도들에게 한두 번이 아니라 여러 번, 그리고 기회가 있을 때마다 경고했습니다. 그리스도의 십자가의 원수로 행하는 사람들이 있으니 그들을 조심해야 한다고 말했습니다. 바울은 여러 차례 이렇게 경고하였으나 마음이 놓이지 않아서, 지금 한 번 더 말하는데, 심지어 이번에는 눈물까지 흘리며 말합니다. 그만큼 바울은 절박합니다. 왜냐하면 빌립보교회 성도들이 그리스도의 십자가의 원수를 바라보면 그들을 닮을 수

밖에 없기 때문입니다.

여기에 나오는 '그리스도의 십자가의 원수'가 정확히 누구를 가리키는지는 알 수 없습니다. 어떤 학자들은 그들이 그리스도의 십자가의 원수로 행동한 것을 볼 때 성도일 리는 없고 성도를 핍박했던 유대인이라고 주장합니다. 하지만 바울이 이처럼 눈물까지 흘리며 여러 차례 경고한 것을 볼 때, 이들이 성도이든 아니면 믿지 않는 유대인이든 간에 빌립보교회 성도들 가까이에서 그들에게 좋지 않은 영향을 주었던 사람들임은 분명해 보입니다. 그렇지 않다면 바울이 이렇게까지 간절하게 경고할 필요는 없었을 것입니다.

그리스도의 십자가의 원수로 행동했던 사람들의 특징은 한마디로 영생보다 세상을 더 사랑했다는 것입니다.

그들의 마침은 멸망이요 그들의 신은 배요 그 영광은 그들의 부끄러움에 있고 땅의 일을 생각하는 자라 _19절

그들은 당장 자신의 배를 채우기 위해 살았습니다. 그들은 땅의 일만 생각했습니다. 그들은 예수님께서 약속하신 부활과 영생에는 마음이 전혀 없었습니다. 그들에게는 지금 당장 자신들의 배를 채우는 것이 중요했습니다.

이런 사람들이 바울 당시에만 있었던 것은 아닙니다. 오늘날

에도 이런 사람들이 세상에 많습니다. "하나님 믿으면 떡이 생기냐? 밥이 생기냐?"라고 비아냥거립니다. "눈에 보이지 않는 하나님을 믿느니 내 주먹을 믿겠다"라고 말합니다. 그런데 불행하게도 이렇게 생각하고 말하는 사람들이 교회 안에도 있습니다. 하나님을 믿는다고 하지만, 그 목적은 오직 이 땅에서 어떻게 잘살 것인지에만 맞춰져 있습니다. 이 땅에서 잘살기 위해, 평안하게 살기 위해 하나님을 믿는 것입니다.

바울은 이런 사람들을 그리스도의 십자가의 원수라고 부르며 그들의 신은 배라고 말합니다. 하나님을 믿는다고 하지만, 실제로는 자신의 배를 채우기 위해 하나님을 이용하는 것입니다. 이런 사람에게 예수님의 십자가 고난은 전혀 쓸데없는 것처럼 보입니다. 그들에게 중요한 것은 '내가 당장 이 땅에서 잘살 수 있는가'입니다. 이런 사람들은 당연히 자신을 인생의 주인으로 여깁니다. 하나님은 내 인생의 주인이 아니라 그저 나를 복되게 살도록 돕는 그런 역할을 할 뿐입니다.

우리가 이처럼 그리스도의 십자가의 원수로 행하는 사람들을 바라보면 우리 또한 그런 사람이 될 수 있습니다. 우리도 그저 이 땅에서 더 잘살기 위해 하나님을 이용하는 그런 신앙생활을 할 수 있습니다. 그러므로 우리는 이런 사람들을 바라보면 안 됩니다. 우리가 눈여겨봐야 할 사람들은 부활에 이르기 위해 그리스도의 고난에 참여하는 사람들입니다. 하나님을 자기 인생의 주님으로 모시고, 그분의 뜻에 순종하기 위해 힘쓰는 사람들입니다. 하나님께서 주실 상인 영생을 얻기 위해 뒤를 돌아보지 않고, 세상의 모든 것을 잃어버리고 배설물로 여기며 달려가는 사람들입니다.

이런 사람들을 우리 인생의 페이스메이커로 삼아야 합니다. 그럴 때 우리는 엉뚱한 길로 빠지지 않고, 우리가 달려가야 할 믿음의 길을 끝까지 달려갈 수 있습니다. 하나님은 교회를 통해 우리를 도울 페이스메이커를 예비해 두셨습니다.

이러므로 우리에게 구름같이 둘러싼 허다한 증인들이 있으니 모든 무거운 것과 얽매이기 쉬운 죄를 벗어 버리고 인내로써 우리 앞에 당한 경주를 하며 믿음의 주요 또 온전하게 하시는 이인 예수를 바라보자 그는 그 앞에 있는 기쁨을 위하여 십자가를 참으사 부끄러움을 개의치 아니하시더니 하나님 보좌 우편에 앉으셨느니라 _ 히 12:1-2

예수님은 신앙의 목표이자 또한 우리를 돕는 최고의 페이스메이커입니다. 우리는 예수님을 바라봐야 합니다. 그런데 예수님만이 아닙니다. 우리에게는 구름같이 둘러싼 허다한 증인들이 있습니다. 성경에 나오는 믿음의 사람들, 2,000년 교회 역사를 통해 보게 되는 믿음의 길을 끝까지 달려간 수많은 믿음의 선배들, 그리고 지금 교회를 통해 우리 곁에서 믿음의 삶을 치열하게 살아가는 귀한 성도들. 이들이 모두 우리를 돕는 페이스메이커로 우리 곁에 있습니다. 그러므로 우리는 이러한 사람들을 항상 눈여겨봐야 합니다. 자신이 주인이 되어 자기 배를 신으로 섬기는 십자가의 원수들이 아니라, 믿음의 경주를 끝까지 달려가는 그런 사람들을 눈여겨봐야 합니다. 그리고 그들을 보면서 예수님을 닮아 가려고 힘써야 합니다. 그럴 때 큰 바위 얼굴을 항상 바라보며 기다렸던 소년이 어느새 큰 바위 얼굴을 가진 사람이 된 것처럼, 우리 또한 예수님의 모습으로 변화될 것입니다.

> 그는 만물을 자기에게 복종하게 하실 수 있는 자의 역사로 우리의
> 낮은 몸을 자기 영광의 몸의 형체와 같이 변하게 하시리라 _21절

우리가 예수님을 닮기 위해 끝까지 달려가면 결국 하나님의 능력으로 말미암아 우리는 예수님처럼 온전한 모습으로 변화될 것입니다.

우리 모두가 마땅히 눈여겨봐야 할 사람들을 바라볼 수 있기를 바랍니다. 십자가의 원수로 행하는 사람들이 아니라 예수님을 닮기 위해 힘쓰며 몸부림치는 사람들을 눈여겨보고, 그들을 따라 믿음의 길을 씩씩하게 달려갈 수 있기를 바랍니다. 그럴 때 우리는 하나님께서 주시는 영생이라는 상을 받게 될 것입니다.

그 상을 받을 때까지 뒤돌아보지 않고, 세상의 헛된 것들에 발목 잡히지 않고, 끝까지 달려가는 우리가 될 수 있기를 바랍니다.

21 이와 같이 주 안에 서라

빌 4:1

한 목사님이 다른 교회에 설교를 하러 갔다고 합니다. 예배를 시작하기 전에 그 교회 담임목사와 이야기를 나누고 있는데, 갑자기 성도 한 분이 급히 뛰어왔습니다. 그분은 아주 밝은 표정으로 "목사님! 제가 대어를 하나 낚았습니다"라고 말했습니다. '무슨 소리인가? 낚시를 좋아하는 분인가?' 이렇게 생각하고 있는데, 뒤에 하는 말을 듣고 나서야 이해를 했다고 합니다. "목사님, 제가 그랜저 타는 사람을 전도했습니다." 대어를 낚았다는 것이 부자를 전도했다는 뜻이었습니다. 이 이야기를 듣고 그 교회에 설교하러 간 목사님이 입으로 차마 내뱉진 못하고 속으로 이렇게 말했다고 합니다. '그럼 버스 타는 사람은 피라미냐?'

세상만큼은 노골적이지 않지만 교회 안에도 차별이 있습니다. 있는 사람과 없는 사람, 배운 사람과 그렇지 못한 사람, 어른과 아이, 남자와 여자 사이에 보이지 않는 차별이 있습니다. 교회 안에서도 서로 비슷한 사람끼리만 어울립니다. 서로 간에 보이지 않는 벽이 있습니다. 그런데 이것이 단지 현대 교회만의 문제는 아닙니다. 성경에 나오는 초대 교회에도 똑같은 문제가 있었습니다. 한 예로 야고보서에서 초대 교회 안에 있었던 차별 문제를 볼 수 있습니다.

> 만일 너희 회당에 금가락지를 끼고 아름다운 옷을 입은 사람이 들어오고 또 남루한 옷을 입은 가난한 사람이 들어올 때에 너희가 아름다운 옷을 입은 자를 눈여겨보고 말하되 여기 좋은 자리에 앉으소서 하고 또 가난한 자에게 말하되 너는 거기 서 있든지 내 발등상 아래에 앉으라 하면 _약 2:2-3

주일 예배를 드리기 위해 예배당에 모여 있는데 새 신자 두 사람이 들어왔습니다. 한 사람은 누가 봐도 가진 것도 많고 배운 것도 많은 세련된 사람이었습니다. 그런 사람이 들어오니까 예배당에 있던 사람들이 너나 할 것 없이 그 사람을 붙잡고는 좋은 자리로 안내하였습니다. 동시에 다른 한 사람이 함께 들어왔습니다. 그런데 이 사람은 누가 봐도 가진 것도 없고 배운 것도 없는 별 볼 일 없는 사람이었습니다. 별 볼 일 없는 사람이 들어오니까 예배당에 있던 사람들이 관심을 두지 않았습니다. 마지못해서 "거기 서 있든지, 아니면 자리가 부족하니 땅바닥에 앉든지 하시오"라고 말했습니다. 정말 기막힌 일이 아닐 수 없습니다. 야고보는 이런 성도들을 향해 "너희가 사람을 차별하여 대하면 죄를 짓는 것"(약 2:9)이라고 책망했습니다.

그런데 우리는 어떻습니까? 우리는 교회 안에서 다른 성도를 어떻게 생각합니까? 우리 또한 어울리기 편한 사람들과만 교제하고 있지 않습니까? 나보다 더 낫다고 생각하는 사람과는 어울리고 싶어 하고, 그렇지 않으면 멀리하지 않습니까? 이러한 차별도 심각한 문제지만, 이보다 더 큰 문제가 있습니다. 무관심입니다. 같은 교회를 수십 년 다녔지만 말 한 번 나눠 보지 않은 경우가 있습니다. 내 옆에서 예배를 항상 드리는 성도인데도 이름을 모릅니다. 그저 주일에 한 번 눈인사 하는 것이 전부인 관계가 적지 않습니다.

심지어 코로나 19 영향 때문이기도 하지만, 요즘에는 집에서 영상 예배 드리는 것을 더 좋아하는 성도들도 많아졌습니다. 다른 사람 신경 쓰지 않고 혼자 편하게 예배드릴 수 있기 때문입니다. 한국 교회에 수천 명씩 모이는 대형 교회가 유독 많은 것도 이런 이유와 무관하지 않습니다. 물론 예배에서 가장 중요한 것은 하나님과 나와의 관계입니다. 많은 사람이 한 예배당에 모여 예배드리지만, 우리 각자는 하나님 앞에 단독자로 서 있습니다. 내가 전심으로 예배하지 않는다면 아무 소용없습니다. 다른 사람이 예배를 잘 드린다고 해서 내가 묻어 갈 수 없습니다. 우리는 하나님 앞에 단독자로 서서 예배합니다.

하지만 동시에 우리는 모든 성도와 함께 하나님 앞에서 예배합니다. 우리는 하나님 앞에서 단독자이면서 동시에 공동체로 예배합니다. 하나님께서 내 안에 계실 뿐만 아니라 우리 안에 계시기 때문입니다.

> 두세 사람이 내 이름으로 모인 곳에는 나도 그들 중에 있느니라 _
> 마 18:20

> 너희는 너희가 하나님의 성전인 것과 하나님의 성령이 너희 안에
> 계시는 것을 알지 못하느냐 _고전 3:16

몇 명의 사람이라도 주님의 이름으로 모이면 그 자리에 주님께서 함께하십니다. 또 우리가 곧 하나님께서 계시는 성전입니다.

우리가 하나님의 성전이기 때문에 초대 교회 때부터 지금까지 교회는 혼자가 아니라 함께 모여 예배를 드렸습니다. 하나님은 당신의 백성 가운데 임하셔서 예배를 통해 영광을 받으십니다. 하나님은 당신의 백성이 한 사람씩 따로 떨어져 있기를 바라시지 않고 함께 모여 있기를 원하십니다. 이러한 사실은 하나님께서 여기저기서 한 사람씩 부르시지 않고, 한 사람을 부르시되 그 사람을 통해 하나님의 백성을 이루시게 한 것에서 알 수 있습니다. 하나님은 세상을 구원하시기 위해 아브라함을 부르셨습니다. 그리고 그의 후손을 통해 이스라엘 민족을 이루시고, 그들을 통해

구원 계획을 실현해 가셨습니다.

하나님께서 이처럼 개인이 아니라 공동체를 통해 일하시는 이유는 분명합니다. 사람을 그렇게 창조하셨기 때문입니다. 사람은 혼자 살지 못합니다. 반드시 공동체를 이루며 살아야 합니다. 이것을 세상 사람들은 '사람은 사회적 존재다'라는 말로 표현합니다. 그런데 사람이 이처럼 공동체 혹은 사회적 존재인 것은 그 기원이 하나님께 있습니다.

그런데 하나님께도 공동체가 있다는 사실을 아십니까? 하나님은 한 분이신데, 무슨 공동체가 있느냐고 생각하는 분이 계실 것입니다. 하지만 그렇지 않습니다. 하나님도 공동체를 이루고 계시는데, 바로 성부, 성자, 성령 하나님의 공동체입니다. 우리는 이를 '삼위일체 하나님'이라고 표현합니다. 이것을 알아야 '하나님이 사랑'이라는 말씀을 이해할 수 있습니다.

사랑하지 아니하는 자는 하나님을 알지 못하나니 이는 하나님은
사랑이심이라 _요일 4:8

하나님은 사랑이십니다. '하나님이 사랑'이라는 말은 '사랑의 기원이 하나님이시다, 하나님 안에서 사랑이 나온다'는 뜻입니다. 그런데 사랑을 하려면 무엇이 필요합니까? 대상이 반드시 필요합니다. 대상 없이 사랑은 불가능합니다. 그러므로 '하나님이

사랑'이라고 할 때 하나님께는 반드시 사랑의 대상이 있어야 합니다.

그런데 세상을 창조하시기 전 하나님 외에 존재하는 것이 없을 때 하나님은 누구를 사랑하셨을까요? 바로 삼위일체 하나님께서 서로를 사랑하셨습니다. 성부가 성자와 성령을 사랑하셨고, 성자가 성부와 성령을 사랑하셨습니다. 성령 또한 성부와 성자를 사랑하셨습니다. 이러한 삼위일체 하나님 간의 사랑은 성경 곳곳에서 표현됩니다. 성부는 성자 예수님을 향해 '내 사랑하는 아들'이라고 말씀하셨고, 성자 예수님 또한 성부 하나님을 사랑한다고 말씀하셨습니다. 성령 하나님은 성부와 성자를 향한 사랑으로 말미암아 그 모든 뜻에 온전히 순종하셨습니다.

이처럼 삼위일체 하나님 사이에는 영원 전부터 사랑이 있었고, 그 사랑이 창조를 통해 이 세상에 드러나게 되었습니다. 그러므로 하나님의 형상을 따라 창조된 사람은 당연히 사랑하는 존재로 만들어졌고, 사랑하기 위해 반드시 공동체를 이루어야 했습니다. 하나님께서 세상을 창조하실 때 모든 것이 좋다고 하셨는데, 딱 하나만 좋지 않다고 하셨습니다. 바로 사람이 홀로 있는 것입니다. 하나님은 사람이 홀로 있는 것을 보고 좋지 않게 여기셨습니다. 당연합니다. 사랑의 하나님께서 창조하신 사람에게 사랑할 대상이 없다는 것은 당연히 좋지 않은 것입니다.

그래서 하나님은 아담에게 하와를 주셔서 서로 사랑하는 공동체를 이루게 하셨습니다. 하나님께서 하와를 만드시면서 그를 돕는 배필이라 말씀하셨습니다. 즉 하와는 '돕는 자'(Helper)입니다. 물론 이 말은 아담 혼자 모든 일을 다 할 수 있는데, 하나님께서 단지 그를 편하게 해 주시기 위해 하와를 주셨다는 뜻이 아닙니다. 아담 혼자는 안 되기 때문에 하와를 주신 것입니다. 하나님께서 당신이 창조한 세상을 다스리도록 인간을 창조하셨는데, 아담 혼자서는 할 수 없었습니다. 그래서 함께 일하도록 하와를 주신 것입니다. 즉 아담과 하와가 함께해야만 하나님의 사명을 감당할 수 있습니다. 이처럼 사람에게 공동체는 선택이 아닌 필수입니다. 하나님께서 사람을 공동체를 이루어 살도록 창조하셨기 때문입니다.

이런 점에서 하나님께서 우리 죄인들을 구원하여 교회라는 공동체를 이루게 하신 것은 너무나 당연한 일입니다. 하나님 나라에 독불 장군은 있을 수 없습니다. 불세출의 영웅은 존재하지 않습니다. 혼자서 하나님의 일을 다 할 수 있는 사람은 없습니다. 모두가 협력해야 합니다. 하나님의 일은 함께해야 합니다.

그래서 바울은 교회를 사람의 몸에 비유합니다. 사람 몸에 얼마나 다양한 부분이 있습니까? 눈에 보이지 않는 심장, 간, 위장과 같은 부분뿐 아니라 눈, 코, 입, 팔, 다리와 같이 눈에 보이는 수많은 부분이 있습니다. 이 수많은 부분이 다 연결되어 한 몸을 이룹니다. 바울은 교회도 마찬가지라고 말합니다. 정말 다양한 사람들이 모여서 예수 그리스도를 머리로 하여 한 몸을 이룬다고 말합니다.

사람의 몸이 제대로 작동하기 위해서는 몸의 한 부분만 움직이면 되는 것이 아닙니다. 보이지 않는 부분과 보이는 부분 할 것 없이 모든 부분이 제대로 움직여야 합니다. 전에 운동을 하다가 왼쪽 어깨 부분을 조금 다친 적이 있습니다. 어깨 한쪽만 다쳤을 뿐인데, 온몸이 불편했습니다. 설교를 작성하는데, 앉아 있는 것조차 힘들었습니다. 어깨 하나가 고장 났을 뿐이지만, 그 영향은 온몸에 미쳤습니다. 바울은 교회가 그렇다고 말합니다.

그러므로 한 교회를 이루고 있는 성도가 서로를 차별하고, 더욱이 서로에게 무관심한 것은 우리가 생각하는 것보다 훨씬 심각한 문제입니다. 왜냐하면 교회가 제대로 작동할 수 없기 때문입니다. 머리 따로, 손 따로, 다리 따로 움직이는 사람이 있다고 생각해 보십시오. 그것은 정상이 아닙니다. 그런 사람은 아무리 쉬운 일도 제대로 할 수 없습니다. 손이 무엇을 집으려고 하는데, 다리가 전혀 엉뚱한 곳으로 간다고 생각해 보십시오. 아무 일도 할 수 없습니다.

성도끼리 서로를 차별하고 서로에게 관심이 없다면 그 어떤 것도 제대로 할 수 없습니다. 어떻게 그런 사람들이 드리는 예배를 하나님께서 기뻐 받으실 것이고, 어떻게 그런 사람들이 전하는 복음을 세상 사람들이 받아들일 수 있겠습니까? "너희나 똑바로 하고 복음을 전해라"라고 비아냥거리지 않겠습니까?

이런 면에서 바울이 빌립보교회 성도들을 어떻게 생각하고 있는지를 살펴보는 것은 정말 중요합니다.

그러므로 나의 사랑하고 사모하는 형제들, 나의 기쁨이요 면류관
인 사랑하는 자들아 이와 같이 주 안에 서라 _1절

바울이 빌립보교회 성도들을 어떻게 부르고 있습니까? "나의 사랑하고 사모하는 형제들, 나의 기쁨이요 면류관인 사랑하는 자들." 이 말 속에서 빌립보교회 성도들을 바라보는 바울의 얼굴 표정이 상상되지 않습니까? 세상에서 지을 수 있는 가장 행복한 표정으로 빌립보교회 성도들을 바라보는 바울의 얼굴을 떠올릴 수 있을 것입니다.

바울은 목사로서 예의상 사랑한다고 말하는 것이 아닙니다. 바울이 빌립보교회 성도들을 너무나 사랑해서, 심지어 사랑한다는 말 한마디로는 너무 부족해서 그들을 사랑하고 사모하는 형제들, 나의 기쁨이고 면류관인 사랑하는 자들이라고 부르고 있습니다. 사실 바울은 빌립보서 앞부분에서 성도들을 향한 자신의 뜨거운 사랑을 이미 고백했습니다.

내가 예수 그리스도의 심장으로 너희 무리를 얼마나 사모하는지

하나님이 내 증인이시니라 _빌 1:8

바울은 빌립보교회 성도들을 얼마나 사랑하는지 하나님을 증인으로 내세우고 있습니다. 하나님을 증인으로 내세우는 것은 절대 거짓말이 아니라는 뜻입니다.

그런데 바울이 이처럼 빌립보교회 성도들을 사랑하는 것은 그들에게 그만큼 사랑받을 자격이 있기 때문일까요? 그들이 모든 면에서 완벽하고 바울의 마음에 꼭 들었기 때문에 그렇게 사랑한 것일까요? 당연히 그렇지 않습니다. 빌립보교회는 아무 흠도 찾을 수 없는, 그야말로 성인(聖人)들만 모여 있는 그런 교회가 아니었습니다. 당연히 다른 교회와 마찬가지로 별의별 사람이 다 모인 교회였습니다.

당장 우리가 앞으로 살펴보겠지만, 빌립보교회 안에 두 여성 지도자들 사이에 큰 싸움이 있었습니다. 우리 식으로 하면 교회에서 가장 큰 영향력이 있는 두 권사님 사이가 틀어진 것입니다. 이렇게 되면 두 사람의 문제로 끝나지 않습니다. 각 권사님에게 붙어 있는 사람들끼리도 함께 싸웁니다. 당연히 교회 분위기는 냉랭해집니다.

빌립보교회도 여느 교회처럼 연약하고 부족함이 있는 교회였습니다. 그럼에도 불구하고 바울은 그런 빌립보교회 성도들을 누구보다 사랑하였습니다. 그런데 사랑받을 만한 사람을 사랑하는 것은 예수님을 모르는 세상 사람들도 얼마든지 할 수 있습니다. 사실 그것은 진정한 사랑이라 할 수 없습니다. 진정한 사랑은 사랑받을 만한 사람이 아닌 사랑받을 자격이 없는 사람을 사랑하는 것입니다. 이것이 진정한 사랑인 이유는 하나님께서 그렇게 사랑하시기 때문입니다.

앞에서 말씀드린 대로 하나님은 사랑이십니다. 하나님에게서 사랑이 나왔습니다. 그런데 하나님은 누구를 사랑하십니까? 사랑받을 만한 사람이 아니라 사랑받을 자격이 없는 사람입니다. 심지어 하나님은 원수까지도 사랑하셨습니다.

> 우리가 아직 죄인 되었을 때에 그리스도께서 우리를 위하여 죽으심으로 하나님께서 우리에 대한 자기의 사랑을 확증하셨느니라 _ 롬 5:8

하나님께서 우리에게 당신의 사랑을 어떻게 확증해 주셨습니까? 우리가 아직 죄인 되었을 때에 예수님께서 우리를 위해 죽으심으로 그 사랑을 확증해 주셨습니다. 그런데 여기서 '우리가 아직 죄인 되었을 때'를 다른 부분에서는 '우리가 원수 되었을 때'(롬 5:10)라고 표현하고 있습니다. 하나님은 누구까지 사랑하십니까? 원수까지 사랑하십니다.

그런데 더 놀라운 것은 원수가 회개할 때 사랑하시는 것이 아닙니다. 우리가 아직 죄인 되었을 때, 우리가 여전히 원수일 때 하나님은 먼저 우리를 찾아와 사랑해 주셨습니다. 하나님의 사랑은 원수를 향한 사랑이면서 '먼저' 하시는 일방적인 사랑입니다.

> 사랑은 여기 있으니 우리가 하나님을 사랑한 것이 아니요 하나님
> 이 우리를 사랑하사 우리 죄를 속하기 위하여 화목 제물로 그 아들
> 을 보내셨음이라 _요일 4:10

하나님은 우리가 여전히 죄인이고 여전히 원수일 때, 우리를 먼저 찾아오셔서 우리를 사랑해 주셨습니다. 하나님의 사랑은 '먼저' 하시는 사랑입니다. 상대방의 태도나 조건을 따진다면 사랑하는 것이 결코 쉽지 않습니다. 우리는 왜 모든 성도를 사랑하지 못할까요? 다 이유가 있지 않겠습니까? 저 집사님은 이래서 사랑하지 못하고, 저 권사님은 저래서 사랑하지 못하고, 저 목사님은 이러저러해서 사랑하지 못하는 등 태도나 조건을 따지면 우리가 사랑할 수 없는 이유가 한도 끝도 없이 나옵니다.

하지만 만약 하나님께서 우리의 태도나 조건을 보시면서 사랑할지 여부를 결정하신다면 어떻게 될까요? 우리 중 한 명이라도 하나님께 사랑받을 수 있을까요? 어림없는 소리입니다. 우리는 그나마 사람의 겉모습만 볼 수 있을 뿐인데, 하나님은 우리 마음속까지 다 보고 계십니다. 우리의 검은 속을 다 보면서도 사랑하

기란 불가능한 일입니다.

그럼에도 불구하고 하나님은 우리를 사랑하십니다. 우리의 모든 것을 다 아시면서도 사랑하십니다. 하나님은 태도나 조건을 따지시며 사랑하시지 않고, 무조건으로 먼저 사랑하시기 때문입니다. 바울이 빌립보교회 성도들을 보면서 그토록 사랑을 고백할 수 있었던 이유도 똑같습니다. 하나님께 받은 사랑으로 빌립보교회 성도들을 사랑한 것입니다. 태도와 조건을 따지지 않고 그저 먼저 사랑하였던 것입니다.

하나님은 오늘 우리에게도 옆에 있는 성도를 그렇게 사랑하라고 말씀하십니다. 바울이 하나님께 받은 사랑으로 빌립보교회 성도들을 무조건적으로, 먼저 사랑했던 것처럼 우리 또한 하나님의 사랑으로 무조건적으로, 먼저 사랑하기를 원하십니다. 그럴 때 우리도 옆에 있는 성도를 보면서 '나의 사랑하고 사모하는 형제들, 나의 기쁨이고 면류관인 사랑하는 자들'이라고 부를 수 있을 것입니다.

다시 강조하지만, 상대방이 정말 내 사랑을 받을 만하고 나의 기쁨이고 면류관이기 때문에 사랑하는 것이 아닙니다. 그런 사람은 우리 교회뿐만 아니라 온 세계 교회를 다 둘러봐도 없습니다. 우리 모두는 스스로 잘 아는 것처럼 사랑받기에 턱없이 부족합니다. 혹 스스로 나는 사랑받기에 합당한 사람이라고 생각한다면, 자신이 어떤 존재인지 제대로 모르는 사람입니다. 자신을 있는 그대로 아는 사람이라면 사랑받을 만하다고 감히 말하기 어렵습니다.

교회는 바로 그런 사람들이 모여 있는 곳이고, 더 중요한 것은 서로가 사랑받기에 합당하지 않다는 것을 알면서도 하나님께서 그런 나를 사랑하셨다는 사실을 믿고 그 하나님의 사랑으로 서로를 사랑하려고 힘쓰는 곳입니다. 그래서 교회에서 가장 중요한 것은 사랑입니다. 하나님은 우리가 사랑을 배우고 실천하도록 하시기 위해 교회를 세우셨습니다. 우리는 교회를 통해 우리가 절대 받지 못할 하나님의 사랑을 받게 되고, 그 받은 사랑을 또한 절대 받지 못할 다른 사람에게 주게 됩니다. 바로 이 과정을 통해 우리는 사랑이신 하나님을 닮아 갑니다.

어떤 사람이 하나님을 가장 닮았습니까? 단연코 사랑하는 사람입니다. 사랑받을 자격이 없는 사람을 먼저 찾아가 사랑하는 성도보다 하나님을 더 닮은 성도는 없습니다. 가장 거룩하고, 가장 의롭고, 가장 훌륭한 성도는 사랑하는 성도입니다. 우리가 아무리 경건 생활을 열심히 하고, 받은 은사가 많으며, 신학에 능통하고, 기도를 많이 하고, 봉사를 많이 하더라도 옆에 있는 성도를 사랑하지 않는다면 아무 소용없습니다.

그래서 우리는 그리스도의 학교인 교회에서 사랑을 배워야 합니다. 먼저는 우리에게 베풀어 주신 하나님의 놀라운 사랑을 풍성히 받아 누려야 합니다. 하나님께서 우리를 얼마나 사랑하시느지 모르면 우리 또한 다른 사람을 사랑할 수 없습니다. 우리는 예배를 통해, 기도와 말씀 읽기를 통해 무엇보다 하나님의 사랑을 깊이 경험해야 합니다. 그 후 우리는 하나님께 받은 사랑을 다른 사람에게 나눠야 합니다. 사랑은 사랑을 낳습니다. 사랑할수록 사랑은 커지고 풍성해집니다. 하나님께서 나의 어떠함에도 불구하고 사랑하셨다는 것을 깨달으면 내가 사랑하지 못할 사람은 없습니다. 하나님의 무조건적이고 먼저 하시는 사랑에서 제외될 사람은 아무도 없습니다. 우리는 교회 안에서 이 사랑을 연습해야 합니다. 그리고 그 사랑을 나누는 현장이 점점 더 넓어져서 우리의 가정, 일터, 그리고 우리가 있는 모든 곳으로 확대되어야 합니다. 그럴 때 사랑이 없는 이 세상 속에서 우리는 하나님 자녀의 아름다움과 복됨을 온전히 나타낼 수 있을 것입니다.

물론 하나님이 주신 사랑으로 서로 사랑하는 것이 말처럼 쉬운 일은 아닙니다. 하지만 그리스도의 학교인 교회는 사랑을 연습하는 곳입니다. 사랑을 연습하셔야 합니다. 울리지 않으면 종이 아닙니다. 사랑도 표현하지 않으면 사랑이 아닙니다. 사랑을 나타내야 합니다. 우리의 말과 행동을 통해 하나님의 사랑을 나타내야 합니다. 이것을 교회 안에서 연습해야 합니다.

서로 먼저 다가가 인사함으로 사랑을 나타내십시오. 서로의 기도 제목을 물어보면서 사랑을 나타내십시오. 도움이 필요한 성도가 보이거든 자신이 할 수 있는 도움을 주어 사랑을 나타내십시오. 서로 격려해 주고 협력해서 사랑을 나타내십시오. 사랑은 사랑을 낳고, 사랑할수록 사랑이 더 풍성해진다는 것을 꼭 기억하시기 바랍니다.

교회 안에서 사랑보다 더 중요한 사역은 없습니다. 사랑보다 더 중요한 신학도, 경건도, 봉사도 없습니다. 바울의 말처럼 사랑이 제일입니다. 우리가 서로 사랑하면 모든 사람이 우리가 예수님의 제자인 줄 알게 됩니다.

우리 모두가 하나님의 사랑을 풍성히 받고, 그 사랑으로 서로 사랑할 수 있기를 바랍니다. 하나님께서 자신에게 베푸신 사랑이 어떠한지 깨닫고, 무조건적으로, 먼저 사랑하는 우리가 되기를 바랍니다. 그 사랑이 교회에서 시작하여 가정과 일터, 그리고 우리가 있는 모든 곳에서 풍성해지기를 바랍니다. 우리의 사랑을 통해 복음의 빛이 환하게 비취기를 바랍니다.

22 주 안에
빌 4:1-3

한국 교회는 코로나 19가 극심할 당시 세상 사람들의 손가락질을 받는 수모를 당했습니다. 우리가 기억하는 대로 2020년 2월, 대구의 신천지 교회 때문에 코로나 19 바이러스가 걷잡을 수 없이 퍼졌습니다. 신천지 교회는 우리와 상관없는 이단이지만, 세상 사람들이 볼 때는 우리나 그들이나 똑같이 교회입니다. 당시 또 어떤 교회는 예배당에 들어오는 사람 입에 분무기로 소금물을 뿌려서 문제가 되기도 했습니다. 소금물이 코로나 바이러스 전염을 막는다는 잘못된 정보를 믿어서 일어난 황당한 일이었습니다. 이 일로 교회 다니는 사람은 상식이 없다는 비난을 받았습니다. 그 후에도 한참 동안 교회에서 확진자가 끊임없이 나와서 세상 사람들의 따가운 눈총을 받았습니다.

세상 사람들이 교회를 비난하는 이유 중 하나는 교회가 이기적이라는 것입니다. 세상 사람들은 코로나 사태 속에도 교회에 성도가 모이는 것은 오직 돈 때문이라고 비난했습니다. 사람이 모이지 않으면 돈을 거둘 수 없기 때문에 이런 엄중한 상황도 개의치 않고 모인다고 우리를 폄훼했습니다. 당시 교회에 관한 인터넷 뉴스 기사 아래 달린 댓글을 보면 교회가 돈에 환장했다는 내용이 얼마나 많았는지 모릅니다.

물론 세상 사람들의 주장은 잘못되었다고 생각합니다. 소수가 있기는 하겠지만, 정말 돈 때문에 모이는 교회는 제가 믿기로는 거의 없습니다. 우리가 교회에 모여 예배하는 것은 사람의 목적이 하나님을 영화롭게 하는 것이고 하나님을 영원토록 즐거워하는 것이기 때문입니다. 우리는 예배를 통해 하나님께 영광을 돌리고, 우리를 사랑하셔서 당신의 모든 것을 아낌없이 내어 주시는 하나님을 즐거워합니다. 예배는 하나님을 믿는 성도에게 가장 큰 영광이고, 특권이고, 의무입니다. 그렇기에 초대 교회 때부터 오늘에 이르기까지 교회는 끔찍한 핍박 속에서도 예배를 멈추지 않았습니다. 하지만 세상 사람들에게 이것을 이해해 달라고 바라는 것은 무리일 것입니다. 세상 사람들은 단지 우리의 드러난 모습만 보고 판단할 뿐이기 때문입니다.

물론 그렇다고 해서 세상 사람들이 교회를 비난하는 이유가 교회를 몰라서 그런 것이라는 뜻은 아닙니다. 우리는 분명히 세상 사람들의 말에 귀를 기울여야 합니다. 그들은 하나님께서 창조하신 세상에서 함께 살아가는 이웃이며, 또 우리가 복음을 전해야 할 사람들이기 때문입니다. 그들의 말을 무시하고 우리끼리만 잘 살아 보겠다고 생각하는 것은 결코 하나님께서 원하는 참 교회의 모습이 아닙니다.

우리는 교회가 돈만 밝히는 이기적인 집단이라는 세상 사람들의 비판에 귀를 기울여야 합니다. 이것이 아무 근거 없는 일방적인 비난이 아니라 세상 사람들의 눈에 비친 교회의 모습이기 때문입니다. 이웃과 사회를 돌아보지 않고 오직 자기 성장에만 몰두하는 교회를 바라보는 세상 사람들의 냉정한 시각일 수 있습니다.

교회 다니는 우리는 어떤 교회가 좋은 교회라고 생각합니까? 많은 성도가 모이는 교회, 예배당이 크고 화려한 교회, 좋은 프로그램이 많은 교회, 훌륭한 목회자가 있는 교회. 우리는 이런 교회를 좋은 교회라고 생각합니다. 하지만 세상 사람들도 그렇게 생각할까요? 천만의 말씀입니다. 세상 사람들이 볼 때 교회가 커지고 많아지고 풍족해지기 위해 노력하는 것은 회사나 기업이 그렇게 하는 것과 다를 바 없습니다. 오늘날 세상 사람들이 교회가 돈독이 올랐다고 비난하는 데에는 돈 벌기 위해 수단 방법을 가리지 않는 기업과 별 차이가 없어 보이기 때문입니다.

세상 사람들이 보기에 좋은 교회는 어떤 교회일까요? 예수님께서 여기에 대한 분명한 답을 주셨습니다.

너희가 서로 사랑하면 이로써 모든 사람이 너희가 내 제자인 줄 알리라 _요 13:35

세상 사람들이 보기에 가장 좋은 교회는 성도가 서로 사랑하는 교회입니다. 예배당에 십자가를 아무리 크고 멋지게 달았다 하더라도 세상 사람들이 그것을 보고 우리를 예수님의 제자로 아는 것은 아닙니다. 세상에서 성공한 사람들이 교회에 많다고 해서 세상 사람들이 우리를 예수님의 제자로 보는 것이 아닙니다.

　세상 사람들은 우리가 서로 사랑할 때, 서로의 부족함과 연약함에도 불구하고 용납하고 용서하고 격려하고 품어 줄 때, 우리를 예수님의 제자로 봅니다. 왜냐하면 그런 모습을 이 세상에서는 찾기 어렵기 때문입니다. 큰 건물은 이 세상에 얼마든지 있습니다. 많은 사람이 모이는 곳도 얼마든지 있습니다. 아이돌 콘서트에 가면 수만 명의 젊은이가 우글거립니다. 세상은 그런 것으로 감동 받지 않습니다. 세상 사람들이 정말 보기 원하는 것은 자기만 아는 이기적인 이 세상에서 아무 조건 없이 서로 사랑하고 용서하는 그런 모습입니다.

　세상 사람들이 교회를 지나치다 싶을 정도로 욕하고 비난하는 것은 교회마저도 이 세상과 다르지 않은 것에 대한 실망 때문입니다. 자기들과 다르지 않은 이기적인 교회의 모습에 분노하는 것입니다. 그러므로 우리는 세상 사람들이 교회를 향해 퍼붓는 지나친 비난을 들으며 함께 비난하고 화를 낼 것이 아니라 세상을 닮아 버린 우리 모습을 되돌아보아야 합니다.

　우리는 예수님 말씀처럼 정말 서로 사랑하고 있습니까? 자신의 이기적인 욕망을 죽이고, 서로를 먼저 배려하고, 먼저 용서하며, 먼저 사랑하고 있습니까? 우리가 서로 사랑할 때 세상 사람들은 우리를 자신들과 전혀 다른 예수님의 제자로 볼 것입니다. 세상 사람들의 분노와 비난은 세상에 이처럼 교회가 많은데, 예수님의 제자는 도무지 보이지 않기 때문입니다.

이런 면에서 바울은 본문을 통해 교회 안에서 서로 사랑하기 위해 우리에게 필요한 중요한 사실을 가르쳐 주고 있습니다. 바울은 빌립보교회 성도들을 매우 사랑했습니다. 얼마나 사랑하는지 하나님이 자신의 증인이라고 말할 정도였습니다. 바울은 빌립보교회 성도들을 부를 때 단지 내 사랑하는 형제들이라고만 부르지 않았습니다. 자신이 사랑하고 사모하는 형제들, 자신의 기쁨이요 면류관인 사랑하는 자들이라고 아주 길게 불렀습니다. 그만큼 바울의 사랑이 컸습니다.

그런데 바울이 빌립보교회 성도들을 이렇게 사랑하는 것은 그런 사랑을 받을 만큼 빌립보교회 성도들이 훌륭했기 때문일까요? 그렇지 않습니다. 이 세상에 완벽한 교회는 없습니다. 교회에서 속상한 일이 생기면 "여기만 교회냐"라면서 다른 교회를 가는 사람들이 많은 시대이지만, 다른 교회를 가도 별수 없습니다. 예수님은 의인을 부르러 오시지 않았고, 죄인을 부르러 오셨습니다. 교회는 의인이 모인 곳이 아니라 죄인이 모인 곳입니다. 당연히 탈도 많고 문제도 많습니다.

빌립보교회도 마찬가지였습니다. 바울이 빌립보교회 성도를 사랑한 것은 그들이 사랑받을 만한 자격이 있어서가 아니었습니다. 바울이 그들을 사랑한 것은 사랑받을 자격이 없는 사람을 사랑하시는 하나님의 사랑을 자신이 먼저 받았기 때문입니다. 하나님은 원수도 먼저 사랑하시는 사랑의 하나님이십니다. 바울은 그 사랑을 본받아 빌립보교회 성도들을 사랑했습니다.

우리는 어떻게 모든 성도를 사랑할 수 있겠습니까? '저런 사람은 내가 도저히 사랑할 수 없어'라고 생각하는 사람이 다 한 명씩은 있지 않습니까? 아무리 같은 교회에서 신앙생활을 한다 해도 도무지 사랑할 수 없는 사람이 있습니다. 그럼에도 불구하고 우리는 그 사람을 사랑해야 합니다. 하나님께서 그런 우리를 먼저 사랑해 주셨기 때문입니다. 하나님의 입장에서 보면 우리는 도무지 사랑할 수 없는 존재였습니다. 하나님께서 어떻게 우리처럼 악하고 더러운 인생을 사랑하실 수 있겠습니까?

하지만 하나님은 그런 우리를 무조건적으로 사랑해 주셨습니다. 하나님께서 단지 우리에게 말로만 사랑하고 말씀하신 것이 아니라 먼저 그 사랑을 우리에게 보여 주셨습니다. 만약 우리가 하나님의 무조건적 사랑을 받았음에도 불구하고 다른 사람을 사랑하지 못하겠다고 한다면 그것은 하나님의 사랑을 모욕하는 것입니다. 가령 어떤 사람이 우리에게 100억의 빚을 아무 이유 없이 탕감해 주었다고 생각해 보십시오. 있을 수 없는 일이 일어난 것입니다. 그런데 그런 은혜를 받은 우리가 우리에게 100만 원 빚진 사람의 빚을 탕감해 주지 않고 그를 괴롭힌다면 어떻게 될까요? 그것은 100억 빚을 탕감해 준 사람을 모욕하는 일이 될 것입니다.

우리는 서로 사랑해야 합니다. 우리는 그 어떤 이유에도 불구하고 서로 사랑해야 합니다. 왜냐하면 하나님께서 먼저 그런 사랑으로 우리를 사랑해 주셨기 때문입니다. 우리의 사랑과 용서의 근본적인 힘은 바로 우리에게 먼저 베풀어 주신 하나님의 사랑과 용서에 있습니다. 우리가 사랑하고 용서하는 것이 생각보다 어려운 일이 아닌 것은 우리가 해야 할 사랑과 용서보다 훨씬 더 큰 사랑과 용서를 하나님으로부터 이미 받았기 때문입니다. 하나님은 당신이 우리를 사랑하시고 용서하신 것처럼 우리에게 서로 사랑하고 용서하라고 말씀하십니다. 우리는 이 말씀에 순종해야 합니다. 그럴 때 교회는 참으로 사랑과 용서의 공동체가 될 것입니다.

하지만 이렇게 말하는 것은 쉽지만 순종하는 것은 언제나 어려운 법입니다. 이러한 사실은 본문에서도 확인할 수 있습니다.

내가 유오디아를 권하고 순두게를 권하노니 주 안에서 같은 마음을 품으라 _2절 바울은 빌립보교회 여성 지도자들인 유오디아와 순두게에게 "같은 마음을 품으라"고 권면합니다. '같은 마음을 품으라'는 말에서 알 수 있듯이 이 두 사람 간에 다툼이 있었습니다. 쉽게 말해 두 사람은 싸웠습니다. 그런데 싸운 두 사람이 교회에 들어온 지 얼마 안 되는 새 신자였습니까? 하나님의 사랑과 용서를 잘 알지 못하는 성숙하지 못한 성도였습니까? 전혀 그렇지 않습니다.

> 또 참으로 나와 멍에를 같이한 네게 구하노니 복음에 나와 함께 힘쓰던 저 여인들을 돕고 또한 글레멘드와 그 외에 나의 동역자들을 도우라 그 이름들이 생명책에 있느니라 _3절

여기에 나오는 '나와 멍에를 같이한 너'는 어떤 사람인지 알 수 없습니다. 당연히 빌립보교회 성도인 것은 맞지만 구체적으로 누구인지는 밝히고 있지 않습니다. 아마도 이 편지를 받아서 성도들에게 읽어 주는 사람으로 빌립보교회 지도자 중 한 사람이었을 것입니다. 그런데 그 사람에게 바울은 복음을 위해 자신과 함께 힘쓰던 그 여인들을 도우라고 부탁합니다.

여기서 '저 여인들'은 유오디아와 순두게를 가리킵니다. 서로 싸우고 있는 유오디아와 순두게는 바울과 함께 복음을 위해 힘썼던 여인들이었습니다. 복음을 위해 힘썼다는 것은 더 정확히 말하면 복음을 위해 함께 싸웠다는 것입니다. 즉 유오디아와 순두

게는 바울과 함께 복음을 위해 싸웠던 전우였습니다. 이 정도면 유오디아와 순두게가 신앙이 부족하거나 성숙하지 못한 성도라서 싸운 것이 아님을 알 수 있습니다.

사실 유오디아와 순두게는 성숙한 믿음을 가진 빌립보교회의 여성 지도자들이었습니다. 바울은 빌립보에서 교회를 개척하는데, 그 시작이 자색 옷감 장사 루디아의 집이었습니다. 루디아는 당시에 아주 귀한 자색 옷감을 무역하는 사업가로서 상당한 부자였습니다. 그녀는 바울을 통해 복음을 받아들이고 자신의 집을 교회당으로 사용하게 하였습니다(행 16:11-15). 빌립보교회는 처음부터 여성 지도자의 집에서 시작되었습니다. 이 영향 때문인지는 몰라도 빌립보교회 안에서 여성 지도자들의 역할이 아주 컸습니다. 그리고 그 여성 지도자들 가운데 유오디아와 순두게가 있었습니다. 그런데 이 영향력 있는 두 여성 지도자가 서로 싸우고 있으니 교회가 어려움에 빠졌습니다.

하나님의 말씀에 순종하는 것이 얼마나 어려운지 모릅니다. 교회에 막 들어온 새 신자만 어려운 것이 아닙니다. 신앙생활을 오래 한 성도도 하나님 말씀에 온전히 순종하는 것이 쉽지 않습니다. 바울과 함께 복음을 위해 싸웠던 유오디아와 순두게가 하나님의 사랑이 무엇인지 몰라서 싸웠겠습니까? 서로 용서하는 것이 하나님의 뜻인지 몰라서 다투었겠습니까? 그렇지 않습니다. 그들도 다 알고 있습니다. 하지만 알아도 순종하지 못하는 것입니다.

우리는 교회 안에서 다른 성도를 너무 쉽게 비판하거나 정죄하지 말아야 합니다. 그 성도가 말씀을 몰라서, 믿음이 부족해서 그런 잘못을 저지르는 것이 아닐 수 있습니다. 알아도 제대로 순종하지 못하는 존재가 우리입니다. 오랫동안 신앙생활을 하고, 직분을 받아 봉사를 잘하는 그런 성도도 얼마든지 잘못을 저지를 수 있습니다. 그러므로 우리는 교회 안에서 서로 판단하고 정죄하기 전에 서로를 불쌍히 여겨야 합니다. 바울은 다음과 같이 우리에게 권면합니다.

서로 친절하게 하며 불쌍히 여기며 서로 용서하기를 하나님이 그리스도 안에서 너희를 용서하심과 같이 하라 _엡 4:32

우리는 서로를 불쌍히 여겨야 합니다. "어떻게 목사가, 어떻게 장로가, 어떻게 권사가 저럴 수 있어"라고 공격하기 시작하면 서로 사랑할 수 없습니다. 서로 불쌍히 여길 때 사랑할 수 있습니다.

어느 책에서 읽은 이야기입니다. 교회와 성당이 나란히 있는 어느 마을이 있었습니다. 어느 날 교회 목사가 밤늦게 술에 취해서 비틀비틀 걸어가고 있었습니다. 그러자 그 광경을 지켜본 교회 신자들이 하나같이 목사를 비난했습니다. "목사가 얼마나 믿음이 없으면 저렇게 술 마시고 비틀거리며 걸어 다니냐? 저 목사는 삯꾼임이 틀림없다. 벌 받을 사람이다." 그런데 며칠 지나지 않아서 이번에는 성당 신부가 똑같이 술에 취해 걸어가고 있었습니다. 하지만 성당 신자 중에 어느 하나도 신부를 비난하지 않았습니다. 오히려 "우리 신부님에게 얼마나 괴로운 일이 있었으면 저렇게 술에 취했을까?"라며 신부님을 부축해 주었다고 합니다.

물론 신부는 술, 담배를 자유롭게 할 수 있기 때문에 목사와는 경우가 다릅니다. 그럼에도 불구하고 어느 쪽 신자가 더 하나님의 마음에 가까운지는 말하지 않아도 알 것입니다. 서로 사랑하려면 먼저 서로를 불쌍히 여겨야 합니다. 서로가 연약하고 부족하다는 것을 알고, 있는 그대로 품어 주려고 해야 합니다. 그래야 사랑할 수 있습니다.

바울이 바로 그런 태도를 취합니다.

내가 유오디아를 권하고 순두게를 권하노니 주 안에서 같은 마음을 품으라 _2절

이 말씀에서 주목할 부분이 있습니다. 바울이 얼마나 조심하면서 말하는지 모른다는 사실입니다. 바울은 예수님께서 세우신 사도이고, 빌립보교회를 개척한 목사이며, 모든 교회에서 존경받는 권위 있는 사역자였습니다. 그는 얼마든지 자신이 가진 권위로 서로 다투고 있는 유오디아와 순두게를 야단치면서 같은 마

음을 품으라고 강하게 명령할 수 있었습니다. 하지만 바울은 그렇게 하지 않았습니다. 오히려 얼마나 조심스럽게 이야기하는지 모릅니다.

이 말씀을 더 정확하게 번역하면 이렇습니다. "나는 유오디아에게 권면합니다. 그리고 나는 순두게에게 권면합니다. 두 분은 주 안에서 같은 마음을 품으십시오." 바울은 일부러 유오디아와 순두게를 따로따로 부르며 각각 권면합니다. 자신이 누구의 편도 아님을 보여 주기 위함도 있지만, 무엇보다 그들을 존중하고 있음을 보여 주기 위해서입니다.

사실 바울 입장에서는 이 두 사람이 괘씸할 수도 있었습니다. 새 신자도 아니고 교회 지도자들이 이처럼 싸우면 교회는 큰 타격을 받을 수밖에 없기 때문입니다. 하지만 바울은 그들을 불쌍히 여겼습니다. 그들도 얼마든지 잘못할 수 있는 연약한 사람이라고 생각했습니다. 그래서 그는 아주 정중하게 유오디아와 순두게에게 같은 마음을 가지라고 권면했습니다.

그뿐만 아니라 바울은 함께 멍에를 같이한 빌립보교회 지도자 한 사람에게 유오디아와 순두게를 도우라고 말해 주었습니다(3절). 두 사람의 다툼을 해결하기 위해 중재자를 세웠던 것입니다. 작은 다툼이 커지는 데는 싸우는 두 사람 곁에 다툼을 부추기는 사람들이 있기 때문입니다. 불난 집에 부채질하는 사람이 있기 때문에 사소한 다툼이 큰 싸움으로 번집니다. 하지만 교회에는 부채질하는 사람이 아니라 불을 끄는 사람이 필요합니다. 어느 한쪽의 편을 들어 싸움을 부추기지 않고 두 사람을 포용하여 화해하게 하는 사람이 꼭 필요합니다. 바울이 이름 모를 빌립보 교회 지도자에게 이것을 부탁하고 있습니다.

그런데 바울이 서로 다투고 있는 유오디아와 순두게에게 같은 마음을 품으라고 권면할 때 그들이 반드시 그렇게 해야 하는 이유를 밝힙니다. 그것은 그들이 '주 안에' 있기 때문입니다. 바울은 단순히 같은 마음을 품으라고만 하지 않고, 주 안에서 같은 마음을 품으라고 말합니다. 여기서 '주 안에'라는 말이 정말 중요합니다.

먼저 '주 안에'라는 말은 우리가 있는 현재 위치를 알려 줍니다. 우리는 어디에 있습니까? 주님 안에 있습니다. 예수님을 믿는 우리는 하나도 예외 없이 주님이신 예수님 안에 위치하고 있습니다. 즉 우리는 같은 주님을 섬기고 있습니다. 그런데 우리가 섬기는 주님은 어떤 분이십니까? 제자들의 더러운 발을 기꺼이 무릎 꿇고 씻어 주신 분입니다. 주님이심에도 종처럼 섬기셨습니다. 우리의 주님이신 예수님은 섬기는 주님이십니다.

그렇다면 섬기시는 주님 안에 있는 우리 또한 서로를 섬기는 것이 마땅합니다. 우리는 섬김으로써 우리가 주님 안에 있음을 증명할 수 있습니다. 우리가 예수님의 사람, 주님의 사람인 것을 무엇을 통해 가장 분명하게 증명할 수 있을까요? 많은 신학 지식입니까? 기도를 오래 하는 것입니까? 봉사를 많이 하는 것입니까? 아닙니다. 예수님처럼 자기보다 낮은 사람을 기꺼이 섬기는 것을 통해서입니다. 자기보다 높은 사람을 섬기는 것은 세상 사람도 하는 일입니다. 하지만 자기보다 낮은 사람을 섬기는 것은 오직 예수님 안에 있는 사람뿐입니다.

우리가 자기보다 낮은 사람을 기꺼이 섬길 때 교회 안에는 그 어떤 다툼도 있을 수 없습니다. 왜냐하면 모든 다툼은 다른 사람보다 자신을 높이고 싶을 때 일어나기 때문입니다. 우리가 종으로서 제자들의 발을 닦으신 예수님을 따를 때 우리는 누구와도 화평할 수 있습니다. 이런 이유로 바울은 유오디아와 순두게에게 주 안에서 같은 마음을 품으라고 권면했던 것입니다.

한편 '주 안에'라는 말은 우리의 힘이 어디에서 오는지를 알려 줍니다. 여기에서 '주'는 특별히 죽음에서 부활하시고 하늘에 오르셔서 하나님 우편에 앉아 하나님으로부터 모든 권세를 받으신 예수님을 가리킵니다.

하늘에 있는 자들과 땅에 있는 자들과 땅 아래에 있는 자들로 모든 무릎을 예수의 이름에 꿇게 하시고 모든 입으로 예수 그리스도를 주라 시인하여 하나님 아버지께 영광을 돌리게 하셨느니라 _빌 2:10-11

우리가 '주 안에' 있다는 것은 모든 권세를 가지신 전능하신 예수님의 능력 안에 있다는 뜻입니다. 예수님은 우리에게 명령만 하실 뿐만 아니라 그 명령에 순종할 수 있는 능력도 주십니다. 여기에 우리의 소망이 있습니다. 바울이 아무리 같은 마음을 품으라고 말해도 우리 힘으로는 어림없습니다. 서로를 불쌍히 여길 힘도, 사랑할 힘도 우리에게는 부족합니다. 하지만 바울은 우리 힘으로 하라고 말하지 않습니다. 우리가 주님 안에 있다고 말함으로 주님의 힘으로써 그렇게 하라고 말합니다.

우리가 주 안에 있어서 모든 권세를 가지신 예수님께서 우리에게 힘을 주시기 때문에 우리는 모든 사람을 사랑하고 용서하고 섬길 수 있습니다. 예수님께서 우리에게 그런 힘을 주시기 때문입니다. 예수님께서 하나님 말씀에 순종할 수 있는 능력을 주시기 때문입니다. 그러므로 우리는 주님의 이름으로 구해야 합니다. 사랑할 힘을 주시도록, 섬길 수 있는 마음을 주시도록, 불쌍히 여기는 마음을 주시도록 기도해야 합니다. 그럴 때 모든 권세를 가지신 우리 주 예수 그리스도께서 이 모든 것을 풍성하게 부어 주실 것입니다.

우리에게 주님께서 주시는 은혜와 능력이 충만히 임하기를 바랍니다. 그래서 무엇보다 서로를 불쌍히 여기고 사랑할 수 있기를 바랍니다. 우리가 서로 사랑할 때 세상은 우리를 예수님의 제자로 보게 될 것입니다.

23 주께서 가까이 계십니다

빌 4:4-5

이제 막 초등학교에 들어간 아이가 있었습니다. 어느 날 집을 나서서 골목길을 지나가는데 중학생 정도 되는 형들이 서 있었습니다. 그들은 아이를 붙잡고는 있는 돈 다 내놓으라고 협박하면서 때리기까지 했습니다. 힘이 없는 아이는 실컷 얻어맞고, 있는 돈까지 다 빼앗겼습니다. 참으로 억울했지만 힘이 없으니 어쩔 수 없었습니다. 그런데 며칠이 지난 어느 날, 아이가 아버지와 함께 골목길을 걸어가게 되었습니다. 이때도 돈을 빼앗았던 형들이 여전히 있었습니다.

하지만 형들을 알아본 아이는 전혀 겁먹지 않았습니다. 오히려 아주 씩씩하게 형들 앞으로 갔습니다. 그러고는 형들의 정강이를 세게 걷어찼습니다. 지난번에는 무서워서 어쩔 줄 몰라 했던 아이가 어떻게 이런 행동을 할 수 있었을까요? 어디서 없던 용기가 났을까요? 아이가 이렇게 행동할 수 있었던 이유는 간단합니다. 힘센 아버지가 지금 함께하고 있기 때문입니다. 지난번이나 지금이나 아이에게는 형들을 이길 힘이 없습니다. 하지만 지난번과 달리 지금은 힘센 아버지가 함께하고 있습니다. 힘센 아버지가 자신의 편이 되어 함께 있기 때문에 무서운 형들도 별 것이 아니었던 것입니다.

혹시 당신에게도 이런 비슷한 경험이 있습니까? 저는 있습니다. 중학교 때 교회를 가는 길인데, 저 앞에서 불량한 형들 몇 명이 저를 오라고 불렀습니다. 붙잡히면 돈 뺏기고 꼼짝없이 맞게 생겼습니다. 그런데 어디서 나타났는지 갑자기 덩치 큰 교회 형이 와서는 저와 어깨동무를 했습니다. 그 형은 키도 크고 덩치도 매우 커서 운동선수처럼 보였습니다. 그런 형이 제게 어깨동무를 하니까 저를 부르던 불량한 형들이 그냥 모른 척하고 다른 곳으로 갔습니다.

우리가 인생을 살면서 큰 어려움을 만났을 때, 그것을 해결해 줄 사람이 곁에 있다면 그것만큼 든든한 일도 없을 것입니다. 하지만 그런 사람을 찾는 것이 말처럼 쉽지 않다는 것이 우리 인생의 문제입니다. 우리가 편안할 때, 만사가 잘 풀릴 때에는 친구도 많고, 도와줄 사람도 많은 것처럼 보입니다. 하지만 감당하기 어려운 고난이 찾아오면 주변에 그렇게 많던 친구들과 사람들이 하나도 보이지 않습니다. 돈이 많던 탕자 곁에는 그렇게 많은 친구들이 있었지만, 빈털터리가 된 탕자 곁에는 돼지만 있을 뿐이었습니다. 이것은 우리 인생의 쓸쓸한 한 단면을 보여 줍니다.

그런데 바울은 이런 쓸쓸한 인생을 살아가는 우리에게 놀라운 복음을 전해 줍니다. 바로 주님께서 가까이 계시다는 것입니다.

너희 관용을 모든 사람에게 알게 하라 주께서 가까우시니라 _5절

바울은 주께서 가깝다고 말합니다. 이것은 큰 어려움을 당하여 도울 자를 찾지만 아무도 찾을 수 없는 딱한 우리 인생에게 선언하는 위대한 복음입니다. "주께서 가까우시니라."

그런데 우리는 '주께서 가까이 계시다'는 것이 정확히 무슨 뜻인지 살펴보기 전에 이 말씀이 왜 나오게 되었는지를 먼저 살펴봐야 합니다.

주 안에서 항상 기뻐하라 내가 다시 말하노니 기뻐하라 _4절

바울은 빌립보교회 성도들을 향해 기뻐하라고 말합니다. 앞서 언급했듯이 빌립보서의 별명은 '기쁨의 편지'입니다. 바울은 4장밖에 안 되는 이 짧은 편지 속에 기쁨과 관련한 말을 무려 16번 이상 썼습니다. 빌립보서는 그야말로 기쁨으로 가득한 편지입니다. 하지만 기쁨의 편지라는 별명이 무색할 정도로 빌립보서를 쓰는 바울과 그것을 받는 빌립보교회 성도들은 큰 어려움 가운데 있었습니다.

우선 바울은 빌립보서를 감옥에서 썼습니다. 감옥에서 썼다고

해서 '옥중서신'이라고 합니다. 바울이 쓴 옥중서신에는 에베소서, 빌립보서, 골로새서, 빌레몬서 이렇게 넷이 있습니다. 그런데 바울이 그저 옥에 갇혀 있기만 했던 것은 아니었습니다. 바울은 감옥에 갇혀 있으면서 자신의 운명과 관련 있는 재판을 앞두고 있었습니다. 쉽게 말해 그 재판에서 유죄가 선고되면 바울은 사형을 당할 수도 있었습니다. 바울은 도저히 기뻐할 수 있는 상황이 아니었습니다.

빌립보교회 또한 마찬가지였습니다. 빌립보교회는 안과 밖으로 어려움에 빠져 있었습니다. 먼저 밖으로는 로마 사람들과 유대인들의 극심한 핍박이 있었습니다. 로마 사람들은 로마 황제 대신 예수님을 주님으로 고백하는 빌립보교회 성도들을 가만히 놓아 둘 수 없었습니다. 유대인들 또한 십자가에 못 박혀 죽은 예수를 메시아와 하나님의 아들이라고 고백하는 것은 신성모독의 죄를 짓는 것이라 여겨 핍박했습니다.

그런데 빌립보교회의 어려움은 외부에만 있었던 것은 아닙니다. 내부에도 있었습니다. 그 중 하나가 유오디아와 순두게라는 두 여성 지도자 간에 다툼이 있어 교회가 분열된 것입니다. 아무리 외부의 어려움이 크더라도 내부가 똘똘 뭉쳐 있으면 잘 극복할 수 있습니다. 하지만 안에서 분열이 생기면 방법이 없습니다. 빌립보교회는 그야말로 내우외환으로 도무지 기뻐할 수 없는 상황 속에 있었습니다.

이처럼 기쁨의 편지를 쓴 바울도, 그 편지를 받은 빌립보교회도 도저히 기뻐할 수 없는 상황 속에 있었습니다. 그럼에도 불구하고 바울은 편지를 쓰는 내내 기쁨에 관해 말합니다. 바울이 현실 감각이 전혀 없는 비현실적인 혹은 비상식적인 사람이라서 그랬을까요? 아니면 기뻐하지 못할 것을 뻔히 알면서도 그래도 기뻐하는 것이 옳은 것이라고 말하는 위선적인 꼰대라서 그랬을까요? 물론 우리는 바울이 절대 그런 사람이 아님을 분명히 알고 있습니다.

바울은 자신이 처한 상황이나 빌립보교회 성도들이 처한 상황이 분명 기뻐할 수 없는 상황임을 알고 있었습니다. 그럼에도 불구하고 바울이 기쁨의 편지를 쓰는 분명한 이유가 있습니다. 도저히 기뻐할 수 없는 상황 속에서도 하나님은 기뻐하도록 만드신다는 믿음이 있었기 때문입니다. 즉 우리 힘으로는 도저히 기뻐할 수 없는 상황이라도, 하나님께서 기뻐할 수 있도록 역사하신다는 것입니다.

이러한 사실은 위 말씀에서 분명히 드러납니다. 바울은 기뻐하라고 말하는데, 그저 기뻐하라고만 말하지 않습니다. 항상 기뻐하라고 말합니다. '항상'은 '언제나 어디서나 어떤 상황에서든'을 의미합니다. 하지만 어떻게 항상 기뻐할 수 있을까요? 언제나 어디서나 어떤 상황 속에서든 기뻐하는 것이 과연 가능할까요? 당연히 불가능합니다.

당장 지난 한 주간을 생각해 보십시오. 사실 기뻐할 때보다 짜증 내고, 불평하며, 화를 낼 때가 더 많지 않았습니까? 늘 웃고 다니는 사람이 있다면, 아마 우리는 그 사람을 기쁨의 사람이라고 보지 않고, 머리에 나사 하나 풀린 사람이라고 볼 것입니다. 인생에는 누구나 할 것 없이 기쁨보다 슬픔이 더 많습니다. 이것이 엄연한 현실입니다. 그렇다면 항상 기뻐하라는 말씀은 그야말로 지킬 수 없는 불가능한 명령 아닙니까? 왜 바울은 어느 누구도 따를 수 없는 명령을 주고 있을까요?

물론 '항상 기뻐하라'는 말씀이 말 그대로 항상 기뻐하고 잠시도 슬퍼하면 안 된다는 뜻은 아닙니다. 이것은 어느 누구도 지킬 수 없는 명령입니다. 심지어 예수님조차도 사랑하는 나사로의 무덤 앞에서 슬피 우셨습니다. 바울 또한 고린도교회에 보내는 편지에서 "내가 마음에 큰 눌림과 걱정이 있어 많은 눈물로 너희에게 썼노니"(고후 2:4)라고 말했습니다. 항상 기뻐하라는 말씀은 잠시도 슬퍼하면 안 된다는 말씀이 아닙니다. 항상 기뻐하라는 말씀은 도무지 기뻐할 수 없는 상황에 있다 하더라도 거기에 계속해서 머물지 말고, 다시 기쁨의 자리로 나오라는 뜻입니다.

하지만 어떻게 그럴 수 있을까요? 큰 어려움에 빠졌을 때 누군가 우리를 건져 내지 않는다면 어떻게 스스로 기쁨의 자리로 나갈 수 있을까요? 바울은 우리가 큰 어려움에 빠졌을지라도, 그래서 도무지 기뻐할 수 없는 상황에 있다 하더라도 우리가 다시 기쁨의 자리로 나갈 수 있도록 돕는 분이 계시다고 말합니다. 바로 우리 주님이십니다. 게다가 주님은 우리 가까이에 계십니다(5절). 우리가 슬픔과 낙심, 고통 속에 계속 머물지 않고 항상 기쁨의 자리로 다시 나갈 수 있는 것은 주님께서 우리 가까이 계셔서 우리를 붙들어 주시기 때문입니다.

우리는 여기서 '주님이 가까우시다'는 말씀의 의미를 깊이 생각해야 합니다. 이 말씀은 크게 두 가지 뜻을 가집니다.

첫째, 주님은 우리 곁에 계십니다. 우리가 슬픔과 낙심, 고통 속에 오랫동안 빠지지 않고, 속히 기쁨의 자리로 나갈 수 있는 것은 우리를 도우시는 주님께서 항상 가까이 계시기 때문입니다. 우리는 하나님을 저 하늘 멀리 계신 분으로 생각할 때가 많습니다. 그래서 우리가 기도할 때조차도 내 목소리가 하나님 귀에 들리기나 할까 의심합니다. 하나님께서 계시다는 것을 믿지만, 내 곁에 계시다는 사실은 쉽게 믿지 못합니다.

하지만 주님은 우리 가까이에 계십니다. 성경은 주님께서 우리 가까이 계시다는 사실을 끊임없이 강조합니다. 성경이 우리에게 알려 주는 하나님은 우리가 찾아가서 만나야 하는 하나님이 아니라, 언제나 우리에게 먼저 찾아오시는 하나님입니다. 하나님께서 첫 인간 아담과 하와를 창조하시고 그들을 에덴동산에 두셨습니다. 이때 하나님은 마치 어항 속에 물고기를 넣어 두고 지켜보는 구경꾼처럼 행동하지 않으셨습니다. 하나님은 아담과 하와를 직접 찾아가셨습니다. 하나님은 동산에서 "아담아 어디 있느냐?" 친히 부르셨습니다(창 3:9). 하나님께서 믿음의 조상인 아브라함을 부르실 때도 마찬가지입니다. 아브라함이 먼저 하나님을 찾지 않았습니다. 하나님께서 먼저 그를 찾아가셔서 그를 가나안 땅으로 인도하셨습니다. 모세는 어떻습니까? 광야에서 양을 치며 아무 소망 없이 살던 모세에게 하나님께서 먼저 찾아가셔서 그를 이스라엘의 구원자로 세우셨습니다.

이처럼 하나님은 언제나 먼저 찾아오십니다. 이것을 가장 잘 보여 주는 예는 바로 하나님의 아들 예수 그리스도께서 이 세상에 오신 사건입니다. 예수님께서 태어나신 사건에서 가장 중요한 내용은 무엇입니까? 하나님께서 직접 당신의 백성을 찾아오셨다는 것입니다. 예수님은 "인자가 온 것은 잃어버린 자를 찾아 구원하려 함이니라"(눅 19:10)고 말씀하십니다. 예수님은 잃어버린 자를 구원하시기 위해 찾아오셨습니다.

이처럼 주님은 언제나 먼저 우리를 찾아와 우리 가까이에 계십니다. 시편 기자들은 다양한 비유를 들어 주님께서 우리 가까이 계시다는 것을 고백했습니다. 다윗은 "나를 눈동자같이 지키시고 주의 날개 그늘 아래에 감추사"(시 17:8)라고 말합니다. 우리는 정말 짧은 시간을 가리켜 '눈 깜짝할 사이'라고 말하지 않습니까? 주님께서 나를 눈동자같이 지키신다는 것은 그야말로 눈 깜짝할 사이도 걸리지 않을 만큼 즉각적으로 도우신다는 의미입니다. 이것이 어떻게 가능합니까? 우리 가까이 계시기 때문입니다. 주님께서 우리 곁에 얼마나 가까이 계시냐 하면 눈꺼풀과 눈동자 사이 정도로 가깝습니다.

한 시편 기자는 "여호와는 너를 지키시는 이시라 여호와께서 네 오른쪽에서 네 그늘이 되시나니"(시 121:5)라고 고백합니다. 우리가 낮에 길을 걸으면 우리를 놓치지 않고 붙어서 따라오는 것이 있습니다. 그림자입니다. 하나님께서 우리와 얼마나 가까이 계시느냐 하면 그림자처럼 우리 곁에 가까이 계십니다. 심지어 다윗은 "주께서 나의 앞뒤를 둘러싸시고 내게 안수하셨나이다"(시 139:5)라고 고백합니다. 주님께서 우리 곁에 얼마나 가까이 계시냐 하면 우리를 아예 앞뒤로 둘러쌀 정도라고 말합니다.

이처럼 주님은 우리 곁에 가까이 계십니다. 주님은 분명 하늘에 계신, 우리와는 차원이 전혀 다른 전능하신 하나님이시지만, 우리의 아버지로서 눈동자를 보호하는 눈꺼풀처럼, 몸이 가는 곳마다 따라 움직이는 그림자처럼, 우리를 앞뒤로 감쌀 정도로 가까이 계십니다. 하나님께서 이처럼 우리 가까이 계시다면 우리가 무엇을 염려하고 두려워하며 슬퍼하겠습니까? 비록 우리 힘으로는 감당할 수 없는 큰 어려움을 만났다 하더라도, 모든 것을 그 뜻대로 주관하시는 주님께서 우리 곁에 계시기 때문에 우리는 계속해서 염려하거나 두려워하거나 슬퍼할 필요가 없습니다.

주님은 우리가 크게 불러야 들으실 수 있는 분이 아닙니다. 우리는 어려움을 당할 때 큰 소리로 부르짖어 기도하기도 하지만, 정말 큰 어려움을 당하면 입에서 아예 소리가 안 나오고 신음만 흘러나올 때가 있습니다. 소리를 낼 힘조차 없는 것입니다. 하지만 주님은 그럴 때에도 우리 신음을 똑똑히 들으십니다. 주님께서 우리 가까이 계시기 때문입니다.

우리는 주님께서 멀리 계시기 때문에 제때 도움을 주지 못하실 것이라고 생각해서도 안 됩니다. 시편 기자의 고백처럼 주님의 도움은 눈꺼풀이 눈동자를 보호하는 것처럼 너무나 신속합니다. 한순간이라도 하나님께서 우리를 놓치셔서 우리가 해를 입는 경우는 없습니다.

우리는 주님께서 가까이 계시다는 사실을 믿어야 합니다. 특별히 아무것도 보이지 않는 큰 어려움 속에 있을 때 우리는 더욱 믿음을 발휘해야 합니다. 사탄은 끊임없이 하나님께서 멀리 계시며 하나님은 너에게 관심이 없다고 속삭입니다. 하나님은 너 말고도 바쁜 일이 많으니 너 따위를 신경 쓰지 않는다고 말합니다. 하지만 우리는 그런 속삭임이 마음에 들릴 때마다 예수님처럼 "사탄아 물러가라"고 외쳐야 합니다. 왜냐하면 하나님은 한 번도 나를 떠나지 않으시고, 언제나 가까이 계시기 때문입니다.

주님께서 언제나 우리 가까이에 계심을 믿으시기 바랍니다. 우리의 기도를 항상 듣고 계심을 믿으시기 바랍니다. 주님께서 이처럼 가까이 계시기 때문에 어떤 어려움이 와도 우리는 그 속에서 계속 슬퍼하거나 절망하지 않을 수 있습니다. 우리 곁에 계신 주님께서 우리를 기쁨의 자리로 이끄시기 때문입니다.

둘째, 재림하실 주님의 때가 가깝습니다. '주님이 가까우시다'는 것은 다시 오시겠다고 약속하신 예수님의 재림이 가깝다는 것을 뜻합니다. 예수님은 공간적으로도 우리 가까이 계시지만, 시간적으로도 우리 가까이에 계십니다. 이처럼 예수님의 재림 때가 가까이 온 것을 종말이라고 부릅니다. 우리는 흔히 종말, 혹은 종말론이라고 하면 이단들이 신자들을 겁주기 위해 하는 말로 생각합니다. 하지만 종말은 결코 우리가 겁먹을 일이 아닙니다. 오히려 종말은 우리 성도에게 더없이 복된 일로 우리가 간절히 기다리는 사건입니다. 초대 교회 성도들은 만났을 때, 서로 '마라나타'라고 인사를 했습니다. 마라나타는 '우리 주여! 오시옵소서'입니다. 초대 교회 성도들은 예수님께서 다시 오시는 날을 간절히 소망하며 기다렸습니다.

이처럼 초대 교회 성도들이 예수님의 재림을 간절히 기다린 것은 그날이 곧 성도가 진짜 자신의 나라에 들어가는 날이었기 때문입니다. 바울은 우리의 시민권이 하늘에 있다고 말했습니다.

그러나 우리의 시민권은 하늘에 있는지라 거기로부터 구원하는 자 곧 주 예수 그리스도를 기다리노니 _빌 3:20

우리 성도의 진짜 조국은 하나님 나라입니다. 이 땅의 나라는 우리가 이 땅에 머무는 잠시 동안의 조국일 뿐입니다. 물론 이 땅의 조국이 중요하지 않다는 뜻은 아닙니다. 우리는 하나님 나라에 충성을 다하는 것처럼 이 땅의 조국에도 우리가 해야 할 의무에 충성을 다해야 합니다.

하지만 우리가 궁극적으로 소속된 곳은 이 땅이 아닌 하나님 나라입니다. 우리는 하나님 나라에서 영생을 누리게 될 것입니다. 다시 말씀드리지만, 영생은 단순히 죽지 않고 오래 산다는 뜻이 아닙니다. 성경이 말하는 영생은 하나님의 온전한 다스림 가운데 사는 삶입니다. 하나님 나라는 의와 평강과 희락인데(롬 14:17), 의는 하나님과의 완전한 관계를 말하고, 평강은 하나님께서 다스리시기 때문에 그 어떤 연약함이나 부족함 없이 모든 것이 제대로 작동하는 상태를 말하며, 희락은 이러한 의와 평강이 있음으로 누리게 되는 기쁨을 뜻합니다. 하나님 나라는 그야말로 완전하게 복된 곳입니다. 초대 교회 성도가 이런 하나님 나라가 임하기를 간절히 바란 것은 당연한 일입니다.

그런데 바울은 이러한 하나님 나라가 저 멀리에 있지 않고 우리 가까이에 있다고 말합니다. 예수님의 재림으로 하나님 나라가 임하기 때문에 주님께서 가까이 계시다는 것은 하나님 나라가 가까이 있다는 뜻입니다. 우리는 곧 하나님 나라에 들어가게 될 것입니다. 우리는 곧 하나님 나라에서 의와 평강과 희락을 충만히 누리게 될 것입니다. 하나님과 완전한 사랑의 관계를 누리게 될 것입니다. 눈물도 없고, 아픔도 없고, 죽음도 없는, 모든 것이 제대로 작동하는 평강을 누리게 될 것입니다. 이러한 의와 평강으로 말미암아 우리는 다함이 없는 기쁨을 영원히 누리게 될 것입니다.

이 일은 까마득히 멀리 있지 않고 우리 가까이에 왔습니다. 바울은 바로 이런 이유로 항상 기뻐하라고 명령하는 것입니다. 우리가 지금 당하는 여러 어려움과 고난은 영원한 것이 아닙니다. 이런 것들은 곧 사라지게 될 것입니다. 왜냐하면 하나님 나라가 곧 임하기 때문입니다. 하나님 나라에는 이 세상에 있는 어려움과 고난이 전혀 없습니다. 하나님 나라에는 눈물도 아픔도 고통도 죽음도 없습니다. 오직 하나님 안에 의와 평강과 희락이 있을 뿐입니다. 이런 점에서 바울은 이렇게 말합니다.

너희 관용을 모든 사람에게 알게 하라 주께서 가까우시니라 _5절

'관용'은 '자기가 마땅히 쓸 수 있는 권리를 다른 사람을 위해 쓰지 않거나 양보하는 것'을 말합니다. 우리가 이 땅에 살면서 겪게 되는 염려와 걱정, 고통의 원인이 무엇입니까? 자기 것을 남에게 빼앗기기 싫은 것 아닙니까? 우리는 다른 사람이 잘되는 것을 보면 왜 마음이 힘듭니까? 저 사람의 것이 원래 자기 것이라

고 생각하기 때문입니다. 어떻게 될지도 모르는 앞일을 왜 미리 염려하며 살아갑니까? 자기 것을 지키지 못하고 빼앗길지 모른다고 생각하기 때문입니다.

모든 것을 다 가진 부자보다 아무것도 없는 거지가 더 마음 편히 두 발을 뻗고 자는 이유가 여기 있습니다. 모든 것을 다 가진 권력자들이 두려움에 떨며 매일 밤 술을 마시지 않고는 잠을 이룰 수 없었다는 사실을 역사가 말해 주지 않습니까? 자기 손에 움켜쥔 것을 놓지 못하는 사람은 불안과 염려, 두려움 속에서 살 수밖에 없습니다.

하지만 하나님 나라의 소망을 가진 성도는 자기 손에 움켜쥔 것이 영원한 것이 아님을 알고 있습니다. 성도는 자신이 소유자가 아니라 청지기임을 알고 있습니다. 우리가 가진 모든 것은 자신의 것이 아니라 하나님께서 맡겨 주신 것입니다. 이 세상에 영원한 것은 없습니다. 영원한 것은 오직 하나님 나라뿐입니다. 그렇기에 성도는 이 땅에서 자신이 가진 모든 것을 하나님 나라를 위해 기꺼이 사용합니다. 영원한 것을 위해 영원하지 않은 것을 기꺼이 내놓습니다. 이것이 바로 바울이 말하는 관용입니다. 자신이 마땅히 쓸 수 있는 권리 혹은 소유를 자신을 위해서가 아니라 다른 사람을 위해 기꺼이 내놓습니다.

이처럼 관용을 베풀 수 있는 것은 성도가 원래 착하거나 도덕적으로 뛰어나서가 아닙니다. 하나님 나라가 가까이 왔기 때문입니다. 더 좋은 것, 더 복된 것이 눈앞에 있는데, 자기 손에 움켜쥔 시시한 것을 내놓지 못할 이유가 없습니다. 그렇기에 하나님 나라를 소망하는 성도는 자기 손에 움켜쥔 것 때문에 염려하거나 걱정하지 않습니다. 다른 사람이 잘되는 것을 보면서 시기하거나 질투하지 않습니다. 하나님 나라를 소망하는 성도는 이 땅의 것에 묶여 있지 않고 청지기로서 자유를 누립니다. 그렇기에 그 마음에 기쁨이 있습니다. 그 기쁨을 이 세상 그 어떤 것도 빼앗지 못합니다. 그래서 항상 기뻐하게 됩니다.

우리 모두가 항상 기뻐할 수 있기를 바랍니다. 주님께서 가까이 계시기 때문에 우리는 항상 기뻐할 수 있습니다. 이 세상의 그 어떤 것도 하나님께서 주시는 기쁨을 빼앗아 가도록 내버려 두지 마시기 바랍니다. 그 어떤 어려움과 고난도 하나님께서 주시는 기쁨을 망가뜨리지 못합니다. 주님께서 우리 곁에 가까이 계심을 확신하고 하나님 나라가 곧 임한다는 사실을 우리가 믿는다면, 우리는 언제나 어디서나 어떤 상황 속에서도 기뻐할 수 있습니다.

24 감사함으로 하나님께 아뢰라

빌 4:6-7

20년 가까이 교회 사역을 하면서 수많은 성도님을 만났는데, 잊을 수 없는 몇 분이 있습니다. 그중에 한 분이 여 집사님인데, 60세가 좀 안 되어 말기 암에 걸렸습니다. 도저히 손을 쓸 수 없는 상황이라 지방 요양 병원에서 계셨습니다. 제가 몇몇 성도님들과 함께 심방을 갔습니다. 심방 가는 내내 머릿속이 복잡했습니다. '뭐라고 위로를 해야 하나? 무슨 말을 해야 하나?' 어떤 말을 해도 위로가 될 것 같지 않았습니다.

그런데 요양 병원에 도착하여 집사님 얼굴을 보는데, 오는 내내 걱정했던 것이 정말 헛수고처럼 느껴졌습니다. 집사님은 정말 밝은 표정으로 우리를 맞아 주었습니다. 예배를 드리기 위해 함께 앉았는데, 그때부터 집사님의 입술에서는 감사가 끊이지 않았습니다. 사실 객관적으로는 감사할 것이 별로 없을 것 같은데, 끊임없이 감사를 고백했습니다. 한편으로는 병에서 나을 것이라는 확신이 지나쳐서 이런 것은 아닌가 하는 걱정이 들었습니다. 하지만 집사님은 자신의 상황을 분명히 알고 있었습니다. 물론 나을 수 있다는 희망을 버린 것은 아니지만 그렇지 않더라도 감사하다고 고백했습니다. 저는 지금도 환한 모습으로 하나님께 감사를 고백했던 그 집사님의 표정을 잊을 수 없습니다. 어떻게 이런 감사가 가능할까? 생각할수록 신비합니다.

그런데 바울을 통해서도 이런 신비로운 감사를 발견할 수 있습니다. 그것도 바울이 빌립보에 처음 들어가 선교할 때 있었던 사건을 통해서입니다. 바울이 동역자 실라와 함께 빌립보에 처음 들어갔을 때였습니다. 귀신 들려 점치는 여자가 바울과 실라 뒤를 쫓아다녔습니다. 그냥 쫓아다니기만 했다면 아무 문제가 없었는데, 고래고래 소리를 질렀습니다. "이 사람들은 지극히 높은 하나님의 종으로서 구원의 길을 너희에게 전하는 자다!" 사실 틀린 말은 아니었습니다. 하지만 귀신 들린 여자가 이렇게 하루 종일 쫓아다니며 소리를 지르니 복음을 전하는 일에 크게 방해가 되었습니다.

참다못한 바울이 예수님의 이름으로 귀신을 쫓아냈습니다. 그런데 이 일로 바울과 실라가 감옥에 갇힙니다. 왜냐하면 귀신 들려 점치는 여자를 통해 막대한 돈을 벌던 주인들이 있었는데, 여인에게서 귀신을 쫓아 버리니 그 여인은 더 이상 점을 칠 수 없게 되었고, 그에 따라 막대한 수입도 사라졌기 때문입니다. 주인들이 바울과 실라를 고소했고, 그들은 실컷 얻어맞고 감옥에 갇히게 되었습니다. 참 기가 막힌 일이었습니다. 귀신 들린 여자를 치료해 주었으니 칭찬받아 마땅한데, 오히려 매를 맞고 감옥에 갇힌 신세가 되었기 때문입니다.

당신이라면 감옥에서 무슨 생각을 했겠습니까? 하나님을 원망하지 않았을까요? 입에서 불평이 쉴 새 없이 나오지 않았을까요? 그런데 참 놀라운 일이 일어났습니다.

> 한밤중에 바울과 실라가 기도하고 하나님을 찬송하매 죄수들이 듣더라 _행 16:25

좋은 일을 하고도 실컷 얻어맞고 감옥에 갇히게 된 바울과 실라가 한 일이 무엇이었습니까? 기도하고 하나님을 찬송했습니다. 이것이 이해됩니까? 어떻게 찬송이 그 입에서 나올 수 있습니까? 틀림없이 찬송할 때 하나님께 감사를 드렸을 텐데, 도대체 무엇을 감사했을까요? 어떻게 이런 상황에서 감사하는 것이 가능할까요? 참으로 신비한 감사가 아닐 수 없습니다.

말기 암에 걸린 여 집사님에게나 복음을 전하다가 매 맞고 감옥에 갇힌 바울에게나 우리가 생각할 때 감사할 일이 없습니다. 오히려 하나님을 원망하는 것이 더 자연스럽습니다. 하지만 이들은 우리의 예상과는 정반대로 하나님께 감사를 드렸습니다. 억지가 아닌 마음에서 우러나오는 감사를 드렸습니다. 이것이 어떻게 가능할까요?

본문에서 그 답을 찾을 수 있습니다. 우리가 우선 알아야 할 것은 말기 암에 걸린 여 집사님이나 매 맞고 옥에 갇힌 바울이나 우리와 다른 특별한 믿음을 가진 사람들은 아니었다는 것입니다. 그들에게 특별한 믿음이 있었기 때문에 도무지 감사할 수 없는 상황에서도 감사할 수 있었다고 생각해서는 안 됩니다. 그들이나 우리나 연약한 인생인 것은 마찬가지입니다. 그렇다면 어떻게 그들은 도무지 감사할 수 없는 상황에서 감사할 수 있었을까요?

무엇보다 하나님께서 그들의 마음과 생각을 지켜 주셨기 때문입니다.

그리하면 모든 지각에 뛰어난 하나님의 평강이 그리스도 예수 안
에서 너희 마음과 생각을 지키시리라 _7절

하나님의 평강이 우리의 마음과 생각을 지킬 때 우리는 도무지 감사할 수 없는 상황에서도 감사할 수 있습니다. 여기서 마음과 생각을 지킨다고 할 때, '지킨다'는 단어는 군사 용어입니다. 군대가 어떤 마을이나 지역을 빙 둘러서 지킨다는 뜻입니다.

바울 당시 빌립보를 주변에 있던 트라케라는 민족이 호시탐탐 노리고 있었습니다. 그러나 빌립보 사람들은 두려워하지 않았습니다. 당시 최강의 로마 군대가 빌립보를 빙 둘러서 철통 방어를

하고 있었기 때문입니다. 로마 군대가 쥐 새끼 한 마리 빠져나가지 못할 정도로 철저히 지키고 있었기 때문에 아무리 트라케 민족이 호시탐탐 노려도 빌립보는 안전했습니다.

바울은 로마 군대가 빌립보를 철저히 지키는 것처럼 하나님의 평강이 우리의 마음과 생각을 지킨다고 말합니다. 여기서 마음과 생각은 우리의 감정과 이성을 가리킵니다. 우리가 느끼고 생각하고 판단하는 모든 것을 하나님의 평강이 지켜 준다는 것입니다. 그래서 불평과 원망, 좌절과 절망이 우리의 감정과 이성을 엉망으로 만들지 못하는 것입니다. 이럴 때 어떤 어려운 형편과 상황 속에서도 흔들리지 않고 하나님을 향해 감사할 수 있습니다.

그렇다면 어떻게 해야 우리의 마음과 생각을 지키는 하나님의 평강이 우리에게 주어질까요? 바울은 두 가지, 즉 염려하지 않는 것과 기도, 특히 감사함으로 드리는 기도를 통해 하나님의 평강이 우리에게 주어진다고 말합니다.

아무것도 염려하지 말고 다만 모든 일에 기도와 간구로, 너희 구할 것을 감사함으로 하나님께 아뢰라 _6절

먼저 우리는 아무것도 염려하지 말아야 합니다. 하지만 염려하지 않는 것은 그야말로 말은 쉽지만 실천하기는 불가능한 일입니다.

바울은 항상 기뻐하라고 명령했습니다. 항상 기뻐하라는 것은 언제 어디서나 어떤 상황 속에서도 기뻐하라는 것인데, 불가능한 일입니다. 심지어 예수님조차도 나사로의 무덤 앞에서 슬퍼하며 우셨습니다. 그러므로 항상 기뻐하라는 명령은 단 한순간도 기뻐하지 않으면 안 된다는 뜻이 아니라 슬픔과 절망 속에 빠지게 될 때 거기에 계속 머물면 안 되고 속히 기쁨의 자리로 나와야 한다는 뜻입니다. 어떻게 그럴 수 있을까요? 주님께서 우리 가까이 계셔서 우리를 도와주시기 때문에 가능합니다.

마찬가지입니다. 아무것도 염려하지 말라는 것은 단 한순간도 염려해서는 안 된다는 뜻이 아닙니다. 염려는 우리가 하기 싫다고 해서 하지 않을 수 있는 것이 아닙니다. 염려는 우리도 모르는 사이에 우리 마음을 차지합니다. 그러므로 염려하지 말라는 말씀은 단 한순간도 염려해서는 안 된다는 뜻이 아니라, 염려에 빠지게 될 때 얼른 거기서 나와야 한다는 뜻입니다.

베드로는 이것과 관련해서 염려를 던져 버려야 한다고 말했습니다.

너희 염려를 다 주께 맡기라 이는 그가 너희를 돌보심이라 _벧전 5:7

여기서 '맡기라'는 말은 '던지라'는 뜻입니다. '너희 염려를 다 주께 던지라!' 우리 손에 있는 염려를 주님의 손으로 던지라는 말입니다. 내가 해결할 수 없는 일을 어떻게든 해 보려고 끙끙대며 염려하지 말고, 능히 해결할 수 있는 능력의 주님께 맡겨야 합니다.

어린아이가 친구들과 공놀이를 하다가 그만 이웃집의 큰 유리창을 깨뜨렸습니다. 유리창을 깨뜨린 이웃집 아저씨는 무섭기로 소문난 분이었습니다. 아이의 얼굴이 사색이 되었습니다. 자기 용돈으로는 도무지 유리창 값을 마련할 수 없고, 그렇다고 무서운 아저씨를 어떻게 해 볼 수도 없습니다. 아이는 염려에 빠져서 어쩔 줄을 모릅니다. 이런 상황일 때 아이가 해야 할 일은 무엇일까요? 단 하나입니다. 자신을 세상에서 가장 사랑하는 부모님에게 가는 것입니다. 그리고 해결할 수 없는 이 큰 문제를 부모님에게 던지는 것입니다. 아이에게는 도저히 풀 수 없는 어려운 문제지만, 부모님은 손쉽게 해결할 수 있습니다.

하지만 상상해 보십시오. 아이가 어떤 이유인지 자기가 해결할 수 없는 이 문제를 혼자만 알고 끙끙거리고 있습니다. 부모님에게 말하면 더 크게 혼날 수 있다고 생각했을지도 모르고, 부모님이 너무 실망하실까 두려웠을지도 모릅니다. 아니면 부모님에게도 저 큰 유리창 값을 제대로 지불할 돈이 부족할지 모른다 생각했을지도 모릅니다. 아무튼 아이는 이 문제 때문에 며칠을 끙끙대다가 결국 병들어 눕게 됩니다.

만약 이런 상황이라면 이 아이의 부모는 어떤 마음이 들까요? 아이가 부모를 깊이 생각해 준 것을 고마워할까요? 기특하다고 생각할까요? 천만의 말씀입니다. 부모는 굉장히 화를 낼 것입니다. 아이가 유리창을 깨뜨려서가 아닙니다. 비싼 창문 값을 물어 줘야 하기 때문도 아닙니다. 자기 자식이 부모를 믿지 못했기 때문입니다. 부모를 얼마나 믿지 못하면 아이가 혼자 저렇게 끙끙 앓게 되었을까, 부모로서 자괴감을 느끼게 될 것입니다.

우리가 어떤 문제로 염려에 빠져 헤어 나오지 못할 때 하나님의 마음이 바로 이렇다는 것을 아십니까? 하나님은 당신을 믿는 성도의 하늘 아버지가 되십니다. 우리는 하나님께서 사랑하시는 자녀입니다. 하나님께서 자녀인 우리를 얼마나 사랑하시느냐 하면 당신의 독생자를 아끼시지 않을 만큼 우리를 사랑하십니다. 그런데 우리를 이처럼 사랑하시는 하나님은 온 세상을 창조하시고, 그 뜻대로 모든 것을 다스리시는 전능하신 하나님입니다. 하나님께 불가능한 일은 없습니다. 하나님께서 원하시면 그대로 이루어집니다.

우리가 그런 분을 우리 하나님으로 믿고 있습니다. 그런데 그런 하나님의 자녀인 우리가 해결할 수 없는 어떤 문제를 붙잡고, 그저 염려하고 절망만 하고 있다면 하나님은 어떻게 생각하실까요? 우리에게 철들었다고 하실까요? 대견하다고 칭찬하실까요? 결코 아닙니다. "너는 내 자녀인데 왜 나를 못 믿냐? 내가 너를 얼마나 사랑하는데, 그리고 내가 얼마나 능력이 많은데, 너는 나를 믿지 못하고 혼자 염려하고 근심하며 그렇게 절망에 빠져 있느냐!"라고 하나님께서 야단치시지 않을까요?

염려는 하루에도 몇 번씩 우리 마음을 찾아옵니다. 그야말로 다양한 염려가 찾아와 우리를 낙심하게 합니다. 마음의 평안과 기쁨을 빼앗고, 심지어 살고 싶다는 마음도 빼앗습니다. 더 큰 문제는 우리가 염려를 계속 붙잡고 있으면 염려가 눈덩이처럼 커진다는 것입니다. 처음에는 주먹만 한 크기의 문제가 나중에는 나를 완전히 압도하는 크기의 문제로 발전합니다. 이것이 염려의 속성입니다. 염려는 염려를 먹고 계속 자라납니다. 만약 우리가 염려를 빨리 던지지 않는다면 결국 염려는 우리를 삼키게 됩니다. 그래서 베드로는 염려를 주님께 던지라고 말합니다. 염려를 우리 손에 담아 두지 말고 주님의 손으로 넘기라는 것입니다. 이것이 하나님의 자녀인 우리의 특권입니다. 우리는 하나님께 염려를 던질 수 있는 특권을 받은 사람들입니다.

그렇다면 우리는 어떻게 염려를 주님께 던질 수 있을까요? 바로 기도입니다.

아무것도 염려하지 말고 다만 모든 일에 기도와 간구로, 너희 구할 것을 감사함으로 하나님께 아뢰라 _6절

어느 책에서 이런 글귀를 읽었습니다. "아무것에도 염려하지 않으려면 모든 것에 대해서 항상 기도하는 자세를 가져야 한다." 우리가 아예 염려하지 않는 방법은 없습니다. 하지만 염려가 생길 때마다 그것을 하나님께 던질 수 있습니다. 바로 기도를 통해서입니다. 그래서 바울은 아무것도 염려하지 말라고 한 후에 곧바로 기도하라고 말합니다. 그것도 세 번이나 강조합니다. 기도와 간구, 구할 것. 이 세 가지는 모두 똑같이 기도를 뜻하는데, 그 초점은 조금씩 다릅니다.

먼저, 기도는 넓은 의미로 우리가 하나님과 대화하는 모든 것을 포함합니다. 여기에는 하나님을 향한 감사와 찬송이 모두 포함됩니다. 우리가 기도할 때 그저 우리의 필요만을 딱 말하고 끝내면 안 됩니다. 기도를 이렇게 이해하면 평소에 기도할 것이 별로 없습니다. 많은 성도가 기도하는 것을 어려워합니다. 그 이유 중 하나가 기도할 내용이 별로 없다는 것입니다. 열심히 기도하고 눈을 떠 보면 겨우 5분 지나 있습니다. 더 기도하려고 눈을 감으면 기도할 내용이 생각나지 않습니다. 단순히 내가 원하는 것을 하나님께 말하는 것이 기도라고 이해하면 기도할 것이 많지 않습니다.

하지만 누군가의 말처럼 기도는 하나님과의 대화입니다. 기도는 내가 필요한 것을 얻기 위해 자판기 단추를 누르는 것이 아닙니다. 우리가 사랑하는 사람과 대화를 나누는 것은 그저 그 사람에게 무엇을 얻어 내기 위함이 아닙니다. 서로의 마음을 나누고 확인하여 서로를 향한 사랑과 신뢰를 더욱 견고하게 하기 위함입니다.

기도의 성경이라 할 수 있는 시편을 보십시오. 시편 기자들은 어떻게 기도합니까? 시편을 읽어 보면 우리는 충격을 받지 않을 수 없습니다. 우리는 하나님을 자판기로 생각하면서 자판기 버튼 누르듯이 기도하는데, 시편 기자는 하나님을 사랑하는 연인이나 아버지로 여기며 자기의 마음을 솔직히 고백하면서 기도합니다.

우리가 시편을 읽으면 그 말이 참 생소합니다. 그들이 오래된 사람이라서 그런 것이 아니라 하나님을 생각하는 그들과 우리 사이의 차이가 그만큼 크기 때문입니다. 우리가 하나님을 정말 사랑하는 분으로 여기며 기도한다면, 시편은 우리 기도의 최고 교과서임을 깨닫게 될 것입니다. 하지만 하나님을 그저 내가 원하는 것을 주시는 자판기 정도로 생각하고, 기도를 자판기 버튼 누르는 것으로 생각하면, 시편의 기도는 결코 우리 마음에 와 닿지 않을 것입니다.

기도는 하나님께 내미는 지출 청구서가 아닙니다. '내가 이것이 필요하니 주십시오'라고 요구하는 것이 기도가 아닙니다. 무엇보다 기도는 사랑하는 분과의 대화입니다. 하나님을 향한 우리의 믿음과 사랑, 신뢰를 고백하는 것입니다. 이때 하나님 또한 성령을 통해 우리 마음에 당신의 사랑을 충만히 부어 주십니다. 우리가 기도를 통해 얻을 수 있는 가장 크고 귀한 것은 하나님 자신임을 꼭 기억해야 합니다. 이처럼 우리는 기도를 통해 하나님과 더 가까워지고 이를 통해 우리는 모든 염려를 하나님께 맡길 수 있습니다.

하지만 기도가 이처럼 하나님과의 깊은 관계를 맺는 대화라고 해서 필요한 것을 구체적으로 말씀드리는 것이 잘못되었다는 뜻은 결코 아닙니다. 바울은 간구에 대해 말합니다. 간구는 똑같이 기도인데, 자신의 구체적인 필요를 아뢰는 기도입니다. 그리고 바로 이어서 나오는 '너희 구할 것'은 더 구체적인 우리의 필요를 가리킵니다.

우리는 기도를 우리가 필요한 것을 얻기 위한 도구처럼 여겨서는 안 되지만, 그렇다고 기도를 너무 추상적으로만 생각해서도 안 됩니다. 기도는 사랑하는 아버지에게 자녀가 도움을 요청하는 것이기도 합니다. 아버지는 자녀를 사랑하기 때문에 가장 좋은 것을 주기 원합니다. 하지만 자녀가 아무 말도 하지 않고 그저 아버지가 알아서 다 해 주기를 바란다면, 그것은 아버지가 원하는 모습이 아닙니다. 사랑하는 자녀가 아버지를 믿고 자신의 어려움을 이야기하는 것을 아버지는 기뻐합니다. 더욱이 모든 것을 그 뜻대로 하실 수 있는 전능하신 하늘 아버지이시기 때문에 우리가 구할 때 가장 좋은 것으로 주십니다.

예수님은 하늘 아버지가 어떤 분이신지를 이렇게 알려 주셨습니다.

> 너희가 악한 자라도 좋은 것으로 자식에게 줄 줄 알거든 하물며 하늘에 계신 너희 아버지께서 구하는 자에게 좋은 것으로 주시지 않겠느냐 _마 7:11

하나님은 사랑하는 자녀가 기도할 때 그것을 절대 무시하시지 않고, 오히려 가장 좋은 것으로 주십니다. 그러므로 우리는 하나님 앞에 우리의 염려와 어려움을 구체적으로 아뢰어야 합니다.

하나님께서 너무나 크시기에 우리의 기도는 시시해서 들어주시지 않을 것이라고 생각하면 안 됩니다. 자녀를 사랑하는 부모는 자녀에게 일어나는 일에, 그것이 아무리 작은 일이라도 관심을 가집니다. 하늘 아버지이신 하나님께 시시한 일이란 없습니다. 하나님은 우리를 너무 사랑하셔서 우리의 모든 것을 알기 원하시고, 우리가 복되기를 바라십니다.

그러므로 우리는 하나님께 구체적으로 우리의 필요를 말씀드려야 합니다. 우리 혼자 끙끙대지 말고 우리를 사랑하시는 하늘 아버지이신 하나님께 구체적으로 말씀드려야 합니다. 그럴 때 하나님은 우리의 기도를 기쁘게 들으시고 우리가 생각하는 것 그 이상으로 복된 응답을 주십니다.

그런데 여기서 잊지 말아야 할 중요한 사실이 있습니다. 우리가 기도할 때 반드시 감사함으로 기도해야 한다는 사실입니다. 보통 우리는 감사는 기도할 때 하는 것이 아니라, 기도가 응답되었을 때 하는 것이라고 생각하기 쉽습니다. 무슨 좋은 일이 있어야 감사하는 것 아니냐고 말입니다. 하지만 하나님의 자녀인 우리는 세상 사람들과 달라야 합니다. 성도인 우리에게 감사는 어떤 일에 대한 반응이 아니라 하나님께서 하실 일에 대한 믿음의 신앙 고백입니다. 다시 말해 감사는 반응이 아니라 신앙 고백입니다. 우리는 기도할 때 감사함으로 해야 하는데, 하나님께서 반드시 응답하실 뿐만 아니라 가장 복된 것으로 주실 것을 확신하기 때문입니다.

이러한 감사는 지금까지 베푸신 하나님의 은혜를 기억할 때 더욱 풍성해집니다. 염려가 생기고 어려움을 당하면 우리의 시야는 좁아집니다. 우리 앞에 닥친 문제만을 보기 때문입니다. 그래서 문제를 실제보다 훨씬 크고 심각하게 여기게 됩니다. 이럴 때 우리는 우리의 눈을 크게 떠서 지금까지 우리를 지켜 주시고 우리에게 복 주신 하나님을 바라보아야 합니다. 그럴 때 지금까지 내가 살아온 것이 내 힘 때문이 아니라 하나님의 은혜 덕분이었음을 분명히 깨닫습니다. 그리고 여기서 감사가 터져 나오게 됩니다. "지금까지 지켜 주신 하나님께서 지금도, 앞으로도 지켜 주실 것이다." 이러한 감사로 말미암아 우리의 시야가 넓어지고,

우리가 지금 당하는 문제보다 훨씬 크신 하나님을 바라보게 됩니다.

우리는 지난 3년 넘게 코로나 19 바이러스 탓에 고통스러운 시간을 보냈고, 지금도 보내고 있습니다. 초기보다는 나아진 것처럼 보이지만, 그럼에도 여전히 그 위력은 대단합니다. 3년이 지나 끝날 것처럼 보였지만, 지금은 언제 끝날지 누구도 장담할 수가 없습니다. 3년을 지나고 보니 코로나 19 바이러스는 단순히 사람들의 건강에만 영향을 미친 것이 아니라 심각한 경제적 어려움과 사회적 갈등도 일으켰습니다. 무엇보다 교회에도 큰 타격을 줬는데, 모이는 것이 자유롭지 못한 상황이 오래되다 보니 예배와 성도의 교제가 굉장히 약화되었습니다.

그야말로 코로나 19가 우리 개인의 삶은 물론이고 사회와 교회를 모두 삼킨 듯한 상황입니다. 이런 상황에서 우리는 어떻게 위기를 극복할 수 있을까요? 어떻게 항상 하나님께 감사하며, 어떻게 항상 기뻐할 수 있을까요? 하나님은 우리에게 분명하게 말씀하십니다. "아무것도 염려하지 말라. 나에게 너희의 모든 염려를 던지라. 그러기 위해 기도하라. 나와의 깊은 관계를 위해 기도하라. 그리고 구체적으로 너희의 필요를 구하라. 그리하면 내가 너희의 생각과 마음을 지켜서 항상 기뻐하며 항상 감사할 수 있게 하겠다. 그리고 항상 기뻐하고 항상 감사하며 살아갈 때 결국은 너희의 삶을 복되게 하는 놀라운 역사를 경험하게 하겠다!"

우리 모두가 이 하나님의 음성을 들을 수 있기를 바랍니다. 우리 앞에 놓인 큰 문제 탓에 우리는 도무지 기뻐할 수 없는 상황에 처해 있지만, 하나님께서 우리로 하여금 항상 감사할 수 있도록 지켜 주십니다. 그러므로 모든 염려를 주께 던지십시오. 하나님께 감사함으로 기도하십시오. 하나님은 언제나 우리 가까이에 계십니다. 하나님은 우리의 모든 문제보다 훨씬 크십니다. 하나님께서 우리를 끝까지 붙들어 승리하게 하실 것입니다.

25 이것들을 생각하라

빌 4:8-9

한 알코올 중독자가 있었습니다. 그 증세가 너무 심해 병원에 들어가 집중 치료를 받아야 했습니다. 몇 달 동안 고생고생하며 치료를 받았습니다. 그리고 어느 정도 치료가 되어 병원을 나오게 되었습니다. 이 사람은 병원을 나오면서 이제부터 술을 절대 입에 대지 않겠다고 맹세하고 또 맹세했습니다. '내가 술을 다시 입에 대면 사람이 아니라 짐승이다'라고 스스로에게 말했습니다.

이렇게 다짐하고 병원 문을 나섰는데, 나서자마자 눈에 보이는 것이 다 술집이었습니다. 그동안 맡지 못했던 술 냄새가 그 사람을 끌어당겼습니다. 그냥 길을 나섰다가는 술집에 들어갈 것이 분명했습니다. 하지만 이렇게 쉽게 무너질 수는 없었습니다. 그 사람은 주변을 살펴보더니 어느 가게로 뛰어 들어갔습니다. 그 가게는 돈을 조금만 내면 원하는 만큼 우유를 마실 수 있는 곳이었습니다. 우유가 무한 리필 되는 가게였습니다.

그 사람은 돈을 내고 우유를 마시기 시작했습니다. 그저 배부를 정도로 마시지 않고, 목까지 올라올 정도로, 그야말로 우유를 온몸에 채운다는 생각으로 마셨습니다. 누가 그 사람을 살짝이라도 찌르면 입에서 우유가 나올 지경이 되었습니다. 그렇게 배부르게 우유를 마시고 나서야 가게를 나왔습니다. 그 후 이 사람이 술집에 갔을까요? 안 갔을까요? 안 갔습니다. 속이 우유로 꽉 차서 그 어떤 것도 들어갈 수가 없는 상태가 되었습니다. 그 사람은 술집들을 무사히 통과하고 집까지 갔다고 합니다.

이 이야기는 하나님 믿는 사람답게 이 세상을 살고자 하는 우리 모두에게 귀한 교훈을 줍니다. 우리는 어떻게 하면 이 유혹 많은 세상에서 하나님의 뜻대로 살 수 있을까요? 하나님께서 원하시는 대로 살고자 하지만 하루에도 몇 번씩 세상의 생각과 유혹이 우리 마음을 휘젓습니다. 매일 아침 결심하지만 잠자리에 들기 전 하루를 되돌아보면 후회할 것뿐입니다. 그런 우리가 어떻게 하면 세상의 생각과 유혹을 물리치고 하나님의 뜻대로 살 수 있을까요?

간단하지만 확실한 방법이 있습니다. 알코올 중독자가 술을 마시지 않기 위해 어떻게 했습니까? 우유를 가득 마셨습니다. 아무것도 들어가지 못할 정도로 가득 마셨습니다. 그렇게 하니까 술을 피할 수 있었습니다. 술이 몸에 들어갈 틈이 없었기 때문입니다. 마찬가지입니다. 우리가 하나님의 뜻대로 살기 위해서는 하나님의 뜻을 행하려는 생각으로 우리 마음을 가득 채우면 됩니다. 세상의 생각과 유혹이 들어올 틈이 없도록 하나님의 뜻으로

마음을 가득 채우는 것입니다.

이것이 바울이 빌립보서의 결론으로 우리에게 주고자 하는 말씀입니다.

> 끝으로 형제들아 무엇에든지 참되며 무엇에든지 경건하며 무엇에든지 옳으며 무엇에든지 정결하며 무엇에든지 사랑받을 만하며 무엇에든지 칭찬받을 만하며 무슨 덕이 있든지 무슨 기림이 있든지 이것들을 생각하라 _8절

8절은 '끝으로'라는 말로 시작합니다. 빌립보서의 결론이라는 말입니다. 그런데 바울이 빌립보서를 끝마치면서 하는 말이 매우 의미심장합니다. 8절 말씀을 제대로 이해하기 위해서 계속 반복되는 '무엇에든지'를 '무엇이든지'로 바꾸면 더 이해하기 쉽습니다. 바울은 빌립보교회 성도들에게 '무엇이든지 참되며' '무엇이든지 경건하며' '무엇이든지 옳으며' '무엇이든지 정결하며' '무엇이든지 사랑받을 만하며' '무엇이든지 칭찬받을 만하며' '어떤 덕이 있든지' '어떤 기림이 있든지' 이런 것들만을 생각하라고 말합니다. 여기서 기림은 '찬양할 만한 것'을 말합니다.

이것을 쉽게 말하면 '참되고, 경건하고, 옳고, 정결하며, 사랑받을 만하며, 칭찬받을 만하며, 덕스럽고, 찬양할 만한 것만 생각하라'는 것입니다. 이런 것들로만 우리 마음을 가득 채우라는

것입니다. 그렇게 하면 어떻게 됩니까? 우리 마음에 참된 것으로 가득하면 거짓된 것이 들어올 수 없습니다. 경건으로 가득하면 불량함이 들어올 수 없습니다. 옳음이 가득하면 불의가 들어갈 수 없습니다. 정결함이 가득하면 더러운 것이 들어올 수 없습니다. 사랑받을 만한 것이 가득하면 말과 행동의 추악함이 들어올 수 없습니다. 칭찬받을 만한 것이 가득하면 악명 높임이 들어올 수 없습니다. 이러한 덕과 찬양할 만한 것이 우리 속에 가득하면 세상의 생각과 유혹이 우리 마음에 들어올 틈이 없습니다.

마음에 있는 것이 말과 행동으로 나타난다는 것을 아십니까? 예수님은 사람의 입으로 들어가는 것이 그 사람을 더럽히는 것이 아니라 입에서 나오는 것이 사람을 더럽게 한다고 말씀하셨습니다(마 15:11). 그러시면서 입에서 나오는 것은 바로 사람의 마음에서 나온다고 말씀하셨습니다.

> 입에서 나오는 것들은 마음에서 나오나니 이것이야말로 사람을 더럽게 하느니라 마음에서 나오는 것은 악한 생각과 살인과 간음과 음란과 도둑질과 거짓 증언과 비방이니 _마 15:18-19

마음에 악한 생각과 살인, 간음과 음란, 도둑질과 거짓 증언, 비방으로 가득하면, 그것은 그저 마음에만 있는 것이 아니라 반드시 우리 입으로, 반드시 우리 손과 발로 나타나게 됩니다. 이것이 우리를 더럽게 만듭니다. 그러므로 우리가 하나님의 뜻대로 거룩한 삶을 살기 위해서는 무엇보다 우리의 마음이 깨끗해야 합니다.

아마도 말실수 많이 하는 분들이 있을 것입니다. 해서 안 되는 말을 하고는 자기 입을 때립니다. "요놈의 입이 방정이다"라고 탄식합니다. 아닙니다. 입이 문제가 아닙니다. 마음이 문제입니다. 입은 그저 마음에 있는 것이 나오는 통로에 불과합니다. 마음에 악한 것이 가득하면 그것이 입을 통해 흘러나오는 법입니다. 또 손과 발을 통해 나타나는 법입니다.

몇 년 전 국민을 분노케 한 사건이 있었습니다. 위급한 상황에 있던 80대 어르신이 응급차를 타고 병원에 가고 있었는데, 그만 택시와 접촉 사고가 났습니다. 응급차 기사는 택시 기사에게 지금 응급 환자가 있으니 병원에 먼저 다녀온 후 사건을 처리하자고 말했습니다. 하지만 택시 기사는 다짜고짜 사고 처리부터 하라고 우겼습니다. 보다 못한 가족이 제발 병원에 보내 달라고 했으나 택시 기사는 만약 환자가 죽으면 자신이 책임질 테니 사건부터 처리하라고 소리쳤다고 합니다. 결국 다른 응급차가 와서 어르신을 모시고 병원에 갔는데, 몇 시간 안 되어 어르신은 사망했습니다.

참으로 기막힌 일이 아닐 수 없습니다. 어떻게 이런 일이 있을 수 있을까요? 차 수리비가 얼마나 한다고 한시가 급한 응급 환자를 막아서 결국 죽음에 이르게 만들었을까요? 사람보다 돈, 다른 사람의 안전보다 자신의 편의를 더 중요하게 여기는 악한 생각이 그 마음에 가득했기 때문에 이처럼 해서는 안 될 일을 저지르게 된 것입니다.

그렇기에 우리가 하나님의 뜻대로 거룩한 삶을 살기 위해 가장 중요한 것은 '우리의 마음을 무엇으로 가득 채우느냐'입니다. 우리 마음에 돈에 대한 생각으로 가득하게 되면 돈밖에 보이지 않습니다. 돈 때문에 부모를 버리고, 돈 때문에 형제를 등지는 일들이 일어나지 않습니까? 우리는 '돈이 뭐라고 천륜을 저버리나' 그렇게 생각하지만, 돈에 대한 생각이 마음에 가득하면 그야말로 돈을 따라 살아가게 됩니다.

마찬가지로 마음에 음란한 생각이 가득하면 반드시 성적인 범죄로 이어지게 됩니다. 우리는 그 거룩한 하나님의 사람, 다윗이 범한 죄를 잘 알고 있지 않습니까? 성경은 다윗을 하나님의 마음에 합한 사람이라고 평가합니다. 그만큼 하나님께 인정받은 사람이 다윗이었습니다. 하지만 어느 때에 하나님의 사람 다윗의 마음에 음란한 생각이 들어갔습니다. 물론 다윗만 특별히 그런 것은 아닙니다. 사실 음란한 생각으로부터 자유로운 사람은 아무도 없습니다. 다만 음란한 생각이 마음에 들어올 때 그것을 곧바로 쫓아내야 합니다.

하지만 다윗은 그렇게 하지 않았습니다. 방심했던 것입니다.

그는 아마도 자기처럼 하나님을 사랑하는 사람에게 음란한 생각이 조금 있다 해도 얼마든지 조절할 수 있다고 생각했던 것 같습니다. 하지만 처음에는 음란한 생각이 마음에 작게 들어오지만, 그것을 방치하면 급속하게 커지게 됩니다. 그리고 어느 순간 우리가 조절할 수 있다고 생각한 그것이 우리를 삼키게 됩니다. 다윗이 꼭 그러했습니다.

어느 날 다윗이 전쟁터에 나가지 않고 홀로 왕궁에 남아서 낮잠을 잤습니다. 그리고 한가로이 옥상을 거닐었습니다. 이때 다윗의 눈에 목욕하는 여인이 들어왔습니다. 평소 같았으면 그냥 지나쳤을 것입니다. 하지만 지금은 이미 그 마음속에 음란한 생각이 너무나 커져 있었습니다. 다윗의 마음이 음란한 생각으로 가득하게 되었고, 그의 믿음과 이성은 마비되었습니다. 마음이 음란한 생각으로 가득하게 되자, 오직 그의 성욕만이 왕성하게 움직였습니다.

결국 다윗은 목욕하는 여인을 왕궁으로 데려오게 했는데, 신하들은 그 여인이 충직한 부하인 우리아의 아내임을 알려 주었습니다. 하지만 음란한 생각이 마음을 장악했기 때문에 성욕 외에 다른 것은 모두 작동하지 않았습니다. 이 순간 다윗이 할 수 있는 일은 오직 성욕을 채우는 일밖에 없었습니다. 끝내 다윗은 충직한 부하 우리아의 아내와 동침했습니다. 그런데 다윗의 죄는 여기에 그치지 않았습니다. 자신의 죄가 탄로 날 위기에 처하자 그는 우리아를 위험한 전쟁터로 내몰아 죽게 만들었습니다. 자신의 죄를 덮기 위해 더 극악한 죄를 범했습니다.

이처럼 사람은 그 마음에 가득 차 있는 것으로 말하고 행동합니다. 그래서 다윗은 자신의 죄를 깨닫고 철저히 회개할 때 이렇게 기도하였습니다.

하나님이여 내 속에 정한 마음을 창조하시고 내 안에 정직한 영을 새롭게 하소서 _시 51:10

다윗은 자신의 눈을 깨끗하게 해 달라고 기도하지 않았습니다. 자신의 손과 발을 정결하게 해 달라고 기도하지 않았습니다. 다윗은 자기 속에 정한 마음을 창조해 달라고 기도했습니다. 왜냐하면 마음이 정결해야 눈이 깨끗해지고, 손과 발이 거룩해지기 때문입니다. 사람의 됨됨이는 그 마음에 있습니다. 그 마음이 어떠하냐에 따라 어떤 사람인지가 결정됩니다. 그래서 하나님은 사람의 겉모습이 아닌 사람의 마음을 보십니다.

내가 보는 것은 사람과 같지 아니하니 사람은 외모를 보거니와 나 여호와는 중심을 보느니라 하시더라 _삼상 16:7

하나님은 중심, 즉 사람의 마음을 보십니다. 사람의 마음이 이처럼 중요하다는 사실을 이해해야 예수님의 산상수훈을 이해할 수 있습니다. 예수님의 산상수훈은 예수님께서 산 위에서 제자들을 불러 교훈을 주셨다는 뜻입니다. 그 내용이 마태복음 5-7장에 나옵니다. 이 산상수훈은 하나님께서 시내산에서 모세를 통해 주신 율법을 완성하는 법이라고 할 수 있습니다. 새로운 모세라 할 수 있는 예수님께서 주신 하나님 나라의 법입니다.

그런데 예수님께서 가르쳐 주신 하나님 나라의 법은 모세를 통해 주신 율법을 훨씬 능가합니다. 가령 간음에 대한 법을 비교해 보면 잘 알 수 있습니다.

또 간음하지 말라 하였다는 것을 너희가 들었으나 나는 너희에게 이르노니 음욕을 품고 여자를 보는 자마다 마음에 이미 간음하였느니라 _마 5:27-28

'간음하지 말라'는 것은 우리가 잘 아는 대로 하나님께서 모세를 통해 주신 십계명 중 제7계명입니다. 그런데 예수님은 그 율법을 훨씬 능가하는 법을 주셨는데, 음욕을 품고 여자를 보는 자마다 마음에 이미 간음을 했다는 것입니다. 사실상 예수님께서 주신 율법은 지키는 것이 불가능합니다. 단 한 번도 음욕을 품고 여자를 본 적이 없는 사람은 없기 때문입니다. 그럼 여자 분들은 괜찮습니까? 괜찮지 않다는 것을 스스로도 잘 아실 것입니다. 예수님께서 주신 율법은 지키는 것이 불가능합니다.

그렇다면 왜 지킬 수 없는 법을 주셨겠습니까? 사실 지킬 수 없음을 아는 것이 가장 중요합니다. 산상수훈은 하나님 나라의 법입니다. 그런데 하나님 나라의 법이라고 말했지만, 이 법을 지켜야만 하나님 나라에 들어갈 수 있다는 뜻이 아닙니다. 그런 의미라면 우리 중 한 사람도 천국에 들어갈 수 없습니다. 우리 중 마음으로 간음하지 않은 사람은 한 명도 없기 때문입니다. 심지어 예수님은 '살인하지 말라'는 십계명 중 제6계명을 새롭게 말씀하시면서 다른 사람에게 미련한 놈, 멍청이라고 욕만 해도 지옥에 들어가게 될 것이라고 하셨습니다. 예수님께서 주신 법에 따르면 우리는 하루에도 몇 번씩 지옥에 들어가야 마땅합니다.

예수님께서 주신 법을 우리는 절대 지킬 수 없습니다. 이 법을 지켜야 하나님 나라에 들어갈 수 있다면 하나님 나라는 텅텅 빌 수밖에 없습니다. 하지만 예수님께서 지킬 수 없는 법을 주신 이유는 하나님 나라, 즉 천국은 우리가 잘해서 들어가는 나라가 아니라 오직 하나님의 은혜로 들어가는 나라임을 알려 주시기 위해서입니다. 오직 하나님의 은혜로 죄 용서를 받고 의롭게 되어 하나님의 뜻대로 살려고 힘쓰는 사람만이 들어가는 나라가 하나님 나라입니다. 이것을 가르쳐 주시기 위해 우리가 도저히 지킬 수 없는 법을 주신 것입니다.

그런데 실제로 간음한 것이 아님에도 단지 마음으로 음욕을 품은 것이 간음죄라고 하신 것, 또한 실제로 사람을 죽인 것이 아니님에도 단지 입으로 욕을 한 것만으로도 살인죄로 처벌을 받는 것은 사람의 마음이 우리가 생각하는 것보다 훨씬 더 중요하다는 것을 보여 줍니다. 사람이 그 마음에 음욕을 품으면 실제로 간음한 것과 다르지 않습니다. 사람이 살인할 마음을 품고 있으면 그 사람은 이미 살인자입니다.

똑같은 칼이라도 가족을 사랑하는 마음으로 식사를 준비하는 엄마의 손에 들려 있으면 그 칼은 너무나 유익하지만, 다른 사람의 물건을 탐내는 마음을 가진 강도의 손에 들려 있으면 그 칼은 너무나 끔찍한 흉기가 됩니다. 우리의 마음이 중요합니다. 우리의 마음이 무엇으로 채워져 있느냐에 따라 우리는 전혀 다른 사람이 될 수 있습니다. 그래서 솔로몬은 우리가 가장 힘써서 지켜야 할 것이 바로 마음이라고 말합니다.

모든 지킬 만한 것 중에 더욱 네 마음을 지키라 생명의 근원이 이에서 남이니라 _잠 4:23

바울은 본문에서 이처럼 중요한 마음을 무엇으로 가득 채워야 하는지를 분명히 가르쳐 주고 있습니다. 무엇이든지 참된 것으로, 무엇이든지 경건한 것으로, 무엇이든지 옳은 것으로, 무엇이든지 정결한 것으로, 무엇이든지 사랑받을 만한 것으로, 무엇이든지 칭찬받을 만한 것으로 우리 마음을 채워야 합니다. 참되고, 경건하고, 옳고, 정결하고, 사랑받을 만하고, 칭찬받을 만한 것으로 우리 마음이 가득 채워진다면, 그런 마음으로부터 흘러나오는 우리의 말과 행동은 하나님 백성의 아름다운 모습을 세상 가운데 분명히 보여 주게 될 것입니다.

그렇다면 우리는 어떻게 참되고, 경건하고, 옳고, 정결하고, 사랑받을 만하고, 칭찬받을 만한 것을 우리 마음에 채울 수 있을까요? 한편 이러한 것들이 가득 담긴 보물 창고가 우리에게 이미 주어져 있다는 사실을 아십니까? 바로 하나님의 말씀, 성경입니다. 성경에는 성도가 마음에 채워야 할 온갖 보물로 가득합니다. 바울은 이 사실을 우리에게 잘 알려 줍니다.

모든 성경은 하나님의 감동으로 된 것으로 교훈과 책망과 바르게 함과 의로 교육하기에 유익하니 이는 하나님의 사람으로 온전하게 하며 모든 선한 일을 행할 능력을 갖추게 하려 함이라 _딤후 3:16-17

성경은 하나님의 감동으로 된 책입니다. 여기서 감동이라는 말은 좋은 영화나 드라마를 보고 감동했다 할 때의 그 감동이 아닙니다. 더 정확히 말하자면, 하나님의 입에서 나오는 숨을 뜻합니다. 즉 성경이 하나님의 감동으로 되었다는 것은 성경이 하나님의 입에서 나온 말씀이라는 뜻입니다. 성경은 몇몇 뛰어난 사람들이 자신들의 지혜와 경험을 모아서 쓴 책이 아닙니다. 성경은 하나님의 입에서 나온 그야말로 하나님의 말씀입니다. 그렇기에 이 말씀은 교훈과 바르게 함과 의로 교육하기에 유익합니다.

우리가 하나님의 말씀을 항상 읽고, 듣고, 공부하고, 묵상하여 그 말씀을 우리 마음에 채우면, 우리는 온전한 하나님의 사람이 될 수 있습니다. 온전하게 된다는 것은 완벽하게 적합하다는 뜻입니다. 그 말과 행동과 삶이 하나님께서 원하시는 사람의 기준에 꼭 들어맞게 된다는 것입니다. 그러므로 우리는 성경을 읽어야 합니다. 성경 말씀을 풀이하여 전하는 설교를 들어야 합니다. 성경을 열심히 공부해야 합니다. 성경을 마음으로 깊이 묵상해야 합니다.

사탄의 역사가 가장 강할 때가 언제인지 아십니까? 우리의 마음이 하나님의 말씀으로 가득 찰 때입니다. 사탄은 그 꼴을 절대 보지 못합니다. 그래서 말씀이 우리 마음에 떨어질 때 사탄은 공격합니다. 마태복음 13장을 보면 농부가 씨를 뿌리는 비유가 나옵니다. 농부가 씨를 뿌리는데, 길가, 돌밭, 가시밭, 좋은 땅에 뿌립니다. 그런데 길가에 씨앗에 뿌려지면 어떻게 됩니까? 새들이 날아와서 먹어 버립니다. 예수님은 이것을 사탄이 우리 마음에 뿌려진 하나님의 말씀을 빼앗아 가는 것이라고 설명하셨습니다.

하나님의 말씀이 우리 마음에 뿌려지는 것을 사탄은 그냥 보지 않습니다. 왜냐하면 가만 두었다가 말씀이 우리 마음에 깊이

심기면 100배, 60배, 30배로 열매 맺기 때문입니다. 하나님의 말씀에는 능력이 있습니다. 우리 마음속에 있는 악한 생각도 능력이 있어서 가만히 놓아두면 우리를 죄로 삼키지만, 하나님의 말씀은 더 능력이 있어서 우리를 하나님의 사람으로 온전하게 변화시킵니다. 그렇기에 사탄은 하나님의 말씀이 우리 마음에 뿌려지는 것을 필사적으로 막습니다.

왜 설교 시간에 점심에 뭐 먹을지가 그렇게 고민되는지 아시겠습니까? 왜 성경을 읽을 때마다 안 오던 전화가 계속 걸려 오는지 아시겠습니까? 왜 구역 예배에 가려고 하면 그 시간에 약속이 많이 잡히는지 아시겠습니까? 하나님의 말씀이 우리 마음에 뿌려지는 것을 사탄이 극도로 싫어하기 때문입니다. 그러므로 우리는 하나님의 말씀을 필사적으로 가까이해야 합니다. 성경을 읽고, 듣고, 배우고, 묵상하는 일에 최선을 다해야 합니다.

우리의 마음에 무엇이 담겨 있는지에 따라 우리가 어떤 사람인지 결정됩니다. 우리 마음에 세상의 것들로 가득하다면, 비록 우리의 몸은 매주 교회에 와서 앉아 있지만 실제로 우리는 이 세상 사람과 다를 바 없습니다. 우리가 정말로 하나님을 사랑하고 하나님 뜻대로 이 세상에서 살고자 한다면, 우리의 마음을 참되고, 경건하고, 옳고, 정결하고, 사랑받을 만하고, 칭찬받을 만한 것으로 가득 채워야 합니다. 이런 것들이 우리 마음에 가득하면 우리의 말과 행동, 삶이 그렇게 나타나게 됩니다. 우리의 마음이 곧 우리라는 사실을 잊지 말아야 합니다.

　하나님의 말씀을 가까이하십시오. 열심을 가지고 하나님의 말씀을 읽고, 듣고, 배우고, 묵상하십시오. 말씀이 우리의 마음을 다스리게 하십시오. 다른 악한 생각과 마음이 들어갈 틈이 없도록 우리 마음을 말씀으로 가득 채우십시오. 그렇다면 그 말씀의 능력이 우리 삶 속에 나타나 우리를 하나님의 온전한 사람으로 만들 것입니다. 우리의 말이 변하고, 행동이 변하고, 우리의 삶이 변화될 것입니다.

26 내게 능력 주시는 자 안에서
빌 4:10-13

이번 본문 중 특히 13절은 너무나 잘 알려져 있고, 많은 성도가 사랑하는 구절입니다. "내게 능력 주시는 자 안에서 내가 모든 것을 할 수 있느니라." 가정이나 식당에 가면 이 말씀을 액자에 넣어 벽에 걸어 놓은 것을 자주 볼 수 있습니다. 우리가 이 구절을 사랑하는 이유는 '내가 모든 것을 할 수 있다'는 절대 긍정의 말씀 때문입니다. 이 말씀을 가정에 붙여 놓으면, '공부 못하는 우리 아이도 명문대에 들어갈 수 있다! 취업하기 어려운 이때에도 대기업에 들어갈 수 있다!'와 같은 자신감이 생깁니다. 또 이 말씀을 가게에 붙여 놓으면 아무리 불황이어도 구름 떼처럼 손님이 와서 성공할 수 있을 것 같습니다.

하지만 우리가 성경을 읽을 때, 이런 식으로 한 구절만 뽑아서 자기 마음대로 해석하면 곤란합니다. 우리가 다른 사람과 대화를 할 때도 그 사람이 한 말 중에서 한마디만 가지고 이야기하면 안 되고, 그 사람이 한 말 전체를 고려해야 합니다. 그래야 상대방이 한 말의 정확한 요지를 알 수 있습니다. 그렇지 않고 전체

말 중에 한마디만 뽑아서 이야기한다면 서로 오해할 수밖에 없습니다.

평소에 성경을 잘 읽지 않던 한 사람이 어떤 문제를 놓고 하나님의 뜻 알기를 원했습니다. '하나님, 제가 무엇을 해야 할까요?' 이렇게 기도하면서 하나님의 뜻을 알기 위해 성경을 폈습니다. 그런데 평소에 성경을 읽지 않았으니 어디를 봐야 할지를 몰랐습니다. 그래서 '성경을 펴는 곳에 나오는 말씀을 하나님의 뜻으로 알겠습니다'라고 기도하고 성경을 무작정 폈습니다. 그런데 딱 눈에 들어오는 구절이 마태복음 27장 5절이었습니다. "유다가 스스로 목매어 죽은지라." 이 사람이 깜짝 놀라서 '설마 내가 죽는 것이 하나님의 뜻일까? 분명 아닐 거야'라고 생각하면서 다시 성경을 펼쳤습니다. 누가복음 10장 37절이 나왔습니다. "예수께서 이르시되 가서 너도 이와 같이 하라 하시니라." 이 사람의 얼굴이 사색이 되었습니다. '절대 아닐 거야'라고 생각하며 마지막으로 다시 한 번 펼쳤습니다. 열왕기상 18장 21절이 나왔습니다. "너희가 어느 때까지 둘 사이에서 머뭇머뭇 하려느냐." 이 사람이 어떻게 했는지는 묻지 마십시오. 다만 분명한 사실은 이런 식으로 성경의 어떤 구절만 딱 골라서 읽는 것은 절대 바람직한 성경 읽기 방법이 아니라는 점입니다. 하나님께서 사자성어나 속담처럼 우리에게 성경 말씀을 주신 것이 아닙니다. 물론 잠언과 같은 성경이 없는 것은 아니지만, 대부분의 성경 말씀은 이야기로 기록되었습니다.

20부작 드라마를 볼 때 오늘은 3부를 보고, 내일은 10부를 보고, 다음에는 마지막 회를 보는 등 그렇게 보는 사람은 거의 없을 것입니다. 그렇게 드라마를 보면 내용이 뒤죽박죽되어 전체 이야기를 알 수 없습니다. 드라마는 차례대로 보아야 합니다. 1부를 보고, 2부를 보고, 3부를 보는 식입니다. 이야기가 계속 이어지기 때문입니다. 이처럼 차례대로 보아야 전체 이야기를 알 수 있고, 중간중간에 나오는 사건들을 제대로 이해할 수 있습니다.

우리가 성경을 읽을 때 자신이 읽고 싶은 구절만 뽑아서 읽는다면, 그것은 마치 드라마를 볼 때 순서대로가 아니라 마구잡이로 보는 것과 같습니다. 그렇게 읽는다면 전체 이야기를 알 수 없을 뿐 아니라 자신이 뽑은 구절의 참뜻도 바르게 이해하기 어렵습니다. 이러한 사실을 가장 잘 보여 주는 예가 바로 이 구절 "내게 능력 주시는 자 안에서 내가 모든 것을 할 수 있느니라"(13절)입니다.

우리가 이 구절을 보면 "내가 모든 것을 할 수 있느니라"에만 눈길이 갑니다. 하지만 이 구절의 핵심은 "내가 모든 것을 할 수 있느니라"가 아니라 "내게 능력 주시는 자 안에서"입니다. 이 말씀은 우리가 무엇이든 할 수 있는 슈퍼맨이라는 사실을 가르치는 것이 결코 아닙니다. 이 말씀의 핵심은 비록 우리가 연약하고 부족할지라도 능력을 주시는 하나님 안에 있다는 것입니다. 하나님께서 우리에게 능력을 주시기 때문에 우리는 어떤 상황에 있다 하더라도 낙심하거나 절망하지 않고 오히려 감사하며 기뻐할 수 있습니다. 이것이 이 말씀의 참뜻임을 전체 맥락을 살펴볼 때 알 수 있습니다.

본문은 바울이 빌립보교회 성도들에게 감사하는 내용입니다.

> 내가 주 안에서 크게 기뻐함은 너희가 나를 생각하던 것이 이제 다시 싹이 남이니 너희가 또한 이를 위하여 생각은 하였으나 기회가 없었느니라 _10절

바울은 빌립보교회 성도들이 자신을 생각한 것에 대해 크게 기뻐했다고 말합니다. '바울을 생각했다'는 것은 단순히 머리로만 생각했다는 뜻이 아니라 감옥에 갇혀서 고생하는 바울을 생각하면서 빌립보교회 성도들이 선물을 보내 줬다는 의미입니다.

빌립보교회는 에바브로디도를 통해 감옥에 갇혀 있는 바울에게 선물을 보냈습니다. 아마도 빌립보교회는 선물로 돈을 보냈을 것입니다. 당시 감옥은 오늘의 감옥과 비교하면 그 환경이 매우 열악했습니다. 감옥에 있는 동안 필요한 것을 죄수가 자기 돈으로 사야 했습니다. 죄수에게 돈이 없다면 그야말로 고통스러운 시간을 보내야 했습니다. 이런 사정을 알고 빌립보교회에서 돈을 보냈던 것입니다. 바울은 이에 대해 감사를 표합니다.

하지만 바울은 빌립보교회 성도들이 오해하는 것을 원하지 않았습니다. 바울이 이처럼 크게 기뻐한 것은 단지 빌립보교회가 보내 준 돈 때문이 아니라 그들이 바울을 생각하고 기꺼이 섬겼기 때문입니다. 돈은 단지 빌립보교회 성도들의 바울을 향한 마음을 나타내 주는 도구에 불과했습니다. 그래서 바울은 이렇게 말합니다.

내가 궁핍하므로 말하는 것이 아니니라 어떠한 형편에든지 나는 자족하기를 배웠노니 _11절

자신이 궁핍하기 때문에, 돈이 필요하기 때문에 그들이 보내 준 돈을 받고 기뻐했던 것이 아니라고 말합니다. 바울은 어떠한 형편에든지 자족하는 법을 배웠다고 말합니다. 쉽게 말해서 빌립보교회가 돈을 보내 주지 않았다 하더라도 자신은 감옥에서 얼마든지 만족하며 지낼 수 있었다는 의미입니다. 빌립보교회가 보내 준 돈 때문에 없던 만족이 생기고, 없던 감사가 생기게 된 것이 아니라고 말합니다.

우리는 여기서 돈보다 강력한 성도의 능력, 교회의 능력이 무엇인지를 보게 됩니다. 이 세상에서 가장 강력한 힘을 가진 것이 무엇입니까? 돈입니다. 우리는 이 시대를 물질 만능 주의 시대라고 부르지 않습니까? 돈이면 안 되는 것이 없는 세상입니다.

돈이 곧 힘인 시대를 살고 있습니다. 하지만 우리가 사는 이 시대만 그런 것은 아닙니다. 이미 예수님 당시에도 돈은 하나님과 유일하게 필적할 만한 상대였습니다. 예수님은 이렇게 말씀하셨습니다.

한 사람이 두 주인을 섬기지 못할 것이니 혹 이를 미워하고 저를 사랑하거나 혹 이를 중히 여기고 저를 경히 여김이라 너희가 하나님과 재물을 겸하여 섬기지 못하느니라 _마 6:24

예수님은 "너희가 하나님과 재물을 겸하여 섬길 수 없다"라고 못 박으십니다. 재물, 즉 돈의 위력이 얼마나 강력한지 하나님과 라이벌 관계를 이룰 정도입니다.

교회 역사를 보면 이러한 사실을 분명히 알 수 있습니다. 교회가 힘을 잃고 타락할 때는 언제든 하나님보다 돈을 더 사랑할 때였습니다. 종교 개혁이 일어나기 직전 중세 교회는 역사상 가장 타락한 교회였는데, 이때보다 교회와 성도가 돈을 더 사랑한 적은 없었습니다. 심지어 교회는 멋진 예배당을 짓기 위해 면죄부를 돈 받고 파는 짓까지 저질렀습니다. 돈으로 연옥에서 벌을 받고 있는 사람을 천국으로 빨리 보내는 것입니다. 돈을 벌기 위해 천국을 파는 일도 주저하지 않았습니다.

교회가 돈벌이 수단으로 전락했기 때문에 목사직을 돈으로 사고파는 성직 매매가 성행했습니다. 헌금이 많이 나오는 지역의 목사직은 비싼 값에 사고팔렸습니다. 그야말로 교회가 돈에 환장한 시대였습니다. 그래서 종교 개혁자인 마르틴 루터는 지갑이 회개하지 않으면 진정한 회개가 아니라고 말했습니다. 예수님 말씀처럼 하나님과 돈을 같이 섬길 수 없다는 말입니다.

하지만 오늘날에도 여전히 교회는 돈의 힘에서 자유롭지 못한 것처럼 보입니다. 우리가 소위 성공했다고 부르는 교회는 다름 아닌 돈이 많은 교회입니다. 돈이 많다는 것은 성도 수가 많다는 것이고, 크고 화려한 예배당을 가졌다는 것이고, 대내외적으로 많은 일을 한다는 것입니다. 우리는 이런 교회를 성공한 교회로 생각합니다. 이와 관련해서 코로나 19 시기에 성도들이 잘 모이지 못해서 그 결과 헌금이 적어지는 것을 우려하는 사람들이 많았습니다. 어떤 사람들은 그런 상황이 계속되면 수많은 교회가 문을 닫게 될 것이라고 호들갑을 떨기도 했습니다. 교회조차도 돈의 막강한 영향력에서 예외가 아니라는 반증입니다.

하지만 바울은 지금 우리에게 정반대의 이야기를 하고 있습니다. 성도의 참 능력, 교회의 참 능력은 돈에 있지 않다고 말합니다. 바울은 누구보다 돈이 더 필요한 상황에 있었습니다. 고대 감옥에서 돈이 없다는 것은 죽은 목숨과 다를 바 없는 일이었습니다. 너무나 불편하고, 너무나 고통스러웠습니다. 하지만 바울은 돈이 자신을 살게 하는 것이 아니라고 분명하게 말합니다. 바울은 어떠한 형편에든지 자신은 자족하기를 배웠다고 말합니다. 바울은 이것을 좀 더 자세히 풀어 설명합니다.

> 나는 비천에 처할 줄도 알고 풍부에 처할 줄도 알아 모든 일 곧 배부름과 배고픔과 풍부와 궁핍에도 처할 줄 아는 일체의 비결을 배웠노라 _12절

돈이 자신을 살게 하는 것이 아니라고 바울이 말했다고 해서, 성도는 무조건 가난하게 살아야 한다는 뜻은 아닙니다. 바울은 비천에 처하여 배고프고 궁핍하게 살기도 했지만, 반대로 풍부에 처하여 배부름과 풍부함을 누리기도 했습니다. 돈이 없어서 고통을 당하기도 했지만, 어느 경우에는 돈이 있어서 풍족함을 누리기도 했다는 말입니다.

중요한 것은 돈이 있어 풍족함 속에서 배부른 삶을 살았느냐, 아니면 돈이 없어 비천함 속에서 배고픈 삶을 살았느냐가 아닙니다. 이런 상황은 언제든지 변할 수 있기 때문입니다. 우리가 인생을 살면서 모두 경험하는 것처럼 돈이 우리 손에 머물 때도 있고 떠날 때도 있습니다. 돈은 한 곳에 머무는 법이 없습니다. 계속 흐르게 되어 있습니다. 그러므로 중요한 것은 자신이 어떤 상황에 처하든지 그 상황 속에서 만족할 수 있느냐는 것입니다.

하지만 돈이 인생에서 가장 중요한 사람은 돈이 떠날 때 그 인

생도 함께 무너지게 됩니다. 돈이 인생의 전부이기 때문입니다. 그렇기에 어떡해서든 돈을 끌어안고 있으려고 안간힘을 씁니다. 스스로 돈의 노예가 되어 살아갑니다. 이런 사람은 결코 만족스러운 삶을 살 수 없습니다. 왜냐하면 돈이 항상 그 사람 손안에 있는 것은 아니기 때문입니다.

바울은 이처럼 있었다 없어지고, 없었다 있게 되는 돈에 자신의 인생을 걸지 않았습니다. 그는 돈의 노예로 사는 것을 거부하였습니다. 돈은 그의 주인이 될 수 없었습니다. 그에게 돈은 그야말로 삶을 살아가는 데 필요한 하나의 도구에 불과했습니다. 바울은 자신의 삶을 장악하려고 하는 돈의 위력에 굴복하지 않았습니다. 감옥에 갇힌 그에게 만족을 주는 것은 결코 돈이 아니었습니다. 그는 돈이 있으나 없으나, 어떤 형편과 상황에서도 만족할 수 있는 비결을 배웠습니다.

하지만 어떻게 그럴 수 있을까요? 돈이 가진 막강한 힘으로부터 바울은 어떻게 자유로울 수 있었을까요? 돈이 주는 편리함과 안락함, 안전함을 거절할 수 있는 능력이 어디로부터 바울에게 주어졌을까요? 바로 여기에 대한 대답이 본문의 하이라이트라 할 수 있는 13절 말씀입니다.

내게 능력 주시는 자 안에서 내가 모든 것을 할 수 있느니라 _13절 바울도 우리와 똑같은 연약한 인생이었습니다. 바울이라고 해서 왜 돈이 가진 막강한 힘을 몰랐겠습니까? 돈이 주는 편리함과 안락함, 안전함에 왜 끌리지 않았겠습니까? 하지만 바울을 돈보다 더 큰 힘으로 이끄는 것이 있었습니다. 바로 그에게 능력 주시는 자, 주님이었습니다. 바울은 능력을 주시는 주님 안에 있었습니다. 바울이 주님 안에 있었기 때문에 그렇게 강력한 돈의 힘마저도 바울을 끌지 못했던 것입니다. 주님께서 더 큰 힘으로 바울을 이끄셨기 때문입니다.

우리는 '자족'이라는 단어를 좀 더 생각해 봐야 합니다. 바울은 "어떠한 형편에든지 나는 자족하기를 배웠노니"(11절)라고 말합니다. 여기서 '자족'은 말 그대로 '스스로 만족하다'는 뜻입니다. 그런데 이 자족은 바울 당시에 스토아 철학자들이 매우 중요하게 가르치던 내용이었습니다. 스토아 철학자들은 모든 사람이 신이 정한 대로 살게 되어 있다고 말하면서 사람의 만족은 신이 정한 것을 그대로 받아들이며 살 때 누릴 수 있다고 주장했습니다.

가령 어느 사람이 찢어지게 가난한 집에 태어나서 줄곧 배고픈 삶을 삽니다. 이때 이 사람이 만족하며 살 수 있는 길은 가난을 신의 뜻으로 받아들이고 그것을 거역하려고 하지 않는 데 있습니다. 사람 바깥에 있는 변하는 것들에 신경 쓰지 않고, 오직 사람 안에 변하지 않는 마음을 갖도록 노력하는 것이 곧 자족이라는 것입니다.

이렇게 보면 바울이 말하는 자족과 스토아 철학자들이 주장하는 자족이 매우 비슷하게 보입니다. 비천에 처하든지, 풍부에 처하든지, 어떤 외부적인 상황이나 환경에 영향을 받지 않고 자족한다는 것이 똑같아 보입니다. 하지만 스토아 철학자들과 바울 사이에는 결정적인 차이가 있습니다. 스토아 철학자들은 스스로의 노력으로 자기 마음을 붙잡아야 한다고 주장했습니다. 스스로의 힘으로 외부적인 것에 신경 쓰지 않아야 합니다. 즉 자족할 수 있는 힘이 자기 안에서 나옵니다.

하지만 바울은 전혀 다르게 말합니다. 우리 안에는 자족할 수 있는 힘이 없습니다. 우리 자신만 봐도 그렇지 않습니까? 우리를 가장 힘들게 하는 것이 무엇입니까? 끊임없는 비교 의식과 거기서 나오는 열등감과 우월감 아닙니까? 이것을 스스로의 힘으로 없애는 것은 불가능합니다. 즉 우리 힘으로 자족하는 것은 불가능한 일입니다. 우리 안에는 그런 힘이 없습니다.

그래서 바울은 자신의 힘이 아닌 자신에게 능력 주시는 주님 안에 있는 힘을 말합니다. 우리가 자족할 수 있는 것은 우리가 능력 주시는 주님 안에 있기 때문입니다. 주님께서 자족할 수 있는 힘을 주십니다. 주님께서 우리가 어떤 형편과 상황 속에 있어도 만족할 수 있도록 마음을 붙들어 주십니다.

그러므로 중요한 것은 자기 속에 얼마나 큰 힘이 있느냐가 아닙니다. 우리 안에 있는 힘은 사실 아무것도 할 수 없습니다. 죄로 말미암아 우리의 마음은 완전히 오염되었습니다. 이것을 믿기 어렵다면 내일부터 일주일 동안 아침마다 일어나면서 결심해 보십시오. 내가 오늘은 이렇게 살겠다 결심을 하시고, 그것을 노트에 적어 보십시오. 그리고 하루를 마칠 때 노트에 적은 결심 내용을 써 보십시오. 아마 제대로 지킨 날이 거의 없다는 것을 알게 될 것입니다. 우리가 아무리 결심한다 해도 지킬 힘이 우리에게 없습니다. 단지 핑계만 늘어날 뿐입니다.

우리가 어떤 형편과 상황 속에서도 만족하려면, 스토아 철학자들처럼 자기 속에 있는 힘을 찾을 것이 아니라 우리의 창조주와 구원주가 되시는 주님을 찾아야 합니다. 오직 주님만이 모든 형편에서 만족할 수 있는 힘을 우리에게 주실 수 있습니다. 우리가 주님 안에 있을 때 만족할 수 있는 힘, 감사하고 기뻐할 수 있는 힘을 공급받게 됩니다. 수도꼭지를 틀면 물이 콸콸 쏟아지지 않습니까? 그런데 철물점에서 수도꼭지만 사면 무조건 물이 나옵니까? 아닙니다. 수도꼭지에서 물이 나오려면 수원지에서 나오는 파이프와 연결되어 있어야 합니다. 파이프와 연결이 안 된 수도꼭지는 아무리 돌려도 물 한 방울 나오지 않습니다.

우리는 일종의 수도꼭지와 같습니다. 우리 안에서는 절대 물이 나오지 않습니다. 반드시 파이프와 연결되어야 합니다. 모든 힘의 근원이 되시는 하나님께 연결되어야 비로소 우리를 통해 물이 쏟아져 나옵니다. 성도의 진정한 힘은 바로 능력을 주시는 주님입니다. 바울은 분명하게 이 사실을 우리에게 가르쳐 줍니다.

바울이 감옥에 있으면서도 기쁨과 감사의 삶을 살 수 있었던 것은 돈 때문이 아닙니다. 스토아 철학자들의 주장처럼 마음을 잘 붙잡고 있었기 때문도 아닙니다. 바울에게는 그런 힘이 없었습니다. 바울이 감옥에 있으면서도 기쁨과 감사가 넘치고 만족할 수 있었던 것은 그가 능력의 근원이 되시는 주님 안에 있었기 때문입니다. 주님 안에 있다는 것은 능력이 전달되는 파이프에 우리가 연결되었다는 의미입니다. 우리에게는 아무것도 없지만 주님과 연결된 파이프를 통해 무한한 능력이 우리에게 쏟아져 들어옵니다.

그 주님의 능력이 우리가 어떤 형편 속에 있든지 만족하게 합니다. 감사하게 합니다. 기뻐하게 합니다. 이것이 '내게 능력 주시는 자 안에서 내가 모든 것을 할 수 있다'는 말씀의 뜻입니다. 자신이 예수님을 믿으면 슈퍼맨이 되어 무엇이든 다 할 수 있다는 뜻이 아니라, 자신이 예수님을 믿으면 주님 안에 있게 되고, 그 주님 안에서 항상 능력을 공급받아 모든 형편과 상황 속에서 만족할 수 있다는 뜻입니다.

우리 모두는 능력 주시는 주님 안에 있을 때 모든 것을 할 수 있습니다. 돈이 없는 것이, 사람이 없는 것이, 건강이 없는 것이 우리를 낙심하게 하고 절망하게 하는 것이 될 수 없습니다. 왜냐하면 우리가 주님 안에 있기 때문입니다. 어떤 어려운 형편과 절망적인 상황이든 그것을 이길 힘을 주시는 주님 안에 우리가 있기 때문에 우리는 결코 낙심할 필요가 없습니다. 우리에게 능력을 주시는 주님은 죽음까지 정복하셨습니다. 그 어떤 것도 주님과 우리 사이를 갈라놓을 수 없습니다. 최후의 승리를 이미 거두신 주님께서 우리를 반드시 승리의 자리까지 이끌어 가실 것입니다. 우리의 부족함과 연약함에도 불구하고 우리는 승리하게 될 것입니다. 주님께서 그렇게 하실 것입니다.

우리 가운데 여러 가지 이유로 깊은 절망과 걱정, 염려 속에 있는 성도들이 있다면 우리에게 능력 주시는 주님 안에 우리가 있음을 기억하십시오. 우리는 연약하고 부족하지만, 주님께서 강하시고 부요하시기 때문에 염려할 필요가 없습니다. 주님께서 이길 힘을 주십니다. 주님 안에 있는 우리를 무너뜨릴 수 있는 것은 이 세상에 아무것도 없습니다.

27 하나님을 기쁘시게 한 제물

빌 4:14-20

독일에서 1년 정도 있다가 한국으로 돌아왔을 때 어느 분으로부터 미국에 있는 이민 교회 자리를 소개 받은 적이 있습니다. 교회 규모가 크지는 않았지만, 예배당도 있고, 성도들도 좋다고 전해 들었습니다. 그래서 그 교회에서 목회하는 것이 하나님의 뜻인지를 알기 위해 기도하기 시작했습니다. 그런데 얼마 안 되어 평소에 잘 알고 지내던 한 집사님의 전화를 받았습니다. 집사님은 대뜸 제가 소개 받은 교회 이야기를 하면서 그 교회에 절대 가서는 안 된다고 말했습니다. 그 이유를 물었더니 교회 사정을 이야기해 주었습니다.

그 교회는 미국에서 자수성가한 한 장로님이 자비로 예배당을 지었다고 합니다. 예배당을 지은 장로님은 먼 곳으로 이사를 가셨지만, 장로님 아들 가족이 그 교회에 출석하면서 교회에서 주인 노릇을 한다는 것입니다. 아버지 돈으로 지은 교회니까 자기 교회라고 생각한 것입니다. 그래서 자기 마음에 들지 않는 목사가 오면 괴롭혀서 쫓아낸다고 했습니다. 당시에도 자리가 난 이

유가 새로 온 목사가 1년이 안 되어 쫓겨났기 때문이었습니다. 집
사님은 그런 교회니까 절대 가면 안 된다고 조언해 주었습니다.

　이 경우가 조금 극단적이기는 하지만, 겉으로는 하나님의 영
광을 위해 헌신한다고 하면서 속으로는 그것을 자신의 '의'로 여
기는 경우가 교회 안에 적지 않습니다. 자신이 지금까지 헌신하
고 봉사한 것을 자신의 공로로 여기고, 하나님과 사람들이 인정
해 주기를 바랍니다. 하지만 교회에 이런 성도들이 많으면 그 교
회는 결단코 하나님께서 기뻐하시는 교회가 될 수 없습니다. 교
회의 주인은 누구입니까? 성경은 분명하게 말합니다.

> 그는 몸인 교회의 머리시라 그가 근본이시요 죽은 자들 가운데서
> 먼저 나신 이시니 이는 친히 만물의 으뜸이 되려 하심이요 _골 1:18

　예수님이 교회의 머리이십니다. 여기서 머리는 근원이고, 다
스리는 권리를 뜻합니다. 즉 그분이 교회의 주인이라는 말입니
다. 하지만 자신의 헌신을 공로로 여기는 사람들은 스스로를 교
회의 주인이라고 주장합니다. 몸은 하나인데, 머리가 여럿인 사
람이 있다면 과연 정상이라고 할 수 있을까요? 자신의 공로를 주
장하는 사람들이 많은 교회는 마치 몸은 하나인데, 머리는 여럿
인 괴물과 같습니다. 저마다 교회의 주인 노릇을 하려고 하기 때
문에 교회가 항상 혼란과 다툼으로 어려울 수밖에 없습니다.

어느 면에서 오늘날 한국 교회의 위기는 교회의 주인이 너무 많기 때문일 수 있습니다. 성경은 오직 예수님만이 교회의 주인이라고 말하는데, 자기 공로를 내세우며 주인 노릇하려는 사람들이 많습니다. 물론 대놓고 자기가 교회 주인이라고 말하는 사람은 없습니다. 하지만 교회가 무슨 일을 할 때 하나님의 뜻보다 자신의 뜻을 더 주장합니다. 기도하기보다는 자기를 지지해 줄 사람들을 모읍니다. 혹 자기 뜻이 좌절되면 교회가 잘못된 방향으로 가고 있다고 우기면서 교회를 큰 혼란에 빠뜨립니다.

오늘날 한국 교회가 목회자 세습 문제, 헌금 유용, 독단적 교회 운영, 노골적인 정치 세력화 등의 문제라는 중병에서 회복되지 못하는 것도 교회의 참 주인이신 예수님을 밀어내고 서로가 교회 주인 노릇을 하려고 하기 때문입니다. 교회의 머리가 너무 많아서 중병에 걸렸어도 어떻게 해야 할지 모르는 것입니다.

사실 교회를 어렵게 하는 문제들을 해결하는 방법은 간단합니다. 교회의 주인이 누구냐를 모든 성도가 알고 그 주인에게 순종하면 됩니다. 교회의 주인은 예수님이십니다. 목사도 아니고, 장로도 아니고, 어느 누구도 아닙니다. 교회의 주인은 예수님이시고, 모든 성도는 주인이신 예수님의 말씀에 순종해야 합니다. 교회의 주인은 예수님이시고, 모든 성도는 예수님의 종입니다. 우리가 종이라는 말에 기분 상하는 분이 있습니까? 그래도 '내가 양반 핏줄인데 종이라고 하면 되나'라고 생각하는 분이 있습니까? 만약 이렇게 생각하는 분이 있다면 성도가 누구인지를 다시 배워야 합니다.

성경은 첫 사람 아담이 범죄한 이후 모든 사람이 종이 되었다고 말합니다. 어떤 종입니까? 죄의 종입니다. 우리가 죄를 짓고 싶으면 짓고, 짓고 싶지 않으면 안 짓습니까? 만약 그럴 수 있다면 우리는 죄의 종이 아닙니다. 죄로부터 자유한 사람입니다. 하지만 우리 중에 죄로부터 자유한 사람은 아무도 없습니다. 죄는 짓고 싶어서 짓는 것이 아닙니다. 죄를 짓고 싶지 않아도 죄를 짓습니다. 죄를 짓지 않으려고 안간힘을 써도 죄를 짓습니다. 우리가 죄의 종이기 때문입니다.

그런데 하나님께서 죄의 종으로 영원한 심판을 당할 수밖에 없는 우리를 구원하셨습니다. 어떻게 구원하셨습니까? 당신의 아들 예수님의 피로 우리를 사셨습니다. 예수님께서 십자가에서 흘리신 피, 즉 그분의 생명을 우리의 죗값으로 지불하셨습니다. 그래서 우리는 이제 죄의 종이 아니라 예수님의 종이 되었습니다. 이 사실을 성경은 분명히 가르칩니다.

> 너희는 너희 자신의 것이 아니라 값으로 산 것이 되었으니 그런즉 너희 몸으로 하나님께 영광을 돌리라 _고전 6:19-20

하나님께서 우리를 값으로 사셨습니다. 그런데 어떤 값으로

우리를 사셨습니까?

하나님이 자기 피로 사신 교회를 보살피게 하셨느니라 _행 20:28

죄의 종이었던 우리를 하나님께서 예수님의 피 값으로 사셨습니다. 그래서 우리는 더 이상 죄의 종이 아니라 하나님의 종입니다. 그리고 하나님은 당신의 종이 된 사람들을 한 곳에 모으셨는데, 그곳이 바로 교회입니다. 또한 그 교회의 머리, 즉 주인으로 당신의 아들 예수님을 세우셨습니다. 그러므로 교회의 주인은 예수님이시고, 교회를 이루는 성도는 하나님의 종, 예수님의 종입니다. 이런 점에서 우리가 주인이신 예수님의 말씀에 순종하는 것은 결코 우리의 공로나 자랑이 될 수 없습니다. 오히려 당연한 일입니다. 왜냐하면 우리가 예수님의 종이기 때문입니다.

이 사실을 아래의 말씀보다 더 분명하게 가르쳐 주는 말씀도 없습니다.

너희 중 누구에게 밭을 갈거나 양을 치거나 하는 종이 있어 밭에서 돌아오면 그더러 곧 와 앉아서 먹으라 말할 자가 있느냐 도리어 그더러 내 먹을 것을 준비하고 띠를 띠고 내가 먹고 마시는 동안에 수종 들고 너는 그 후에 먹고 마시라 하지 않겠느냐 명한 대로 하였다고 종에게 감사하겠느냐 이와 같이 너희도 명령 받은 것을 다 행한

후에 이르기를 우리는 무익한 종이라 우리가 하여야 할 일을 한 것 뿐이라 할지니라 _눅 17:7-10

종이 밖에서 하루 종일 일하다가 집에 돌아왔을 때, 주인이 종에게 고마워하면서 종의 밥상을 차려 주는 일이 있습니까? 오히려 종은 집에 들어와 주인의 밥상을 먼저 차리고, 주인이 밥을 다 먹은 후에야 자기 밥을 먹을 수 있습니다. 그렇다고 해서 주인이 종에게 감사합니까? 아닙니다. 종은 그저 종으로서 해야 할 일을 했을 뿐입니다. 예수님은 성도가 바로 이런 종과 같다고 말씀하십니다. 예수님의 명령을 모두 행한 후에 우리가 해야 할 말은 "우리는 무익한 종이라 우리가 하여야 할 일을 한 것뿐이라"입니다.

성도는 예수님의 종입니다. 더 정확히 말하면 무익한 종입니다. 주인이신 예수님의 명령을 다 행한 후에 그것을 자기 공로나 자랑으로 삼을 수 없습니다. 그저 해야 할 일을 했을 뿐입니다. 그러므로 교회 안에서 많은 일을 했다고 해서, 어떤 직분을 맡았다고 해서 고개를 뻣뻣이 들고, 어깨에 힘주고, 목소리를 높이며 돌아다니면 안 됩니다. 그런 종은 세상에 없습니다. 그렇게 하는 사람은 종이 아니라 주인입니다.

모든 성도가 예수님의 말씀처럼 자신이 무익한 종이라는 의식을 가지고 섬긴다면, 사실 교회 안에 발생하는 대부분의 문제가 사라질 것입니다. 교회 안에서 일어나는 대부분의 문제는 우리가 무익한 종이라는 사실을 잊어버리고 주인 노릇하려는 데에서 비롯된다고 해도 과언이 아닙니다. 자신의 공로, 자신의 자랑을 내세우기 시작하면 반드시 다툼과 분란이 일어나게 됩니다. 그러므로 하나님께서 기뻐하시는 교회를 세우기 위해 무엇보다 중요한 것은 모든 성도가 예수님만이 교회의 주인이시고, 우리는 그분의 무익한 종임을 인정하는 것입니다. 그럴 때 교회는 자기 공로와 자랑으로 서로 다투고 싸우는 전쟁터가 아니라, 오직 하나님 말씀에 순종하여 성령의 열매를 풍성히 맺는 사랑과 평안이 충만한 천국이 될 것입니다. 이것이 바울이 본문을 통해 빌립보 교회 성도들에게 가르쳐 주고자 하는 핵심입니다.

지금 바울은 복음 때문에 감옥에 갇히는 신세가 되었습니다. 그런데 바울 시대의 감옥은 그 환경이 너무나 열악했습니다. 요즘 감옥과 달리 최소한의 인간다운 삶조차 보장해 주지 않았습니다. 필요한 것들은 모두 자기 돈으로 구입해야 했습니다. 이런 열악한 감옥에 갇힌 바울에게 빌립보교회가 보내 준 선물, 아마도 돈이었을 텐데, 이것은 바울에게 적지 않은 도움이 되었을 것입니다. 물 한 방울 없는 사막에서 마치 오아시스를 발견한 것과 같은 큰 도움이 되었을 것입니다. 그럼에도 불구하고 어떤 면에서 바울의 감사는 매우 조심스럽습니다. 바울은 선물을 받고 크게 기뻐했다고 말하지만, 그것은 단지 자신이 궁핍하기 때문에,

즉 돈이 없기 때문에 그런 것은 아니라고 말합니다.

그러면서 바울은 자신이 어떤 형편과 상황 속에서도 자족하는 법을 배웠다고 고백합니다. 바울은 자신에게 능력 주시는 자 안에서 자신이 모든 것을 할 수 있다고 말합니다. 즉 빌립보교회가 선물을 보내 주지 않았다 하더라도 자신은 언제나 기뻐하고 만족한 삶을 살 수 있다는 말입니다. 분명 바울은 선물을 보내 준 빌립보교회에게 감사한 마음을 가지면서도 그것을 분명하게 표현하지는 않습니다.

이것은 본문에서도 마찬가지입니다. 사실 빌립보교회는 이번에만 선물을 보내 준 것이 아니라 이미 전에도 여러 차례 바울에게 큰 도움을 주었습니다.

그러나 너희가 내 괴로움에 함께 참여하였으니 잘하였도다 빌립보 사람들아 너희도 알거니와 복음의 시초에 내가 마게도냐를 떠날 때에 주고받는 내 일에 참여한 교회가 너희 외에 아무도 없었느니라 데살로니가에 있을 때에도 너희가 한 번뿐 아니라 두 번이나 나의 쓸 것을 보내 주었도다 _14-16절

바울은 원래 소아시아, 지금의 터키 지역에서 복음을 전하고 싶었습니다. 하지만 성령님의 특별한 인도하심을 받아 유럽으로 건너가게 됩니다. 이때 제일 먼저 복음을 전했던 도시가 바로 빌

립보였습니다. 비록 빌립보에서 오랫동안 머물지는 못했지만, 루디아 집에서 교회가 개척되었고, 믿는 사람들이 점차 늘어났습니다. 이후 바울과 그 일행은 빌립보를 떠나 데살로니가로 갑니다. 거기서도 몇 달 동안 머물며 복음을 전하고 교회를 개척했습니다.

그런데 바울이 데살로니가에서 전도하고 있을 때 빌립보교회로부터 선물이 두 차례나 왔습니다. 사실 빌립보교회는 힘 있는 큰 교회가 아니었습니다. 방금 언급한 대로 불과 몇 달 전에 만들어진 개척 교회였습니다. 그럼에도 불구하고 데살로니가에서 전도하는 바울을 위해 선물을 보내 주었던 것입니다. 그야말로 대단한 헌신이 아닐 수 없습니다. 개척 교회는 자기 돌보기에도 벅찬 상태입니다. 스스로를 위해 쓸 돈도 부족합니다. 그럼에도 불구하고 빌립보교회는 힘을 다해 바울에게 선교비를 보내 주었습니다. 바울은 빌립보교회가 보내 준 선교비를 받고 얼마나 기뻤을까요? 선교비의 많고 적음이 문제가 아니라 복음을 위해 함께 짐을 지는 교회가 있다는 생각에 그 마음에 큰 감동을 받았을 것입니다.

그런데 빌립보교회는 단지 바울에게 선교비만 보내준 것이 아니었습니다. 훗날 바울은 큰 고난 가운데 있었던 예루살렘교회를 돕기 위해 이방 교회들에게 헌금을 거뒀습니다. 사실 이방 교회라고 형편이 좋은 것은 아니었습니다. 예수님을 믿으면 핍박을 받는 때라서 많은 교회가 경제적 어려움을 겪고 있었습니다. 하지만 이런 상황 속에서도 예루살렘교회를 위한 헌금에 빌립교회는 가장 열정적으로 참여했습니다.

> 형제들아 하나님께서 마게도냐 교회들에게 주신 은혜를 우리가 너희에게 알리노니 환난의 많은 시련 가운데서 그들의 넘치는 기쁨과 극심한 가난이 그들의 풍성한 연보를 넘치도록 하게 하였느니라
> _고후 8:1-2

바울은 예루살렘교회를 위한 헌금을 권면하기 위해 고린도교회 성도들에게 마게도냐교회들이 어떻게 헌금했는지를 알려 주었습니다. 여기 마게도냐교회들 속에 빌립보교회가 포함되어 있습니다. 예루살렘교회를 위해 빌립보교회가 어떻게 헌금했습니까? 그들은 정말로 풍성한 연보, 즉 풍성한 헌금을 했습니다. 그들이 돈이 많아서 그랬을까요? 전혀 그렇지 않습니다. 그들은 환난의 많은 시련 가운데 있었고, 극심한 가난 가운데 있었습니다. 인간적으로 생각하면 예루살렘교회를 위해 헌금할 처지가 아니었습니다. 자기 코가 석 자인 상황이었습니다. 하지만 그들은 그야말로 자신을 주님께 드렸습니다. 주님께서 베푸신 은혜를 힘입어 기쁨으로 헌금에 동참했던 것입니다.

빌립보교회가 이런 교회입니다. 정말 칭찬받아 마땅한 헌신

적인 교회입니다. 그럼에도 불구하고 바울의 감사와 칭찬은 조심스럽습니다. 오히려 바울은 빌립보교회를 크게 칭찬하는 대신 이렇게 말합니다.

내가 선물을 구함이 아니요 오직 너희에게 유익하도록 풍성한 열매를 구함이라 _17절

바울은 빌립보교회가 오해하는 것을 원하지 않았습니다. 바울이 만약 보내 준 선물 때문에 너무 기뻐하거나 감사하면 더 많은 선물을 요구하는 것이 아닌가 빌립보교회 성도들이 오해할 수도 있기 때문입니다.

그런데 이것보다 더 중요한 이유가 있었습니다. 바울은 빌립보교회 성도들이 자신들의 헌신을 공로나 자랑으로 여기기를 바라지 않았습니다. '우리는 극심한 어려움 가운데도 바울에게 몇 번이나 선교비를 보냈다. 또 예루살렘교회를 위해 우리의 모든 것을 바쳤다. 그러니 우리보다 더 수고하고 더 충성스러운 교회 어디 있겠는가?' 바울은 빌립보교회가 이런 잘못된 생각을 하지 않기를 바랐습니다.

교회의 주인은 예수님이시고, 성도는 예수님의 종입니다. 그것도 무익한 종입니다. 아무리 수고하고 헌신했다 하더라도 그것은 마땅히 종이 해야 할 일입니다. 우리의 수고와 헌신이 결코

우리의 공로나 자랑이 될 수 없습니다. 바울은 빌립보교회 성도들이 이 사실을 분명히 알기 원했습니다. 그래서 바울은 대놓고 감사하거나 칭찬하는 것을 피했습니다. 빌립보교회 성도들을 높이는 것을 주의했습니다. 자칫 자신의 감사와 칭찬으로 빌립보교회 성도들이 교만해지거나 우쭐해지기를 원하지 않았기 때문입니다.

그래서 바울은 빌립보교회 성도들이 한 수고와 헌신이 오직 하나님만을 향한 것이 될 수 있도록 애썼습니다.

오직 너희에게 유익하도록 풍성한 열매를 구함이라 _17절

이 말씀을 좀 더 정확하게 번역하면 '너희의 통장에 더 풍성히 들어갈 열매를 구하는 것이다'입니다. 물론 여기서 말하는 통장은 천국 통장을 말합니다.

사실 예수님은 이미 이것을 말씀하셨습니다.

오직 너희를 위하여 보물을 하늘에 쌓아 두라 거기는 좀이나 동록이 해하지 못하며 도둑이 구멍을 뚫지도 못하고 도둑질도 못하느니라 _마 6:20

예수님은 보물을 하늘에 쌓아 두라고 말씀하셨습니다. 쉽게

말해 하늘 은행에 저축하라는 말입니다. 거기에 저축하면 절대 안전합니다. 이 땅에서는 은행이 망하기도 하고, 은행 강도에 털리기도 하고, 급한 일이 생기면 빼서 써야 하니까 없어지기도 하지만, 하늘 은행에 저축하면 그럴 일이 전혀 없기 때문에 절대 안전합니다.

바울이 지금 천국 통장을 말하는 이유는 빌립보교회 성도들의 수고와 헌신이 사람들의 칭찬과 인정을 받는 것이 아니라 천국 은행에 쌓이는 것임을 알게 하기 위해서입니다. 이렇게 말함으로써 우리의 수고와 헌신이 무엇을 향해야 하는지를 분명히 알려 줍니다. 우리의 수고와 헌신을 받으시는 분은 하나님이십니다. 그리고 하나님께서 그것을 기억하시고 상 주실 것입니다. 그렇기에 바울은 사람에게 칭찬과 인정을 구하지 말라고 말하고 있습니다.

내게는 모든 것이 있고 또 풍부한지라 에바브로디도 편에 너희가 준 것을 받으므로 내가 풍족하니 이는 받으실 만한 향기로운 제물이요 하나님을 기쁘시게 한 것이라 _18절

빌립보교회 성도들이 바울에게 보낸 선물을 무엇이라 표현합니까? 바울은 '받으실 만한 향기로운 제물', '하나님을 기쁘시게 한 것'으로 표현하고 있습니다. 빌립보교회 성도들이 보낸 선물

은 일차적으로 바울에게 보내진 것도, 그를 기쁘게 한 것도 아니었습니다. 먼저는 하나님께 바쳐진 제물이었고, 하나님을 기쁘시게 한 것이었습니다. 그렇기에 빌립보교회 성도들의 선물은 그들의 천국 통장에 입금된 보화였습니다.

이것은 우리가 교회에서 하는 모든 수고와 헌신에 적용됩니다. 당신은 교회에서 성가대와 교사로 봉사하십니까? 장로와 권사, 집사의 직분을 받아 헌신하십니까? 기쁜 마음으로 헌금하고, 어려운 성도들을 도우며, 식당 봉사와 교회 청소로 수고하십니까? 이 모든 것을 누가 받으십니까? 하나님께서 받으십니다. 하나님께서 받으시고, 하나님께서 기뻐하십니다. 우리 입장에서는 천국 은행에 보물을 입금한 것입니다.

이를 아는 것이 너무 중요합니다. 그래야 교회에서 수고하고 헌신할 때 실망하거나 낙심하지 않습니다. 우리가 교회 일을 열심히 한 후에 실망하거나 낙심하는 이유가 무엇입니까? 사람들이 알아주지 않기 때문입니다. 열심히 봉사했는데도 아무도 알아주지 않고 무시하는 것 같으니까 시험에 듭니다. 그런데 반대로 우리가 수고하고 헌신한 것을 사람들이 알아줘도 문제가 생깁니다. 우리는 금방 우쭐해지고 교만해집니다. 교회 안에서 목소리가 커집니다. 주님 뜻보다 내 뜻을 앞세웁니다. 이처럼 우리의 수고와 헌신이 사람을 향할 때 반드시 문제가 생깁니다. 그래서 바울은 우리의 수고와 헌신이 하나님을 향한 것이고 하나님께 바치는 제물이며 하나님을 기쁘시게 하는 것임을 강조하는 것입니다.

우리는 사람을 향해서는 철저히 무익한 종이라는 의식을 가져야 합니다. 우리가 아무리 많이 수고하고 헌신했다 하더라도, 우리는 무익한 종으로 해야 할 일을 했을 뿐입니다. 그것이 우리의 공로나 자랑이 될 수 없습니다. 하지만 하나님을 향해서는 그것이 천국에 보물을 쌓는 일임을 아셔야 합니다. 하나님께서 우리의 수고와 헌신을 기쁘게 받으십니다. 우리의 수고와 헌신을 잊지 않으시고, 칭찬과 상을 주실 것입니다. 물론 하나님께서 이처럼 우리의 수고와 헌신을 기쁘게 받으시고 상을 주시는 것은 우리가 한 일에 그만한 가치가 있기 때문은 아닙니다. 우리를 사랑하시는 하나님께서 그렇게 여기기를 원하시기 때문입니다. 하나님은 언제나 우리에게 복 주기를 기뻐하십니다.

바울은 빌립보교회 성도들이 보여 준 수고와 헌신이 사람을 향하지 않고 오직 하나님만을 향하기를 바랐습니다. 그들의 수고와 헌신이 그들을 교만하게 만들고, 교회에서 주인 노릇하도록 만들지 않기를 바랐습니다. 대신 그들의 수고와 헌신이 오직 하나님을 향하기를 원했습니다. 오직 하나님만이 우리의 수고와 헌신을 받기 합당하시고, 또 우리의 수고와 헌신을 기쁘게 여기셔서 우리에게 더욱 풍성한 복을 주실 수 있기 때문입니다.

나의 하나님이 그리스도 예수 안에서 영광 가운데 그 풍성한 대로
너희 모든 쓸 것을 채우시리라 _19절

우리의 수고와 헌신을 받으시는 하나님께서 우리의 모든 쓸
것을 풍성히 채워 주실 것입니다. 그러므로 우리는 언제나 하나
님을 향하여 우리의 수고와 헌신을 드려야 할 것입니다.

우리 모두가 하나님을 바라보며 수고하고 헌신할 수 있기를
바랍니다. 사람의 인정과 칭찬이 아니라 하나님의 인정과 칭찬
을 기대할 수 있기를 바랍니다. 그럴 때 우리는 어떤 상황 속에서
도 주어진 자리에서 주님께서 주신 사명을 잘 감당할 수 있을 것
입니다. 우리는 무익한 종입니다. 마땅히 해야 할 일을 할 뿐입
니다. 하지만 하나님은 그런 우리의 수고와 헌신을 기쁘게 여기
시고 반드시 칭찬과 상을 주실 것입니다.

28 생각하라
빌 4:21-23

본문은 빌립보교회 성도들을 향한 바울의 문안과 축복의 내용입니다. 바울은 자신만이 아니라 동료 성도들의 문안을 함께 전합니다. 그리고 마지막으로 주 예수 그리스도의 은혜가 그들의 심령에 있기를 바란다고 축복합니다. 이로써 바울이 빌립보교회 성도들에게 보낸 편지, 빌립보서가 끝을 맺습니다.

빌립보서를 마무리하면서 빌립보서에서 가장 중요한 주제 중 하나를 살펴보려고 합니다. 빌립보서의 별명이 무엇입니까? 기억하십니까? '기쁨의 편지'입니다. 빌립보서는 기쁨의 편지입니다. 이런 별명이 붙은 이유는 빌립보서에 기쁨과 관련된 단어가 14번 이상 나오기 때문입니다. 빌립보서가 4장으로 되어 있으니 한 장당 적어도 3번은 기쁨에 관한 단어가 나오는 셈입니다. 기쁨의 편지라는 별명을 얻기에 충분합니다.

그런데 '기쁨'보다는 적게 나오지만, 이 짧은 성경 속에 10번이나 나오는 단어가 있습니다. 바로 '생각하다'라는 단어입니다. 우리가 어떤 글을 읽을 때, 그 글의 핵심을 찾는 방법이 있습니다.

반복되는 단어를 찾는 것입니다. 중요한 단어는 반복해서 나옵니다. 우리가 빌립보서를 기쁨의 편지라고 부르는 이유도 기쁨과 관련된 단어가 14번 이상, 자주 나오기 때문입니다. 마찬가지로 '생각하다'도 그만큼 자주 나와 빌립보서의 핵심을 이루고 있습니다. 그래서 빌립보서는 '기쁨의 편지'이면서 동시에 '생각의 편지'라고 할 수 있습니다.

바울은 빌립보서 전체를 통해 우리에게 생각하라고 말합니다. 그런데 우리가 무엇을 생각하는지는 매우 중요합니다. 조금 극단적인 예이긴 하지만, 몇 년 전에 실제 있었던 일입니다. 이스라엘에서 한 팔레스타인 소년이 온몸에 폭탄을 매고 자살 테러를 시도했습니다. 하지만 테러 시도는 실패로 돌아갔고, 소년은 이스라엘 군인에게 체포되었습니다. 이때 이스라엘 군인이 소년에게 물었습니다. "폭탄이 터지면 너도 죽을 텐데 무섭지 않냐?" 그러자 소년은 이렇게 대답했다고 합니다. "내가 알라를 위한 전쟁에서 죽으면 천국에서 17명의 아름다운 소녀와 살 수 있다."

물론 모든 이슬람 교인들이 이와 같은 극단적 생각으로 이런 행동을 한다고 생각하면 안 됩니다. 아주 극단적인 경우입니다. 그럼에도 불구하고 우리가 무엇을 생각하는지가 얼마나 중요한지를 잘 보여 주는 예라고 할 수 있습니다. 어린 소년이 어떻게 온몸에 폭탄을 둘러매고 스스로 터트릴 생각을 할 수 있었을까요? 천국에 가서 17명의 아름다운 소녀와 함께 살 수 있다는 생각 때문입니다. 그 생각이 마음에 가득하게 되자, 실제로 폭탄을 몸에 둘러매고 테러 현장으로 갔던 것입니다.

이처럼 생각이 중요하다는 사실을 우리는 앞서 이미 살펴보기도 했습니다.

끝으로 형제들아 무엇에든지 참되며 무엇에든지 경건하며 무엇에든지 옳으며 무엇에든지 정결하며 무엇에든지 사랑받을 만하며 무엇에든지 칭찬받을 만하며 무슨 덕이 있든지 무슨 기림이 있든지 이것들을 생각하라 _빌 4:8

바울은 빌립보서를 결론 지으면서 생각하라고 명령합니다. 무엇을 생각하라고 했습니까? 무엇이든지 참된 것, 무엇이든지 경건한 것, 무엇이든지 옳은 것, 무엇이든지 정결한 것, 무엇이든지 사랑받을 만한 것, 무엇이든지 칭찬받을 만한 것, 덕스러운 것, 찬양할 만한 것. 이런 것들만 생각하라고 말합니다.

왜 그렇습니까? 사람의 말과 행동이 마음속에서 나오기 때문입니다. 마음에 어떤 생각이 가득한지에 따라 그 사람의 말과 행동이 결정됩니다. 참된 성도가 되기 위해 단지 험한 말과 잘못된 행동을 고치는 것만으로는 충분하지 않습니다. 참된 성도가 되기 위해서는 무엇보다 마음이 새로워져야 합니다. 생각이 새로워져야 합니다. 마음이 변화되지 않으면 말과 행동의 변화는 일

시적일 수밖에 없습니다. 남의 물건을 탐내는 도둑에게 경찰 옷을 입히는 것은 아무 소용없는 일입니다. 남의 물건을 탐내는 마음과 생각이 변하지 않으면 그 사람은 영원히 도둑일 수밖에 없습니다.

그래서 성경은 무엇보다 우리의 마음, 생각이 변화되어야 한다고 말합니다. 바울은 참된 성도가 되기 위해 반드시 필요한 것이 무엇인지를 가르쳐 줍니다.

> 너희는 이 세대를 본받지 말고 오직 마음을 새롭게 함으로 변화를 받아 하나님의 선하시고 기뻐하시고 온전하신 뜻이 무엇인지 분별하도록 하라 _롬 12:2

우리는 오직 마음을 새롭게 함으로 참된 성도가 될 수 있습니다. 우리의 마음과 생각이 새로워져야만 우리의 말과 행동이 새로워질 수 있습니다.

바울은 이러한 참된 성도의 삶을 빌립보교회 성도들에게는 "오직 너희는 그리스도의 복음에 합당하게 생활하라"(빌 1:27)는 말로 표현했습니다. 그리스도의 복음에 합당하게 생활하는 것이 하나님께서 우리에게 원하시는 참된 성도의 삶입니다. 그런데 어떻게 복음에 합당하게 생활할 수 있을까요? 앞에서 계속 강조한 대로 우리 마음이 참되고, 경건하고, 옳고, 정결하고, 사랑받을 만하고, 칭찬받을 만하고, 덕스럽고, 찬양받을 만한 생각으로 가득 차야 합니다. 우리 마음이 이런 생각들로 가득 차면 우리 입과 행동을 통해 자연스럽게 나타납니다. 우리 마음에 가득한 것은 반드시 밖으로 드러날 수밖에 없습니다.

우리가 사람들에게 가장 많이 상처 받는 것이 무엇입니까? 말 아닙니까? 지나가듯이 한 말 한마디가 비수가 되어 우리 심장을 찔러 정말 오랫동안 우리를 괴롭게 하는 경우가 얼마나 많습니까? 주먹으로 때려서 생긴 멍은 며칠이면 사라집니다. 하지만 말로 생긴 마음의 상처는 지워지는 데 얼마나 오랜 시간이 걸리는지 모릅니다. 그만큼 말이 가진 파괴력이 매우 큽니다.

이와 같이 혀도 작은 지체로되 큰 것을 자랑하도다 보라 얼마나 작은 불이 얼마나 많은 나무를 태우는가 혀는 곧 불이요 불의의 세계라 혀는 우리 지체 중에서 온몸을 더럽히고 삶의 수레바퀴를 불사르나니 그 사르는 것이 지옥 불에서 나느니라 _약 3:5-6

혀는 우리 몸에서도 아주 작은 부분에 불과합니다. 하지만 그 작은 혀에서 나오는 말에는 지옥 불이 우리를 불태우는 것과 같은 파괴력이 있습니다. 그야말로 무시무시합니다.

우리가 왜 남의 말에 상처를 받습니까? 사실 말은 눈에 보이지도 않고, 어떤 실체가 있지도 않습니다. 그런데 말의 무엇 때문에 우리는 그렇게 고통스러워할까요? 말이 사람의 마음에서 나오기 때문입니다. 말이 입에서만 나오는 것이라면 크게 문제 되지 않습니다. 말실수도 쉽게 넘어갈 수 있을 것입니다. 하지만 말은 입에서 나오지 않습니다. 그 사람의 마음에서 나옵니다. 그 사람의 마음에 가득한 생각에서 말이 나옵니다. 그렇기에 말을 쉽게 듣고 지나칠 수 없습니다.

그래서 성경은 '하나님의 사람이 누구냐? 복음에 합당하게 생활하는 사람이 누구냐?'라는 질문에 실수가 없는 사람이라고 말합니다.

> 우리가 다 실수가 많으니 만일 말에 실수가 없는 자라면 곧 온전한 사람이라 _약 3:23

어떤 성도가 참 성도입니까? 어떤 성도가 복음에 합당한 생활을 하는 사람입니까? 말에 실수가 없는 사람입니다. 하지만 야고보도 말하는 것처럼 우리는 모두 실수가 많습니다. 말실수를 하고 싶어서 하는 것이 아닙니다. 하고 싶지 않아도 합니다.

그러면 어떡해야 합니까? 해결책이 있습니다. 우리 마음이 새로워지면 됩니다. 우리 마음을 참되고 경건하고 옳고 정결하고 사랑받을 만하고, 칭찬받을 만한 생각으로 가득 채우면 됩니다. 그러면 우리 입에서 더러운 말이 나오지 않습니다. 참된 말, 경건한 말, 옳고 정결한 말이 나오게 됩니다. 그런데 말뿐만이 아닙니다. 우리의 행동도 마찬가지입니다. 마음이 새로워지면 행동도 새로워집니다.

하지만 우리는 이런 생각을 어디서 얻을 수 있습니까? 우리 마음을 새롭게 할 이러한 생각들은 어디에서 나올까요?

너희 안에 이 마음을 품으라 곧 그리스도 예수의 마음이니 _빌 2:5

참된 성도, 복음에 합당하게 생활하는 성도는 그 마음에 그리스도 예수의 마음을 가져야 합니다. 그런데 이 말씀을 더 정확하게 번역하면 이렇습니다. '그리스도 예수 안에 있는 것을 너희 안에서 생각하라.' 다시 말해 '예수 그리스도의 마음 안에 있는 생각을 너희도 생각하여 너희 마음에 가득하게 하라'입니다.

그러면 예수 그리스도의 마음 안은 어떤 생각으로 가득했습니까? 바울은 초대 교회 성도들이 불렀던 찬송 가사를 통해 예수님의 마음 안에 있었던 생각이 무엇인지를 우리에게 알려 줍니다.

그는 근본 하나님의 본체시나 하나님과 동등됨을 취할 것으로 여기지 아니하시고 오히려 자기를 비워 종의 형체를 가지사 사람들과 같이 되셨고 사람의 모양으로 나타나사 자기를 낮추시고 죽기까지 복종하셨으니 곧 십자가에 죽으심이라 _빌 2:6-8

예수님 안에 가득했던 생각을 간단하게 말하면 '자신의 뜻을 죽이고, 하나님의 뜻에 순종하는 것'입니다.

예수님은 하나님의 아들이십니다. 하나님의 아들이라는 말은 하나님과 동등한 분이라는 뜻입니다. 그런데 그런 예수님께서 우리와 같은 죄인의 모습으로 이 세상에 오셨습니다. 오셨을 뿐만 아니라 온갖 수치와 조롱을 당하고 결국은 십자가에서 죽으셨습니다.

하나님과 동일한 예수님께 어떻게 이런 일들이 일어날 수 있을까요? 우리는 예수님께서 받은 고난을 생각할 때 십자가에서 죽으신 것만 생각하기 쉬운데, 사실 예수님께서 우리와 같은 사람이 되어 이 세상에 오신 것 자체가 고난이었습니다. 온 세상을 창조하신 하나님께서 자신이 만든 세상 속에 갇히시고, 시간과 공간을 초월해 계신 하나님께서 시공간 속에 스스로 매이시고, 자신의 뜻대로 무엇이든 하시는 하나님께서 배고프고 피곤하고 사람들의 핍박을 받게 되었습니다. 이것은 사람인 우리가 바퀴벌레가 되는 것보다 훨씬 더 충격적인 일입니다.

그런데 이 일이 실제로 일어났다고 성경은 증언합니다.

> 말씀이 육신이 되어 우리 가운데 거하시매 우리가 그의 영광을 보니 아버지의 독생자의 영광이요 은혜와 진리가 충만하더라 _요 1:14

말씀이 육신이 되어, 즉 하나님께서 우리와 같은 사람이 되셔서 우리 가운데 거하셨습니다. 중요한 것은 그 이유입니다. 왜 하나님이신 예수님께서 우리와 같은 사람이 되는 충격적인 일을 하셨을까요? 그 이유는 단 하나입니다. 아버지 하나님의 뜻이기 때문입니다.

이것은 하나님이신 예수님께서 십자가에 못 박혀 돌아가신 이유이기도 합니다. 예수님은 분명 하나님이십니다. 예수님은 생명의 주님이십니다. 생명의 기원이십니다. 예수님께서 죽는다는 것은 말이 되지 않습니다. 그런데 예수님께서 죽으셨습니다. 그것도 가장 비참하게 십자가에서 죽으셨습니다. 어떻게 이런 일이 있었날까요? 아버지 하나님의 뜻 때문입니다.

하나님은 당신의 아들 예수님을 우리와 같은 사람으로 이 세상에 보내셔서 우리의 모든 죄 짐을 짊어지고 십자가에서 죽게 하심으로 우리를 구원하시기로 뜻하셨습니다. 예수님은 비록 하나님이시고 죄가 없는 분이셨지만, 오직 아버지 하나님을 사랑함으로 아버지의 뜻에 순종하셨습니다. 물론 이런 예수님의 순종은 결코 쉬운 일이 아니었습니다. 우리는 예수님께서 십자가에 매달리시기 전 겟세마네 동산에서 드린 기도를 기억하고 있습니다. 예수님은 땀을 핏방울처럼 흘리시며 "아버지여 만일 아버지의 뜻이거든 이 잔을 내게서 옮기시옵소서"라고 기도하셨습니다. 예수님은 분명 십자가 죽음을 피하고 싶어 하셨습니다. 하지만 예수님의 기도는 단지 피하게 해 달라는 기도에 그치지 않았습니다. 예수님은 곧바로 "그러나 내 원대로 마시옵고 아버지의 원대로 되기를 원하나이다"(눅 22:42)라고 기도하셨습니다.

예수님의 마음속은 아버지 하나님의 뜻에 순종하고자 하는 생각으로 가득했습니다. 그래서 자신의 뜻을 이루고자 하는 욕망을 죽이고 아버지 하나님의 뜻에 순종할 수 있었습니다. 이것이 예수 그리스도 마음 안에 있는 생각이고, 바울은 이 생각이 우리의 마음에도 가득해야 한다고 말합니다. 그래야 우리는 참된 성도, 복음에 합당하게 생활하는 성도가 될 수 있습니다.

우리는 무엇을 생각해야 합니까? 예수님께서 생각하셨던 것을 생각해야 합니다. 그것은 자신의 뜻을 꺾고 하나님의 뜻에 순종하는 것입니다. 내 인생의 주인 자리에서 나는 내려오고, 하나님께서 그 자리에 앉으시도록 하는 것입니다. 이렇게 할 때 참되고, 경건하고, 옳고, 정결하고, 사랑받을 만하고, 칭찬받을 만한 모든 생각이 하나님으로부터 나와 우리 마음을 가득 채우게 될 것입니다.

하나님을 자기 인생의 주님으로 모시고 그분의 뜻대로 살고자 하면 우리 마음은 모든 선한 것으로 충만하게 됩니다. 왜 그렇습니까? 하나님으로부터 모든 선한 것이 나오기 때문입니다.

온갖 좋은 은사와 온전한 선물이 다 위로부터 빛들의 아버지께로

부터 내려오나니 그는 변함도 없으시고 회전하는 그림자도 없으시
니라 _약 1:17

　모든 선하고 좋은 것이 하나님에게서 나옵니다. 그러므로 우
리는 예수님처럼 자신의 뜻을 꺾고 하나님의 뜻에 순종하려는 생
각으로 마음을 가득 채워야 합니다. 하나님을 우리 인생의 주인
자리에 모시고, 그 말씀을 따라야 합니다. 그럴 때 우리 입의 말
과 행동이 새롭게 변화될 것입니다. 이 세상을 본받지 않고 오직
그리스도의 복음에 합당하게 생활할 것입니다.

　우리가 오랫동안 신앙생활을 했음에도 왜 삶의 변화가 없을까
요? 교회를 오래 다녔는데도 불구하고 왜 세상 사람들과 똑같이
생각하고 말하고 행동할까요? 성경을 지금보다 더 많이 읽으면
해결될까요? 기도를 더 오래하면 될까요? 예배에 빠지지 않고
참석하면 될까요? 물론 이런 것들도 중요합니다. 하지만 더 본질
적인 것이 있습니다. 예수님의 마음에 있었던 생각, 자신의 뜻을
꺾고 하나님의 뜻에 순종하려는 생각이 우리 마음에 가득해야 합
니다. 이것이 없으면 우리가 하는 모든 것은 위선에 불과합니다.
자신의 뜻을 고집하면서 성경을 열심히 읽으면 내가 보고 싶고
듣고 싶은 말씀만 편식하며 보게 됩니다. 자신의 뜻을 고집하면
서 기도를 열심히 하면 하나님을 내 욕망을 이뤄 주는 분으로 이
용하게 됩니다. 자신의 뜻을 고집하면서 예배에 참석하면 예배

는 나의 뜻을 이루기 위해 하나님께 내미는 청구서가 됩니다.

우리는 참된 성도가 되기 위해, 복음에 합당하게 생활하는 성도가 되기 위해 '생각'해야 합니다. 바로 예수님의 생각을 우리 마음에 채워야 합니다. 자신의 뜻을 꺾고 하나님의 뜻에 순종했던 예수님의 생각이 우리 마음에 가득할 때 우리는 참된 성도요, 복음에 합당하게 생활하는 성도가 될 수 있습니다. 자신의 뜻을 꺾고 하나님의 뜻에 순종하는 성도가 있는 곳에 어떻게 다툼과 분열이 있을 수 있겠습니까? 자신의 뜻을 꺾고 하나님의 뜻에 순종하는 성도가 있는 곳에 어떻게 이기적인 욕망과 서로를 이기고자 하는 싸움이 있을 수 있겠습니까?

2,000년 교회 역사를 보면 교회가 승리할 때는 교회에 힘이 있고 사람이 많고 지혜가 있을 때가 아니었습니다. 교회가 예수님의 생각을 가질 때였습니다. 예수님께서 하나님의 뜻에 순종하여 스스로 자신을 십자가에 내어놓으셨을 때 오히려 예수님께 부활의 승리가 주어졌던 것처럼, 교회가 십자가를 질 때 교회에 진정한 승리가 주어졌습니다. 하지만 십자군처럼 십자가를 무기로 휘두르면 절대 승리하지 못했습니다. 교회가 십자가를 통하지 않고 바로 부활의 승리를 향할 때 교회는 철저하게 무너졌습니다. 진정한 승리는 반드시 십자가를 통과해야 합니다. 우리의 뜻을 꺾고 하나님의 뜻에 순종하는 십자가를 거쳐야만 참된 부활의 승리에 이를 수 있습니다.

우리는 어떻게 매일의 삶 속에서 승리할 수 있을까요? 우리의 가정에서 어떻게 승리할 수 있을까요? 죄로 가득한 이 세상에서 교회는 어떻게 승리할 수 있을까요? 생각해야 합니다. 예수님의 생각, 자신의 생각을 꺾고 하나님의 뜻에 순종하는 것을 생각해야 합니다. 그것만이 우리에게 참된 승리와 영광을 줄 수 있습니다.

찬송가 438장 3절 가사는 이렇습니다. "높은 산이 거친 들이 초막이나 궁궐이나 내 주 예수 모신 곳이 그 어디나 하늘나라." 하나님을 자기 인생의 주님으로 모시고, 자신의 뜻이 아니라 하나님의 뜻에 순종하는 삶을 사는 것이 참된 성도의 삶이며, 또한 천국의 삶입니다. 우리가 높은 산에 있든, 거친 들에 있든, 초막에 있든, 궁궐에 있든 어느 곳에 있든 상관이 없습니다. 왜냐하면 하나님께서 모든 형편 속에서 우리가 기뻐하고 자족할 수 있는 힘을 우리에게 풍성하게 주실 것이기 때문입니다.

중요한 것은 '우리 마음에 어떤 생각이 가득한가'입니다. 세상 사람들처럼 세상의 것들이 우리 마음에 가득하다면 우리가 무엇을 얻든, 무엇을 하든 우리는 항상 염려하고 근심하고 전전긍긍하며 살 수밖에 없을 것입니다. 하지만 하나님을 주님으로 모시고 그 뜻에 순종하며 살면 어떤 형편과 상황 속에서도 하나님 나라를 누리며 살게 될 것입니다. 생각이 중요합니다! 예수님의 생각이 우리 마음 안에 가득해야 합니다. 그럴 때 우리는 참으로 복된 삶을 살 수 있습니다.

우리 모두의 마음에 예수님의 생각으로 가득하게 되기를 간절히 바랍니다. 자신의 뜻을 꺾고 하나님의 뜻에 순종함으로 하나님께서 주시는 풍성한 삶을 누리며 살아갈 수 있기를 바랍니다.

저자 고한율 목사

부산에서 태어나 10살 때 서울로 올라왔다. 성결교회에서 뜨겁
고 체험적인 신앙을 배우며 자랐고, 대학생 때 C.C.C.에서 복
음을 전하는 것이 얼마나 영광스러운 일인지 깨닫게 되었다.

성경을 진지하게 공부하고 싶어서 합동신학대학원대학교에 입
학했다. 이곳에서 성경과 개혁주의 신학을 배운 시간은 인생에
다시 없을 값진 순간이었다.

여러 합신 교회에서의 사역을 통해 훌륭한 목회자들과 성도들
을 만났고, 그들의 사랑과 우정, 인내와 섬김을 통해 여전히 부
족한 것이 많음에도 하나님의 은혜와 주권을 외치고 삶 속에서
실천하는 장로교 목사가 될 수 있었다. 성경이 하나님의 말씀이
라는 확신을 가지고 성경 전체를 강해하는 일에 힘쓰고 있다.

한국외국어대학교에서 공부했고, 합동신학대학원대학교에서
목회학(M. Div.)과 신약신학(Th. M.)을 공부했다. 현재 대한예수교
장로회(합신) 은곡교회(www.eungok.kr)에서 담임목사로 섬기고 있
다. 아내 한지윤과 사춘기 딸 예림이와 함께 믿음의 가정을 세우
기 위해 고군분투 중이다.